21 世纪贸易投资新议题系列读物　　王新奎 姚为群 徐庆敏 主编

# Global Value Chains and International Development: Framework, Findings and Policies

# 全球价值链和国际发展：理论框架、研究发现和政策分析

[美] 加里·杰里菲 等 著
曹文　李可 译　姚为群 校

上海人民出版社

感谢本书译者曹文、李可，校对姚为群教授以及李馥伊、蓝图、骆许蓓等协助中文翻译审核工作的同事为本书出版付出的辛勤努力。

# 总　　序

2008年爆发的全球金融危机是战后经济全球化发展的分水岭。前一轮的经济全球化浪潮大致始于20世纪80年代，于90年代达到高潮，到21世纪前10年进入成熟期。制造业大规模生产技术，以及运输和通讯技术的进步是推动这一轮经济全球化发展的生产力基础，以中国为代表的一大批新兴国家积极实施外向型经济发展战略拓展了这一轮经济全球化发展的空间，以GATT/WTO和国际货币基金组织为代表的全球多边贸易和金融体制提供了这一轮经济全球化发展的市场规则基础。

在过去的30年中，全球价值链首先在美欧与东亚两大贸易区域间展开。目前，已形成以服务价值链为核心的北美—欧洲大贸易区域，以及以制造价值链为核心的东亚大贸易区域。通过全球性跨国公司依托美欧与东亚两大区域价值链的供应链布局，形成跨太平洋和跨大西洋的、融合服务价值链和制造价值链的全球价值链。

近30年来，基于全球价值链的经济全球化发展有以下几个特点：

与贸易相比，投资特别是服务业的投资在经济全球化的发展中起着越来越重要的作用。绝大部分跨国公司的全球生产网络正日益朝着提供服务输入的方向发展。据联合国贸发会议相关研究的统计，全球外商直接投资的总存量中超过60%是服务贸易投资（制造业与第一产业的投资仅占26%和7%）。这一现象在发达经济体和发展中经济体中相似。①

① 《全球价值链与发展：全球经济中的投资和增值贸易》，联合国贸易和发展会议2013年2月。

与货物贸易相比，服务贸易在全球贸易的发展中起着越来越重要的作用。据统计，全球价值链中包含了大量的服务贸易。尽管服务贸易份额仅占全球出口总额的20%，但在全球用于出口的输入增值中，服务贸易部门贡献了几乎一半(46%)。原因是制造业的产品出口需要大量的服务。①

与以商业存在为主要特征的传统服务业相比，以跨境交付为主要特征的数字服务贸易在全球服务贸易的发展中起着越来越重要的作用。2012年，美国向欧盟出口的服务贸易中，约72%(1 406亿美元)是数字交付服务。从全球来看，2012年美国出口的数字交付服务达3 837亿美元，占美国服务贸易总出口的61%。如果将包含在货物出口中的数字交付服务也计算到美国的服务出口中，将会使美国的数字交付服务出口从3 837亿美元增长至5 692亿美元，相当于占美国总出口的32%。对于欧盟而言，数字交付服务出口将从4 650亿美元增长至7 488亿美元，占欧盟总出口的24.8%。②

在基于全球价值链的经济全球化发展的大背景下，全球各主要经济体，特别是发达经济体未雨绸缪，开始谋划如何对全球贸易和投资体制进行重构。当前，全球贸易和投资体制重构主要有以下几方面的趋势性特点：

规则重构的平台转移。全球贸易和投资规则重构的平台已经从WTO多边贸易体制谈判平台转向以美欧发达国家，特别是以美国为主导的跨太平洋伙伴关系协议(TPP)和跨大西洋贸易与投资伙伴协议(TTIP)为代表的区域性贸易安排谈判平台。

规则重构的中心变化。全球贸易和投资规则重构的重心已经从货物贸易领域转向服务贸易，特别是数字服务贸易的领域；从贸易的边境措施领域转向投资的境内措施领域；从主要关注贸易和投资的自由化转向同时关注贸易和投资的公平化。同时，把环境标准、劳工标准和道德标准等也纳入了贸易和投资规则谈判的范围。

规则重构的机制强化。全球贸易和投资规则重构的机制进一步强化，具

---

① 《全球价值链与发展：全球经济中的投资和增值贸易》，联合国贸易和发展会议2013年2月。

② 《跨境数据流动和互联网对美欧贸易与投资的影响》，《WTO快讯》第241期。

体表现在两个方面：一是实体谈判越来越多地采取“负面清单”减让表方式，提高了承诺的透明度和约束力；二是越来越多地引进投资者对政府的争端解决机制安排，提高了对市场准入承诺的监督度和执行力。

经过近30多年的改革开放，我国已经崛起为全球最大的贸易体和第二大的经济体。成为推动经济全球化的一支不可或缺的重要力量。经济全球化和全球贸易投资规则重构的以上发展趋势标志着我国的对外开放环境已经发生了重大的变化。对我们这样一个发展中的新型大国来说，如何积极参与全球贸易和投资规则的重构，了解和适应全球贸易和投资规则重构过程中出现的一系列“21世纪新议题”，将是我国加入世界贸易组织以来所面临的又一次重大挑战。

上海WTO事务咨询中心作为一个长期以来为政府、企业和社会提供全球贸易和投资规则相关决策咨询服务的专业机构，通过编辑出版《21世纪贸易投资新议题系列读物》，组织相关专家编译、介绍重要国际组织和学术研究机构与21世纪新议题相关的最新研究成果，为我国的政府决策部门、企业界和学术界提供观察和研究全球贸易和投资规则重构的新趋势的基本路径和出发点。编辑出版类似的丛书一直是我们的责任和应尽的义务，我们将以最大的热忱和责任心，努力把这件工作做好。

上海WTO事务咨询中心

理事长兼总裁

王新奎

2015-4-7

# 目　　录


总序 …………………………………………………………… 王新奎　1

前言 ………………………………………………………… 加里·杰里菲　1

第一章　全球价值链分析入门

…………………… 加里·杰里菲、卡琳娜·费尔南德斯-斯塔克　1

第二章　全球经济:组织、治理和发展 ………………… 加里·杰里菲　42

第三章　全球价值链治理

……………… 加里·杰里菲、约翰·汉弗莱、蒂莫西·斯特金　84

第四章　中国和墨西哥的发展模型和产业升级 ……… 加里·杰里菲　112

第五章　全球商品链、市场创造者及需求响应经济的兴起

………………………… 加里·G·汉密尔顿、加里·杰里菲　136

第六章　全球价值链、经济发展和新兴经济体 ………… 加里·杰里菲　167

第七章　参与全球价值链的风险与机遇 ……… 加里·杰里菲、骆许蓓　207

第八章　全球价值链和产业集群中的经济和社会升级:治理的重要性

…………………………………………… 加里·杰里菲、李骏九　227

第九章　后华盛顿共识世界中的全球价值链 ………… 加里·杰里菲　257

# 前　言

全球价值链(Global Value Chains，GVCs)的分析框架自21世纪初问世以来，已经获得了学界、工商界和政策界的广泛欢迎，原因在于其所具备的主要特征。这一分析框架采用系统研究法诠释全球产业的兴起，即20世纪七八十年代，全球产业在一批领先的跨国公司引领下，通过外包与离岸生产的双轨进程，演变成国际生产网络。全球价值链涵盖了全球产业的整个供应链：从原材料到不同投入品(元件和组件)的制造和最终产品的生产，再到将产品从生产地转往全球消费市场的分销和物流渠道，最后到向个体消费者出售商品的主要品牌商和零售商。在整个过程中，全球价值链分析的重点，是构成不同产业中具体活动的产品和服务，以及组成全球制造体系的企业和企业间网络。

全球价值链的分析框架从自上而下、自下而上两个角度考察全球经济。自上而下的视角强调全球产业的组织形式，关注的重点是每个产业中统筹协调供应链的“主导企业”，核心概念是全球产业的“治理”以及有关全球价值链文献中提及的产业治理方面的不同概念(比如生产商驱动链、采购商驱动链，模块型、从属型和关系型治理形式)。自下而上的视角则关注各国经济如何联接到全球经济，以及它们如何通过各种增值活动从初级出口方实现在全球产业中的“升级”。全球价值链的研究文献将这一进程称为“经济升级”，并将其与社会和环境升级的概念建立起关联，因为各国都致力于更具包容性，更加公平和可持续的经济增长。

本书收录的很多文章在全球价值链研究中具有十分重要的学术价值，而且已经产生了重要的政策影响。其中，一些文章反映了早期参与洛克菲勒基金会“全球价值链倡议（2000—2008年）”的学者们的研究成果，该倡议由加里·杰里菲（美国北卡罗来纳州杜克大学）、约翰·汉弗莱（英国苏塞克斯大学发展研究所）和蒂莫西·斯特金（美国马萨诸塞州麻省理工学院）共同主持；另一些文章则源自于杜克大学“全球化、治理和竞争力中心”（Duke CGGC）的研究成果，杰里菲教授在2005年建立了这一以大学为基地的研究中心，以进一步拓展“全球价值链倡议”所开创的研究并使之制度化。本书收录的文章，为我们理解全球价值链在理论、方法论和经验研究上的贡献，提供了一个坚实的基础，这些贡献使全球价值链的分析框架被各国政府和很多国际发展组织所采用，并成为其发展项目的核心内容。

从20世纪90年代初至今，中国经济对外开放和参与全球价值链的成功轨迹前所未有。在很大程度上，中国已经成为世界领先的出口经济体，因为它参与了范围广泛的出口导向型全球价值链，既包括纺织和服装、鞋类、玩具和运动产品等劳动密集型产业，也包括汽车、重型机械和电信等资本密集型产业，还包括电子、太阳能面板和网络服务等高技术产业。但另一方面，中国仍然面临国内失衡和全球竞争等诸多挑战，在实现高速的出口导向型增长的同时，必须要超越最初仅仅关注经济升级的阶段，将社会升级和降低环境成本作为基本要素纳入发展的整体路径中。希望本书中有关全球价值链的文章能够有助于中国应对挑战，实现其富有雄心的发展目标。

美国杜克大学

加里·杰里菲

# 第一章　全球价值链分析入门

加里·杰里菲、卡琳娜·费尔南德斯-斯塔克

《全球价值链分析入门》(第一版)发表于2011年5月,系对杜克大学全球化、治理和竞争力中心当时所使用的核心概念与方法论的总结。全球化、治理和竞争力中心是一个专注于创造性应用全球价值链分析框架的大学研究中心,中心创始人加里·杰里菲是提出这一分析框架的第一人。该中心已经为各国政府、国际组织、全球和区域发展银行、环境和发展领域的非政府组织和基金会等众多不同用户,完成了大量与全球价值链相关的项目,这些项目可在中心网站(www.duke.cggc.edu)中浏览。在过去5年中,由全球价值链引起的兴趣和实际应用,在学者、发展实践者、政策制定者以及经济、社会和环境领域的国际组织和机构中,呈几何级增长。

《全球价值链分析入门》(第二版)保持了简洁和说明性的风格,使用了新近的研究案例,以便为那些希望更好地理解和应用全球价值链框架来分析本地要素(企业、社会团体和劳动者)如何与全球经济变迁相联系和受其影响的人提供入门读物。全球价值链分析框架关注全球产业结构的变化,核心概念是治理和升级。第二版凸显了近年来对这些概念的完善之处,并从杜克大学全球化、治理和竞争力中心的研究中选取了一些新的案例加以补充。本章的参考文献本身就是全球价值链研究丰富且广泛的证明,这些文献来自中心网站和其他相关学术出版物。我们希望本章能够继续激发大家的兴趣,通过使用全球价值链的理论与分析框架,来推动所有经济体及其内部行为体更有活力、更具包容性和更可持续地发展。

## 一、全球价值链的重要性

全球经济日益围绕全球价值链进行重构,后者在国际贸易、全球生产和就业中所占的比例不断上升。服装、电子、旅游和商业服务外包等不同产业部门全球价值链的演进,对全球贸易、生产和就业以及发展中国家的企业、生产厂商和劳动者如何融入全球经济都具有重要影响。对于很多国家,特别是低收入国家而言,有效参与全球价值链的能力是其实现发展的重要条件,这一能力指进入全球价值链并在竞争中取得成功和"获取收益"的能力,这里的收益包括国民经济发展、能力建设、创造更多更好的就业机会、减少失业和贫困等。所以,重点不仅仅在于是否参与全球经济,更在于如何从中获益。

全球价值链分析框架通过考察和研究特定产业的结构及其内部行为体的动态,帮助我们理解全球产业是如何进行组织的。在当今全球经济中,产业间互动十分复杂,全球价值链的方法能够有效地跟踪全球生产模式的变化,将特定产业中分散在各地的活动与行为体关联起来,确定它们在发达国家和发展中国家所发挥的作用。全球价值链分析框架关注一个产业内部从概念到生产到最终使用的增值的过程,根据特定产业和地点的工作岗位内容、技术、标准、规则、产品、流程和市场,进而从自上而下和自下而上两个视角,提供一个关于全球产业的整体图景。

这一综合性的分析框架能够帮助政策制定者回答那些以往范式未涉及的发展领域的问题;而且从一个角度解释了过去20年里全球层面和本地层面之间出现的新动态(Gereffi & Korzeniewicz, 1994)。当政策制定者和研究者都已经意识到全球化有利有弊时,全球价值链分析框架就凸显其重要性,因为它抓住了新的产业现实,比如中国、印度和巴西等新兴经济体成为全球价值链的新的驱动者;产品与流程的国际认证是出口导向型经济体在竞争中取得成功的重要前提;需求驱动的劳动力发展在经济升级中不可或缺;私营规则和标准的扩散(Lee, 2010; Mayer & Gereffi, 2010)。同时,全球价值链分析框架在考察社会与环境方面的发展关注时也被证明是有价值的。

很多机构和政府都已经采用这一方法,通过全球价值链的研究来理解全球产业,为制定推动经济发展的新政策和新方案提供指引。

## 二、何谓全球价值链?

价值链描述的是企业和劳动者将一项产品从概念变成最终使用以及其他的所有活动,包括研发、设计、生产、营销、分销和最终消费者支持。组成价值链的活动既可以由一家企业完成,也可能分散在不同的企业(globalvaluechains.org, 2011)。显然,在全球化的背景下,价值链活动更多地由全球范围的企业间网络来完成。全球价值链分析框架侧重于有形和无形增值的活动过程,从概念和生产到最终使用,提供了关于全球产业的整体图景——既自上而下(如考察主导企业如何"治理"全球范围的分支机构和供应商网络),也自下而上(如探究这些商业决策如何影响特定国家和区域的经济与社会"升级"或"降级"的轨迹)。

全球价值链方法的应用,基于 6 个基本维度,可以划分为全球要素(自上而下)和本地要素(自下而上)(见图 1)。第一组维度指由全球产业动态决定的全球要素,第二组则是解释各国如何参与全球价值链本地要素。全球维度包括:(1)投入—产出结构,描述将原材料转变成最终产品的过程;(2)地理范围,说明产业如何在全球范围分布以及不同的全球价值链活动在哪些国家进行;(3)治理结构,解释企业如何控制价值链。本地维度包括:(4)升级,通过考察生产者如何在价值链不同阶段之间转变来描述价值链内部的动态运动(Gereffi, 1999; Humphrey and Schmidt, 2002);(5)本地制度背景,阐述产业价值链通过本地经济和社会要素所嵌入的制度背景(Gereffi, 1995);(6)产业利益攸关方,描述价值链中不同的本地行为体如何互动以实现产业升级。

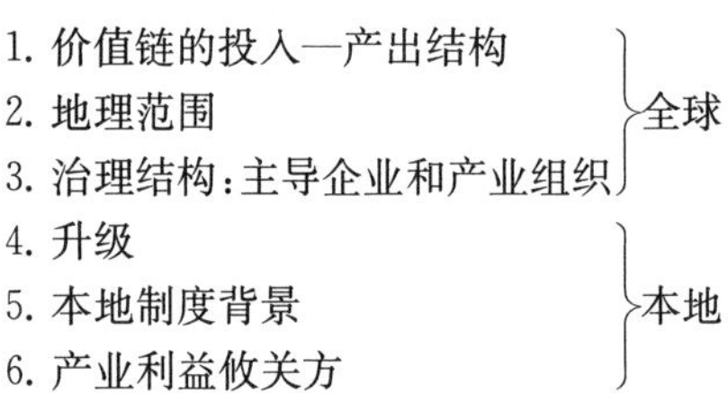


来源:Fernandez-Stark，Bamber and Gereffi，2013。

**图 1　全球价值链分析维度**

因此,全球价值链的研究路径从两个不同方向来分析全球经济:一个是自上而下或称之为全球角度;另一个是自下而上或称之为本地角度。自上而下视角的核心概念是全球价值链的“治理”,主要侧重于主导企业和国际产业的组织形式;自下而上视角的核心概念是“升级”,侧重于各国、各地区和其他经济利益攸关方为了维持或改善自身在全球经济中的地位所采用的战略。

## 三、全球价值链分析维度

全球价值链分析的 6 个基本维度如下:

### (一) 投入—产出结构

1. 全球价值链主要活动环节的界定

每一条价值链代表的是一种产品或一项服务从初始概念到最终到消费者手中的整个投入—产出过程。不同产业价值链的主要活动环节不同,但大致包括:研究与设计、投入、生产、分销与营销、销售,有时还包括使用后的循环利用。这一投入—产出结构包括产品和服务以及一系列辅助产业,通常可以表现成由若干箭头连接的一系列价值链条块,箭头代表有形或无形的产品和服务的流动，这对于绘制价值链不同阶段的增加值分布，以及对研究者特别感兴趣的信息（如就业、工资、性别和处于价值链不同阶段中的企业）进行分层，都十分重要。

为了理解整个价值链，必须研究产业的演进、产业塑造的趋势以及产业的组织。一旦有了关于产业的总体认识，就可以按照增加值来界定和区分产业中的每个活动环节。研究者通过二手数据和访谈，将片段的信息联系起来，构建一条包含产业主要活动、清晰统一的链条。链条中的每个活动环节说明了不同的增值流程如何造就一项产品或服务，以及每个流程背后的行为体如何从中获取不同的回报。

图片能够很好地展现这些理论发现。如水果和蔬菜产业的全球价值链包括图 2 中所示的活动环节。

来源：Fernandez-Stark et al.，2011d。

**图 2　水果和蔬菜产业全球价值链的活动环节**

2. 价值链每一活动环节中企业变动和结构的界定

上一步骤中界定的每个环节都有自身特征和变动，如特定的采购实践或偏好的供应商。举例而言，在水果和蔬菜产业价值链中，进入“加工”环节的投入品可能是原本用于出口但未满足质量标准的水果，或者是专供加工用的种植品。同时，界定该产业中的企业类型和主要特征也十分重要，这些特征是指：全球性企业，还是本地企业；国有企业，还有私营企业；大、中企业，还是小企业；等等。厘清参与价值链的企业类型，将有助于我们理解价值链的治理结构（这一分析维度将在后文中阐释）。

图 3 列出了在水果和蔬菜产业的生产、分销和营销活动环节中，生鲜农产品的主要生产者和最终购买者。

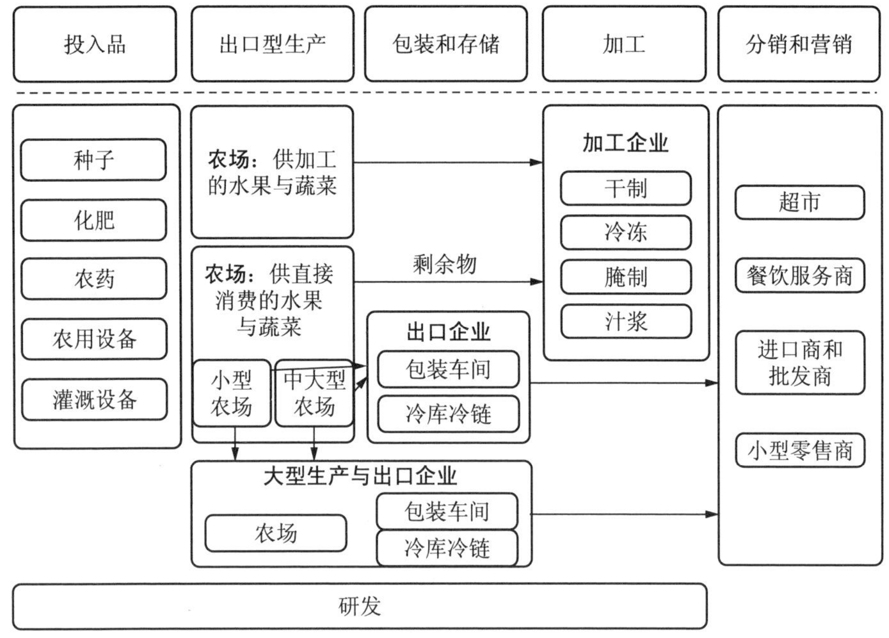


来源：Fernandez-Stark et al.，2011d。

**图3　水果和蔬菜产业全球价值链**

## （二）地理范围

产业全球化进程不仅得益于运输和通信等基础设施的进步，更得益于对价值链每个活动环节中最有竞争力的投入品的需求。今天，全球分布的供应链使不同的业务活动可在世界不同的地方发生。在全球经济中，各国利用自身资产的竞争优势参与到不同产业中。通常，发展中国家提供低成本劳动力和原材料，而发达国家则提供研发和产品设计所需的高学历人才。这一现象导致的结果是，不同地域的企业和劳动者对彼此的影响都远远大于过去（globalvaluechains.org，2011）。

对地理范围的分析，首先基于对全球供需的分析。这可以通过分析价值链各个阶段的贸易流量来实现——既可以使用国际贸易数据库，比如联合国的商品贸易统计数据库；也可以分析从企业数据、行业出版物和对产业专家访谈中获得的二手资料来实现。

全球价值链分析的一个主要贡献是描绘出了全球产业地理分布的变化。然而，全球价值链在不同的地理范围（本地、国家、地区和全球）运转，而且仍在不断地发展变化。新的证据显示，由于大型新兴经济体的持续崛起和区域性贸易协定增加等因素，全球价值链有区域化的趋势。

## （三）治理

全球价值链中不同行为体的权力大小不同，治理分析有助于我们理解一条价值链是如何被控制和协调的。杰里菲（Gereffi，1994:97）将治理界定为“决定人财物资源如何在价值链内分配和流动的权威与权力关系”。在全球商品链的早期框架下，治理常常通过“采购商驱动链”或“生产商驱动链”来描述（Gereffi，1994）。采购商驱动链的分析，凸显了沃尔玛和乐购等大型零售商与著名品牌经销商（如耐克、锐步）的强大影响力，尽管这些行为体自身生产能力有限甚至不从事生产，但通过要求供应商遵循特定标准和协议来引领价值链的运行方式。不同的是，在生产商驱动链中，供应链的所有活动环节更加垂直一体化，利用的是一体化供应商在技术或规模上的优势。理解治理以及如何控制价值链有助于企业进入全球产业并在其中获得发展。现实中，治理分析需要识别行业中的主导企业及其分布、它们与供应商如何互动以及它们如何对供应商施加影响和行使权力（比如遵循标准）。

全球价值链的研究文献从更加细分的角度界定了5类治理结构：市场型、模块型、关系型、从属型和等级型（见图4）。衡量和决定这些结构的3个变量包括：价值链行为体间信息复杂性；生产信息的标准化；供应商能力程度（Frederick & Gereffi，2009；Gereffi et al.，2005）。

市场型。市场型治理涉及的交易相对简单。产品规格信息易于传输，供应商根据采购商的最低要求生产。这些对等交易很少需要或者不需要行为体间有任何正式合作或非正式，无论是生产商还是采购商，更换交易对象的成本都很低。这一类价值链的核心治理机制是价格机制，而不是强有力的主导企业。

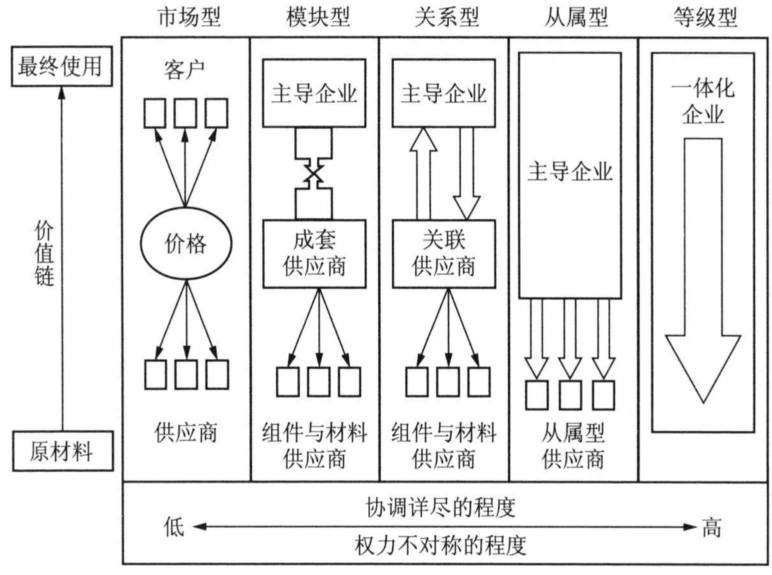


来源:Gereffi et al., 2005。

**图 4　全球价值链治理类型**

模块型。当复杂的交易信息相对容易标准化时,就产生了模块型治理。通常在模块型价值链中,供应商按照客户要求的规格进行生产,所采用的加工技术只需使用一般性机械,所以在设备投资方面可以服务于一系列客户的需求。这就降低了更换客户的成本,限制了特定交易的投资,即便在采购商和供应商之间的互动十分复杂的情况下也是如此。这种关联(或关系)显然比简单的市场关系要更加复杂,因为有大量信息在企业间流动,而服务于信息交流的信息技术和标准对于模块型治理的运行至关重要。

关系型。当买卖双方都依赖于复杂信息而这些信息难以传输或学习时,就产生了关系型治理。在这类治理中,各方之间的互动与知识共享都很频繁。这种关系需要相互信任和依赖,是通过信誉、社会关系和空间比邻、家族和族群关系等来进行规范。尽管是相互依赖,但主导企业仍然是决定需求的行为体,所以在一定程度上会控制供应商并施加影响。关系型价值链中的生产商更多地供应那些在质量、地理来源或其他特征方面差异性较大的产品。这类价值链内部关系的建立需要时间，所以更换交易对象的成本较高，困难也较大。

从属型。在这类价值链中，小的供应商们依赖于一家或几家采购商，这些采购商通常具有很大的权力。这类网络的特征是主导企业高度的监督与控制。从属型价值链中的权力不平衡，迫使供应商在交易中接受采购商设定的条件，通常只能服务于特定采购商，导致买卖双方关系密切，更换交易对象的成本也很高。因为主导企业的核心竞争力往往在生产之外的领域，所以帮助供应商升级生产能力不仅不会侵蚀主导企业的竞争力，反而会提升供应链的效率，给主导企业带来收益。同时，确保供应商得到公正待遇并在市场价格中获取公平份额的领导伦理也十分重要。

等级型。等级型治理描述的是主导企业管理控制的垂直一体化价值链，主导企业内部进行产品研发和生产。这类价值链通常在产品规格上或难以标准化、或产品复杂、或无法找到高水平供应商的情况下出现。尽管这类垂直一体化的价值链不如以往普遍，但仍是全球经济的重要特征之一。

随着一个产业的发展和逐渐成熟，治理形式会发生变化。同一产业内部的治理模式，也会因价值链的发展阶段或水平而存在差异。此外，最新研究显示，很多全球价值链的特征是兼具多种相互影响的治理结构，这给经济与社会升级带来了机遇和挑战(Dolan & Humphrey, 2004; Gereffi, Lee et al., 2009)。

### (四) 升级

经济升级被定义为企业、国家和区域向价值链中的更高价值环节移动来提高其参与全球生产的收益(例如安全、利润、增加值、能力)(Gereffi, 2005b:171)。

升级成功与否，与政府政策、制度、企业战略、技术和劳动者技能的不同组合有关。在全球价值链的框架中，有 4 种类型的升级(Humphrey & Schmitz, 2002)：

(1) 工序升级,通过对生产体系进行重组或引进更好的技术,从而提高投入—产出转化效率;

(2) 产品升级,或升级为更先进的生产线;

(3) 功能升级,通过获取新的功能(或放弃现有功能)来提高生产活动的总体技术含量;

(4) 链条升级或产业间升级,企业进入新的但通常与原行业相关的行业。

费尔南德斯·斯塔克等(Fernandez Stark et al., 2014)进一步提出了升级的其他类型:

(1) 融入价值链,即企业首次参与本国、区域或全球价值链。这是第一步,也是最具挑战性的升级行为;

(2) 后向关联升级,即某产业中的本地企业(本国或外国)开始向其他公司,通常是跨国公司,供应可贸易的零部件和/或服务这些公司位于该国且已经是某全球产业链的一部分。

(3) 终端市场升级,包括进入新的、标准更严的、更加精细化的市场,或进入要求更大规模产量和价格可及的更大型市场。

不同产业和国家的升级模式各不相同,这取决于价值链的投入产出结构和每个国家的制度环境。某些行业要求线性升级,即一国必须在获得价值链某活动环节上的专门技术后,才可能升级到下一个活动环节,正如下图所展示的水果和蔬菜价值链所涉及的有关国家情况(见图 5)。

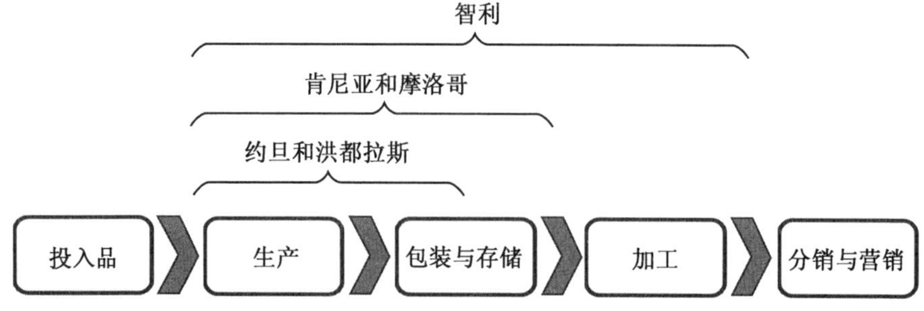


来源:Fernandez-Stark et al., 2011d。

**图 5 水果和蔬菜价值链中有关国家所处升级阶段**

服装业是一个可以用来说明不同的升级和降级轨迹的经典案例，因为从20世纪70年代至今，有很多国家成为了重要的服装出口国(Gereffi，1999；Gereffi & Frederick，2010)。墨西哥托雷翁的服装供应商最初进入牛仔裤产业[①]时从事的是拼装成衣，但它们很快掌握了在裁剪、标签、洗涤和精加工等方面的专业技能。到2000年，托雷翁的工厂已经形成分销能力，将自身的产品直接运输到销售网点。图6展示了该地区从1993年到2000年在服装业价值链中升级到新的高增加值活动环节的轨迹。

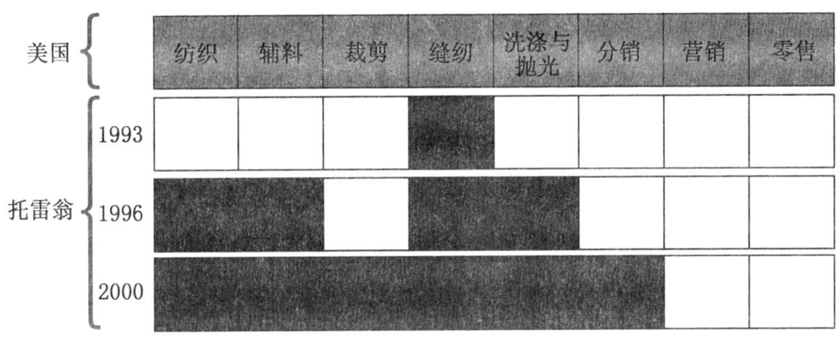


来源：Bair & Gereffi，2001。

**图6 美国—托雷翁服装业价值链：活动和区位**

1993年，只有4家美国制造商——法拉(Farah)、太阳服装(Sun Apparel)、牧马人(Wrangler)和李维·史特劳斯公司(Levi Strauss & Co.)——在托雷翁建立了商业实体。到2000年，此类实体则超过了24家。在20世纪90年代早期，墨西哥一侧的成衣厂从美国制造商或中间商那里收到裁片，将其加工为成衣后在“马奎拉”(Maquila)机制下再出口到美国。这一机制让美国的投入品进入墨西哥时享受免关税待遇，前提是该投入品必须最终包含在墨西哥再出口到美国的产品中。品牌经销商和零售商“拉动”墨西哥企业增加产量，扩展业务活动范围。

美国采购商对全包生产的需求不断扩大，托雷翁的服装企业随之开始升

① 详见：Bair and Gereffi，2001。

级。但是,全包生产的模式并不能保证长期的成功。2000 年以后,美国对牛仔裤的需求下降导致托雷翁出口下滑,当地的服装业就业人口在 2000 年多达约 75 000 人(而 1993 年仅为 12 000 人),但到了 2004 年减少到 40 000 人。托雷翁的牛仔裤企业在美国市场上面临来自中国和其他国际供应商的激烈竞争,要保持市场份额就必须继续从价值链的贴牌生产(OEM)阶段升级到自创品牌生产(OBM)阶段和原始设计制造(ODM)阶段。发展本土品牌、直接向美国买家进行区域营销、在当地建立本区域的设计中心等,都是重要的途径(Gereffi, 2005a)。

全球价值链中经济升级的主要挑战,是界定在何种条件下发展中国家和发达国家及其企业能够实现“价值链攀升”,即从基于廉价和非熟练劳动力的基本组装活动升级到从事更高级的“全包”供应和一体化制造。但是,高价值活动更多地集中在生产前和生产后的制造服务上,这对于东道国实施恰当的劳动力发展战略以在当地提供这些服务构成了挑战。如图 7 所示,通常高增加值业务活动在发达国家进行,而较低增加值业务活动集中在发展中国家。

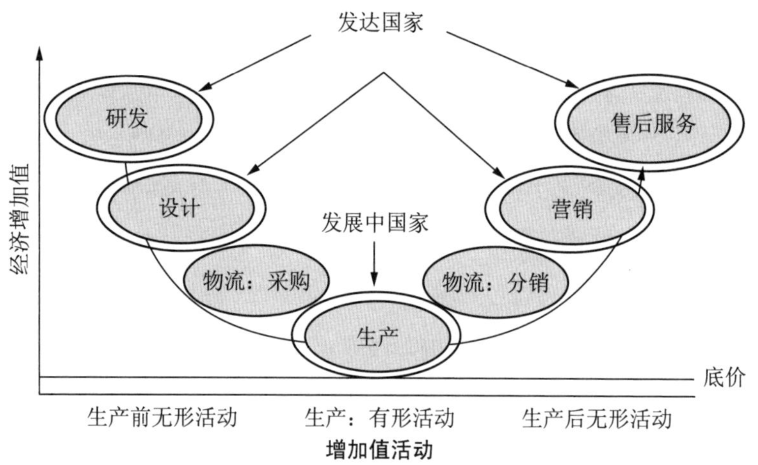


来源:基于 Baldwin et al., 2014; Shih, no date。

**图 7 全球价值链高值活动微笑曲线**

### （五）本地制度背景

制度框架所界定的是本地、国家和国际层面的条件和政策如何塑造价值链每个阶段的全球化（Gereffi，1995）。全球价值链嵌入在本地经济、社会和制度变动之中，所以，融进全球价值链高度依赖于这些本地条件。经济条件是指重要投入要素的可得性：劳动力成本、有效的基础设施以及金融等其他资源的可得性；社会环境决定可用的劳动力及其技能水平，比如女性成为劳动力和接受教育的可能性；制度还包括税务和劳工规则、补贴、教育和创新政策等能够促进或会阻碍产业增长和发展的因素。

由于全球价值链分布在全世界不同角落，使用这一分析框架让我们能够进行更加系统的比较（跨国别和跨区域）分析，来确定不同制度环境对相关经济和社会后果的影响。

### （六）利益攸关方分析

关于价值链所处的本地动态分析需要对其中的利益攸关方进行考察。产业中所有的行为体都分布在价值链上，它们各自的主要作用也都得到了解释。价值链中最常见的利益攸关方包括：公司、行业协会、工人、培训组织和政府机构，其中政府机构包括促进出口和吸引投资的部门、外贸部以及相关的经济和教育部门。

同时，分析在本地层面如何管理这些行为体之间的关系以及哪些行为体是变化驱动方十分重要。这类分析的核心是界定价值链中的关键行为体。这对于产业升级的政策建议，对于制定充分发挥每个利益攸关方作用的产业发展战略，都颇具价值。

## 四、全球价值链分析的最新应用

最初，全球价值链的分析仅仅限于制造业竞争力领域。如今，这一分析已经向不同方向扩展，涵盖了离岸服务等新产业，涉及了引导中小企业融入区域和全球价值链、关注诸如劳动力发展等经济与社会升级的关联性等新领域。本节包括了全球价值链分析框架应用在不同领域的案例。①

## (一) 中小企业参与涉农产业的区域和全球价值链②

中小规模的生产者参与本国、区域和全球的高增加值价值链,可能提升收入和创造就业,对于发展中国家消除农村贫困意义重大(Weinberger and Lumpkin, 2007)。然而,发展中国家大部分小农面临诸多制约,限制了它们有效参与价值链的能力,更令人担忧的是,它们正日益被排除在重要的发展机遇之外。

杜克大学全球化、治理和竞争力中心所构建的模型,致力于帮助国际发展界理解如何更有效地设计干预政策,来确保这些中小生产者在产业中可持续地生存。基于大量第一手和第二手的研究,特别是侧重于美洲开发银行多边投资基金(IDB-MIF)的拉丁美洲倡议,我们梳理了限制中小生产者竞争力和持续参与价值链的 4 类主要制约条件。一份更详细的报告(Fernandez-Stark et al., 2012)显示,针对这些制约条件的干预项目如何改善竞争力要素,从而确保生产者参与价值链是基于商业因素而非企业社会责任。图 8 归纳了一个涵盖所有干预手段的"全面"模型。

针对农业价值链内中小生产者竞争力的主要制约条件,我们提出的全面模型包括"四大支柱":(1)市场准入;(2)培训机会;(3)协同和合作建设;(4)融资渠道。

这一模型适用于各个不同的发展水平。能力弱的受益者需要更长时间的干预且通常在 4 个领域都需要进行干预,而专业能力强的受益者则可能只需要在两个领域获得支持,因为它们自身已经能够克服另外两个领域的困难。图 9 显示的就是四支柱模型,这一模型是为农业价值链提出来的,但也能适用于其他产业,因为不同产业中的中小企业大多面临类似的挑战。

---

① 关于更广泛的产业案例,请参见杜克大学全球化、治理和竞争力中心(CGGC)的网页,http://www.cggc.duke.edu。

② 详见 Fernandez-Stark & Bamber, 2012a, 2012b; Fernandez-Stark et al., 2012,或如下链接 http://www.cggc.duke.edu/gvc/project.php?proj=135。

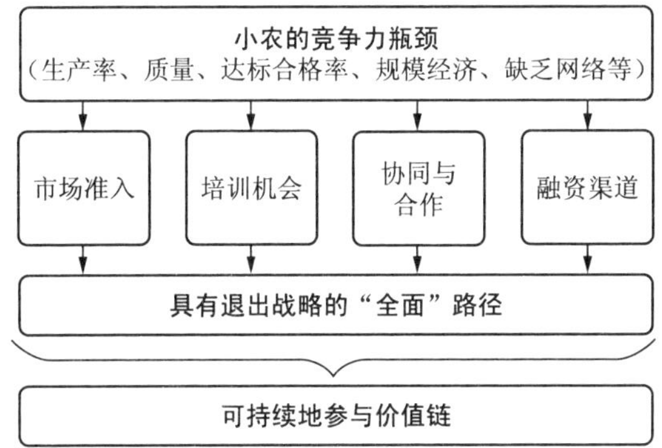


来源：Fernandez-Stark et al.，2012。

**图 8　小农可持续参与高值涉农产业链模型**

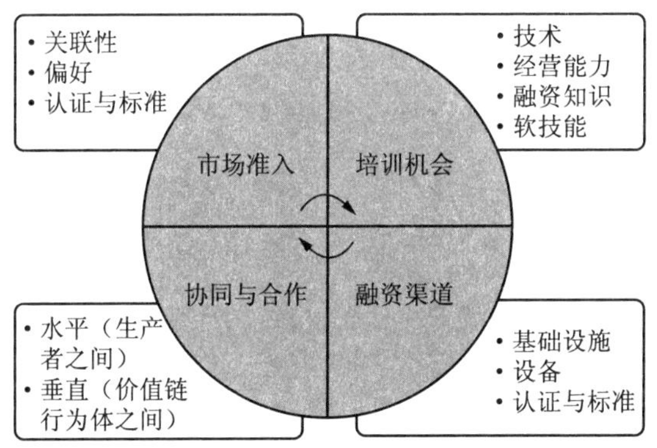


来源：Fernandez-Stark et al.，2012。

**图 9　中小企业参与全球价值链四支柱模型**

(1) 市场准入

市场准入和参与价值链广泛相关。在本模型中，市场准入特指生产者与购买者之间的价值链关系以及如何建立这种关系。传统上，农产品的现货市场意味着生产者和购买者并不需要有直接的关系，生产者将其收获的产品卖给出价最高的人。但是，产业的转型和对食品安全的重视，都提升了对产品特性、生产控制和可溯源性的需求。关于这一产业的治理从市场型的互动关系转变成一种更加密切的关系，即购买者对于生产什么以及在什么条件下生产发出十分具体的指令(Lee et al.，2012)。因此，干预的第一阶段就是要求建立起生产者与购买者之间的关系，这既需要教育和引导购买者或主导企业关注从小生产者采购的潜在商业价值,也需要促进双方互动直至小生产者能够可持续地独立经营这种关系。

(2) 培训机会

尽管很多小生产者可能终生都从事农业生产,但仍需进行专门的培训,以提高生产效率和产品质量,引进新技术和种植品种,遵循食品安全和其他认证要求,从而进入本国、区域和国际价值链。农产品价值链如今非常复杂,而以传统方式种植的作物往往不能满足国际市场的要求。农产品价值链中技能发展的作用在过去被忽视和低估,商业层面的培训直到最近几年才真正得到重视(Fernandez-Stark et al., 2011a)。很多发展中国家农村地区教育水平较低,政府的技术扶持又往往缺少人手,无法满足日益增长的买方需求(Fernandez-Stark et al., 2011a)。

(3) 协同与合作建设

协同与合作建设应该在两个层面进行。首先,生产者之间的横向协作,有助于形成生产者团体或联盟,不仅能够达到所需的规模经济,而且为产品提高增加值(升级)创造机会。其次,与价值链中其他行为体的纵向协作,建立联系,发掘协同效应,分享信息,从而提高整个价值链的水平。所以,小生产者要可持续地参与价值链,就需要某种形式的组织来实现规模经济。

第一,横向协同与合作。中小生产者需要规模经济以获取市场竞争地位。显而易见,单个中小生产者缺乏进行大量生产的规模和能力,而购买者与这些单个生产者交易的成本很高,所以与它们逐个合作是不划算或者是无利可图的。中小生产者的自我组织是一项困难的任务,生产者的责任担当对于合作的成功仍是关键。所以,它们通常需要外部因素的激励和支持,以理解和领会合作的价值,并建立起正式合法的组织。

第二,纵向协同与合作。利益攸关方的纵向协同与合作对于价值链的绩效和升级至关重要(Gereffi, Fernandez-Stark, Bamber, et al., 2011)。价值链的利益攸关方包括产业发展中的所有行为体,比如生产者、投入品提供者、中介、购买者、行业协会、培训机构、产业服务提供商、金融机构,以及负责产业发展、出口促进的政府部门和监管机构。改善公私联盟之间的对话水平不仅有益于解决小农的信息不对称问题，而且有助于本地和国家层面的产业进步。这些联盟对于产业面临的挑战和机遇有着深刻的认识，能够协调与制定出共同的产业发展战略。

（4）融资渠道

融入价值链需要对基础设施、设备以及获得认证进行一定的投资，但是小生产者往往面临流动性和信贷方面的困难，没有获取正规融资的渠道，这限制了它们进行所需的投资。小生产者的信贷困难有多方面的原因，包括高风险、信息不对称、缺少担保、农村地区太分散，以及不利的经济政策。这些信贷困难使小生产者无法投资买入那些可以用来提高生产效率和土地利用率或者升级到更高价值产品生产所需的设备，比如灌溉系统、温室和冷藏设备，从而限制了它们参与价值链的潜力。干预手段能够通过不同的模式改善融资渠道。

### （二）世界经济中正在全球化的服务业：离岸服务业①

全球价值链方法对分析当前服务业十分有效。服务业从生产到消费的业务过程很短，全球价值链的分析框架可以将产业内部提供的所有服务进行汇总合并，从非常简单的任务到高度精细复杂的互动，都归结到一个价值链中。下面的离岸服务业案例说明了如何使用全球价值链分析框架洞察一个复杂产业并指引其潜在升级轨迹。

过去十年间，世界经济的结构性变化促进了跨国公司全球外包的发展，进而创造了离岸服务业这一在发展中国家迅速崛起的新产业（Gereffi & Fernandez-Stark，2010b：1）。现代的信息技术让信息传递十分便利快捷。公司为寻求在全球经济中提升效率、降低成本和增加灵活性（Lopez et al.，2008），将自身业务功能，比如人力资源管理、客户支持、会计与财务、采购实务等，进行拆解并“外包”出去（Gospel & Sako，2008；Sako，2006）。这减少了辅助性业务的负担，让企业能够专注于核心业务。发展中国家越来越多地参与到这

---

① 详见 Fernandez-Stark，Karina，Penny Bamber and Gary Gereffi（Forthcoming），“The offshore services Value Chain：Upgrading Trajectories in Developing Countries”。更多信息也可参见杜克大学全球化、治理和竞争力中心的网页，http：//www.cggc.duke.edu/gvc/offshore services industry.php。

一新兴产业中，凸显了第三世界国家能力的提升，不仅在于产品的生产能力，而且在于产品背后创造知识的能力。现在，我们能够观察到发展中国家出口的各种精细化服务，例如智利出口与采矿相关的工程服务、印度向主导跨国企业出口医药的研发服务、乌拉圭出口畜牧追踪的专业化服务。

杜克大学全球化、治理与竞争力中心通过分析技能水平和工作经验，绘制了图 10 中的离岸服务业的全球价值链。第一类是为所有产业提供的 3 种广义的离岸服务（一般性商业服务）：信息技术外包（ITO）、商业流程外包（BPO）和知识流程外包（KPO）。第二类是指向特定产业提供的服务。提供一般性商业服务的企业通常是流程导向的，而提供给那些垂直一体化的特定产业的服务，必须有该产业的专业知识，它们在其他产业的应用也会因此受到限制。

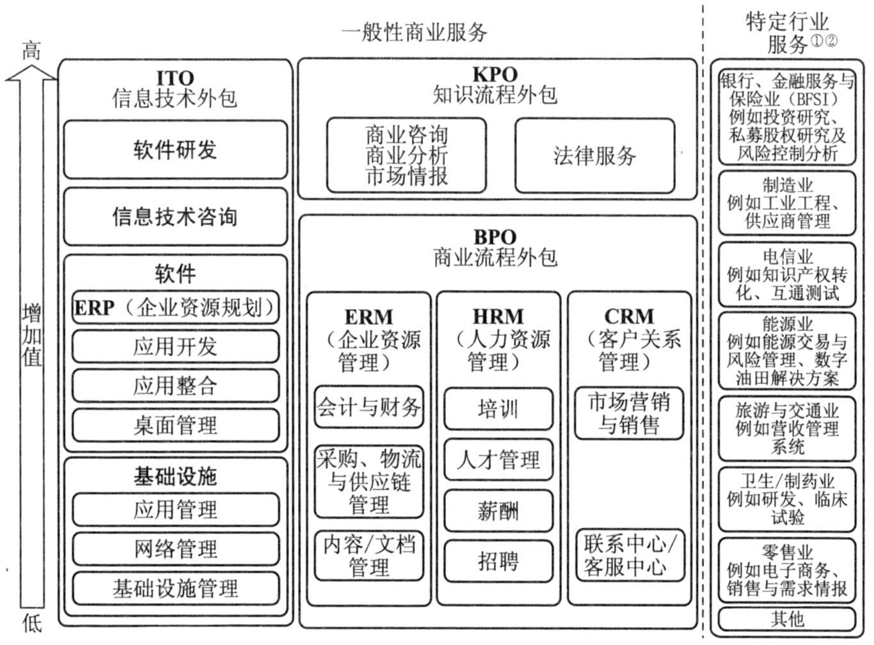


注：① 特定行业：每一个行业都有自身的价值链，这些价值链中相关服务业可以外包。图中所列的是服务外包需求最多的行业。

② 图中有关特定行业服务的描述并不说明价值水平。每个产业都可能包括信息技术外包、商业流程外包及其他高级的服务形式。

来源：Gereffi & Fernandez-Stark，2010a。

**图 10　离岸服务业全球价值链**

对于一般性商业服务，所有的业务活动都与一般性的商业辅助功能有关，比如网络管理、应用整合、工资、呼叫中心、会计和人力资源。此外，离岸服务还包括高价值服务，例如市场情报、商业分析和法律服务(指上文中提及的知识流程外包)。在这些服务中，信息技术外包涉及从低端到高端的整个离岸服务链，商业流程外包业务涉及产业链的中低端环节，而知识流程外包业务往往处于价值链的高价值环节。

在全球价值链框架内，将上面提及的分类应用到我们的案例中，我们可以从 10 个国家的案例研究中界定出 5 种主要的升级路径：融入价值链、在商业流程外包中升级、提供全包服务、从信息技术企业拓展至知识流程外包服务、垂直一体化产业中的专业化企业。图 11 展示了这 5 类升级的轨迹。

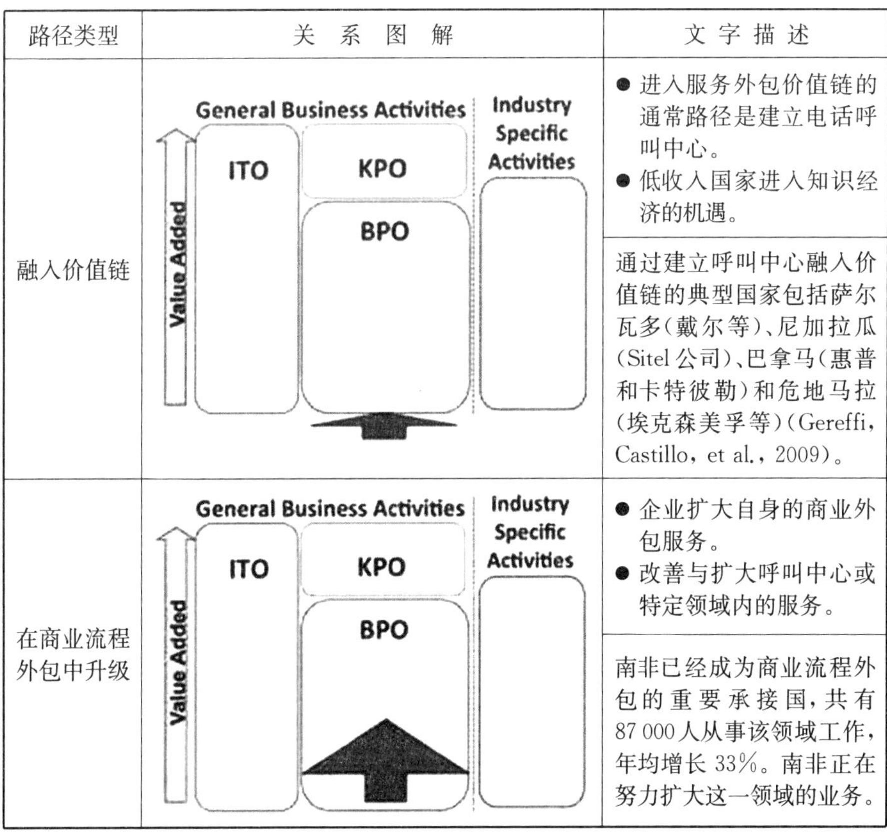

| 路径类型 | 关系图解 | 文字描述 |
| --- | --- | --- |
| 融入价值链 | General Business Activities / Industry Specific Activities / ITO / KPO / BPO / Value Added | ● 进入服务外包价值链的通常路径是建立电话呼叫中心。<br>● 低收入国家进入知识经济的机遇。<br>通过建立呼叫中心融入价值链的典型国家包括萨尔瓦多(戴尔等)、尼加拉瓜(Sitel 公司)、巴拿马(惠普和卡特彼勒)和危地马拉(埃克森美孚等)(Gereffi, Castillo, et al., 2009)。 |
| 在商业流程外包中升级 | General Business Activities / Industry Specific Activities / ITO / KPO / BPO / Value Added | ● 企业扩大自身的商业外包服务。<br>● 改善与扩大呼叫中心或特定领域内的服务。<br>南非已经成为商业流程外包的重要承接国，共有 87 000 人从事该领域工作，年均增长 33%。南非正在努力扩大这一领域的业务。 |

**图 11　离岸服务业价值链升级路径案例**

| 路径类型 | 关系图解 | 文字描述 |
| --- | --- | --- |
| 全包服务<br>（功能升级） | 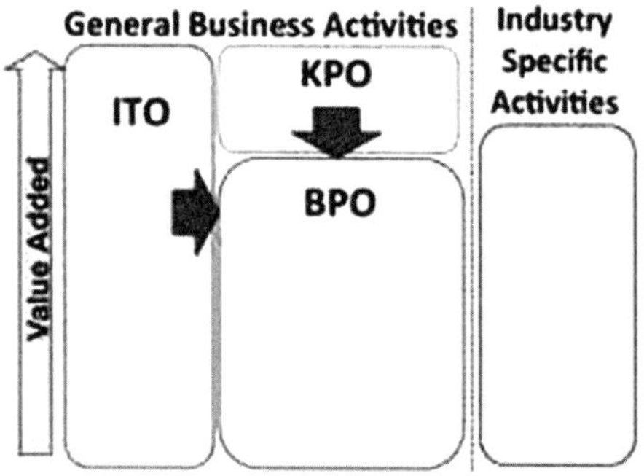 General Business Activities<br>Industry Specific Activities<br>Value Added<br>ITO<br>KPO<br>BPO | ● 处于信息技术外包和知识流程外包领域的企业可能选择提供更综合性、范围更广的服务，包括商业流程外包服务。<br>● 收购较小的商业流程外包服务企业和/或在企业内建立新的部门。<br><br>印度的很多信息技术和咨询（KPO）企业将业务拓展到商业流程外包领域。这些企业既包括印度本土企业，也包括 IBM 等外国企业在当地的分公司。 |
| 从信息技术企业拓展至知识流程外包服务<br>（功能升级） | 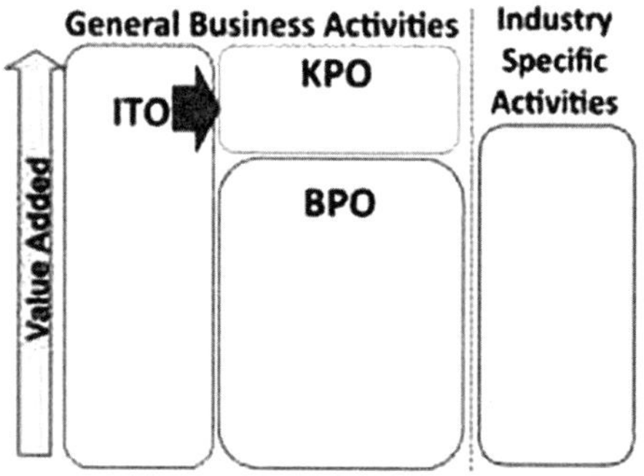 General Business Activities<br>Industry Specific Activities<br>Value Added<br>ITO<br>KPO<br>BPO | ● 信息技术服务企业将知识流程外包纳入自身业务。<br>● 信息技术企业携手客户寻求未决商业问题的解决方案。<br><br>例如，印度的 Infosys、Wipro 等企业在 2002 年至 2005 年间相继开始从事商业咨询服务的业务。 |
| 产业专业化<br>（跨部门） | 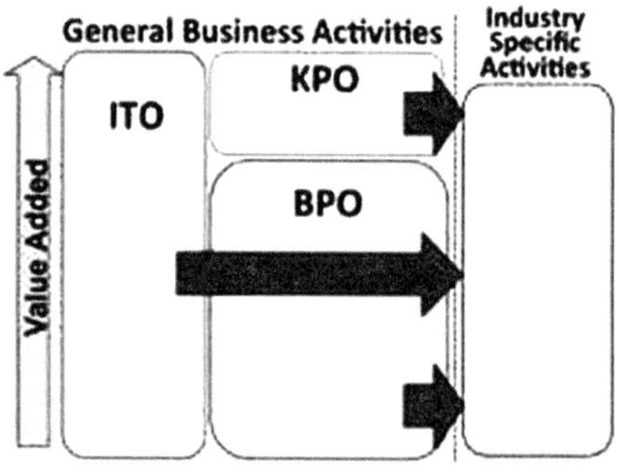 General Business Activities<br>Industry Specific Activities<br>Value Added<br>ITO<br>KPO<br>BPO | ● 企业从向一些产业提供信息技术、商业流程和知识流程服务转变成为某一重要产业提供专业化服务。<br><br>捷克，通过发展商业流程外包服务进入了外包服务行业，已经迅速升级进入了汽车、航空和信息技术等行业的研发领域。 |

来源：Fernandez-Stark et al.，2011c。

**图 11　离岸服务业价值链升级路径案例（续）**

这些升级路径显示了致力于进入更高附加值活动的不同的国家战略。这些路径并不相互排斥,有一些可以同时发生。第一种路径是国家如何进入价值链的典型路径,特别适用于拉丁美洲,在拉丁美洲较为普遍的战略是从呼叫中心服务做起。第二种路径涉及的国家,可以提供比呼叫和联系中心更为复杂的商业服务。第三种路径中,服务提供者提供需要相当程度分析能力的知识活动,这种分析研究式的服务对劳动力质量提出更高要求。第四种路径通常发生在当大型企业在某国建立时,它提供从低附加值到高附加值一系列的广泛服务。这些企业为顾客提供"一站式"服务,而且总交易成本低廉,具体则取决于大量劳动力的可得性以及成本竞争力,这些劳动力在价值链的不同阶段提供服务。最后,当专业性产业向优势活动发展时,产业专业化的升级路径就会出现。这种专业性减少了其与低成本地区竞争时的劣势。

### (三) 劳动力开发与全球价值链

全球价值链分析应用的另一个例证是劳动力开发问题。国际劳工组织在其 2016 年大会(ILO, 2016)期间采用全球价值链分析框架来分析生产分工与就业。杜克大学全球化、治理和竞争力中心在其"升级所需技能"的多产业研究中,率先将技能维度引入了全球价值链的分析。

我们可以通过按照技能水平界定的工作种类这一视角来观察工人参与全球价值链,以便理解工人在价值链中的情况及其面临的挑战。每一类技能水平大致可以与价值链的一个阶段相对应(Gereffi, Fernandez-Stark, & Psilos, 2011)。

表 1 区分了 5 种类型的工作:①

(1) 非正式小微企业或家庭作坊工作

非正式小微企业或家庭作坊工作在很多发展中国家的价值链中存在,特

① 这一分类基于巴里恩托斯等(Barrientos et al., 2011)和格里菲、费尔南德斯-斯塔克等(Gereffi, Fernandez-Stark et al., 2011)的研究,并不涵盖全球经济中的所有工作,仅仅适用于与货物和服务离岸生产有关的工作。

别是在农业和诸如纺织业的轻工业中。生产在家庭中或围绕着家庭进行,几乎不区分商业生产行为(制造出售的物品)与无报酬的生活劳动(例如家庭生活和养育孩子)。这些行为产生的收入总体上很低,生产活动涉及有报酬和无报酬的劳动力,通常还包括童工。教育水平差异较大,但通常都很低。工作时间、卫生与安全条件都不确定。此外,劳动力分散在众多小企业中,减少了进行集体协作的可能性(Bamber & Fernandez-Stark, 2013)。

**表 1 价值链中的工作类型**

| 工作类型 | 工作条件 | 教育水平 | 案例 |
|---|---|---|---|
| 非正式小微企业或家庭作坊工作 | 有或没有报酬;不安全的生产条件;不固定的工作时间 | 低;通常低于初等教育 | 农业供应链中的小生产者 |
| 低技能劳动密集型工作 | 正规;工作不安全感,低工资,分包合同导致的弱组织性 | 低;通常仅受初等教育甚至更低 | 服装或电子组装生产线上的工人 |
| 中等技能工作 | 正规;工作安全感增加,可能较长的工作时间 | 中学毕业 | 服装和汽车生产链中的采购与物流工作 |
| 高技能技术密集型工作 | 正规;工作安全感强,薪酬更高,但存在工作时间和工作生活平衡的挑战 | 中学水平以上的技术教育 | 航天航空业和医疗设备生产链中专业化组件的生产与组装工作 |
| 知识密集型工作 | 正规;可能是自由职业,薪酬更高,但仍存在工作时间、工作生活平衡的挑战 | 大学毕业,包括高级学位 | 会计、工程与设计工作 |

来源:Gereffi et al., 2016。

(2) 低技能劳动密集型工作

劳动密集型生产以正规的方式使用职业劳工。它涉及雇主(可能是生产者或代理人)与劳动者之间以工资为基础的关系,这一关系可能是临时性的,也可能是长期性的,取决于劳动合同的性质。在这类工作中,应属于长期合同性质的重要工作常常由临时工(通常是妇女和打工者)来完成,这些临时工的就业状况随着需求变化而波动(Barrientos et al., 2011; Lee & Gereffi, 2015)。临时工的临时性合同安排导致这部分工人很分散,难以组织工会(Barrientos, 2013)。

这类工人一般最多只受过 6 年教育。廉价劳动力参与劳动力密集型生产，是早期离岸生产的基本动力，在价值链的全球就业中占据较大比重。

(3) 中等技能工作

中等技能工作与要求专业技术知识的生产相匹配，比如机器操作工和模具制作工，通常存在于汽车和电子等资本密集型和技术密集型供应链中。这是典型的正式工作，从业者往往受过中学教育。根据特定劳动力市场的供给情况，这些劳动者可能拥有长期劳动合同，因为企业必须对完成核心业务的特殊设备操作进行培训投资。技工短缺会导致劳动者较长的工作时间，而是否会产生工会或其他集体行为则取决于当地的制度环境。

(4) 高技能技术密集型工作

高技能、技术密集型离岸工作出现在 20 世纪 80 年代和 90 年代。汽车和电子工业等资本和技术密集型产业中的主导企业，其所建立的国际生产网络不仅组装最终产品，而且形成了核心零部件和组件的供应基地。由于这类工作的资本和技术密集性质，在全球价值链的就业人数中仅占较小比重。在这些生产网络的较高端，供应商试图将“好”工作集中到少数地方。虽然技工紧缺有助于提高工资和改善雇佣合同，但也可能带来较长的工作时间，破坏工作和生活的平衡。这些活动涉及的劳动者大多至少完成了中学以上水平的技术教育。

(5) 知识密集型工作

新一轮的服务外包创造了很多知识密集型工作机会(Gereffi and Fernandez-Stark 2010)。知识密集型服务工作包括金融、会计、软件、医疗服务和工程设计等高端商业服务工作，越来越被视为发展中经济体通过技术学习、知识外溢和更高收入来获取经济和社会双重收益的重要途径。从事此类工作的劳动者往往选择自由职业，而非长期合同，以便保持灵活性，但社会保障水平就会相对较低。平均而言，这一类型的就业比重相对较小，因为有高技能和高学历的要求。而发展中国家此类工作的技能过剩，会导致工作积极性下降和“智力流失”(OECD, 2013)。

图 12 显示了 5 种类型的工作和技能水平在不同全球价值链中的地理分布。

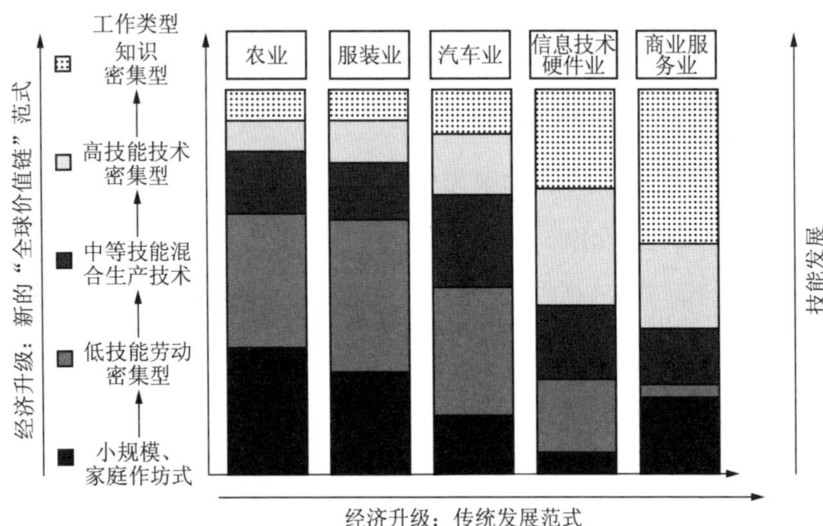


来源:Gereffi et al., 2016。

**图 12 不同全球价值链中劳动力构成**

全球价值链中一国劳动力的构成随着经济升级而变化,经济升级的两个维度:一是传统的发展范式,强调从初级生产向制造业和服务业工作的"结构转型"(从图左端向右端移动);二是新的"全球价值链范式",即在特定产业中升级到更高价值的活动(从每一个柱体的底端向顶端移动)(Gereffi, Fernandez-Stark, & Psilos, 2011; Taglioni & Winkler, 2016)。

在过去5年里,杜克大学全球化、治理和竞争力中心使用全球价值链方法对劳动力发展问题进行了研究。这一前沿的联合研究对升级路径以及促进升级的劳动力倡议进行了多产业和多国别分析,所选的产业和国别案例包括:(1)水果和蔬菜业(智利、肯尼亚、摩洛哥、约旦和洪都拉斯);(2)服装制造业(土耳其、斯里兰卡、孟加拉国、尼加拉瓜和莱索托);(3)离岸服务业(印度、菲律宾、智利和中美洲国家);(4)旅游业(哥斯达黎加、越南和约旦)。

我们发现,在这些价值链的每一个活动环节,劳动者所需的专业工作技能通常是由全球行为体而非本地行为体决定。作为一个例证,图13对离岸服务业价值链中劳动力开发的内涵进行了总结,离岸服务业中的发展中国家正

<table>
<tr><th>类　型</th><th>关系图解</th><th colspan="2">劳动力开发的内涵</th></tr>
<tr><td rowspan="2">融入价值链</td><td rowspan="2">General Business Activities<br>Industry Specific Activities<br>ITO<br>KPO<br>BPO<br>Value Added</td><td colspan="2">● 呼叫中心雇用中学毕业或本科毕业的劳动力。<br>● 企业对雇员进行更多技能培训。<br><br>在危地马拉，建立了跨院校联盟来促进呼叫中心和商业流程外包服务的培训。一家名为 Intecap 的技术培训机构成为此类培训的中坚力量，其运营资金来自从培训人员的工资中抽取 1％的佣金（ECLAC，2009）。</td></tr>
<tr><td>技能培训类型<br>● 短期培训</td><td>相关机构<br>● 私营部门<br>● 政府</td></tr>
<tr><td rowspan="2">商业流程外包服务内的升级（功能升级）</td><td rowspan="2">General Business Activities<br>Industry Specific Activities<br>ITO<br>KPO<br>BPO<br>Value Added</td><td colspan="2">● 私营部门通过内部培训或外包培训项目来实施技能开发。<br>● 教育机构和政府就课程内容和奖学金提供支持与帮助。<br><br>南非政府实施了商业流程外包服务支持计划，来创造更多工作机会。该计划包括为 35 000 个工作岗位和 4 000 名中层管理人员提供培训。</td></tr>
<tr><td>技能培训类型<br>● 短期培训<br>● 正规学位教育</td><td>相关机构<br>● 私营部门<br>● 政府<br>● 高等教育机构</td></tr>
</table>

图 13　离岸服务业价值链升级路径与劳动力开发倡议的案例

<table>
<tr><th>类　　型</th><th>关系图解</th><th colspan="2">劳动力开发的内涵</th></tr>
<tr><td rowspan="2">全包服务<br>（功能扩展）</td><td rowspan="2">General Business Activities<br>Industry Specific Activities<br>ITO<br>KPO<br>BPO<br>Value Added</td><td colspan="2">● 招聘范围扩展至该产业内高中毕业和大学毕业的人选。<br>● 新聘人员必须首先完成商业流程外包服务的培训项目以确保服务质量。这与上一类型中的培训相同。<br><br>21 世纪初，印度的信息技术外包和知识流程外包服务企业出现了一波进入商业流程外包的热潮。招聘是这一扩张的关键，企业侧重于雇用中产阶级背景的女性。</td></tr>
<tr><td>技能培训类型<br>● 短期培训<br>● 正规学位教育</td><td>相关机构<br>● 私营部门<br>● 政府</td></tr>
<tr><td rowspan="2">从信息技术<br>外包升级<br>至知识流程<br>外包服务<br>（价值链升级）</td><td rowspan="2">General Business Activities<br>Industry Specific Activities<br>ITO<br>KPO<br>BPO<br>Value Added</td><td colspan="2">● 招聘受过高等教育的人员，特别是工商管理硕士毕业生和具有商业经验的工作人员。这些人必须具备敏锐的分析能力。<br><br>法律流程外包需要高质量的律师。截至 2015 年，该行业将雇用 17 000 名律师，这些律师需要接受与美国国内律师类似的培训。</td></tr>
<tr><td>技能培训类型<br>● 正规学位教育</td><td>相关机构<br>● 高等教育机构</td></tr>
</table>

**图 13　离岸服务业价值链升级路径与劳动力开发倡议的案例（续）**

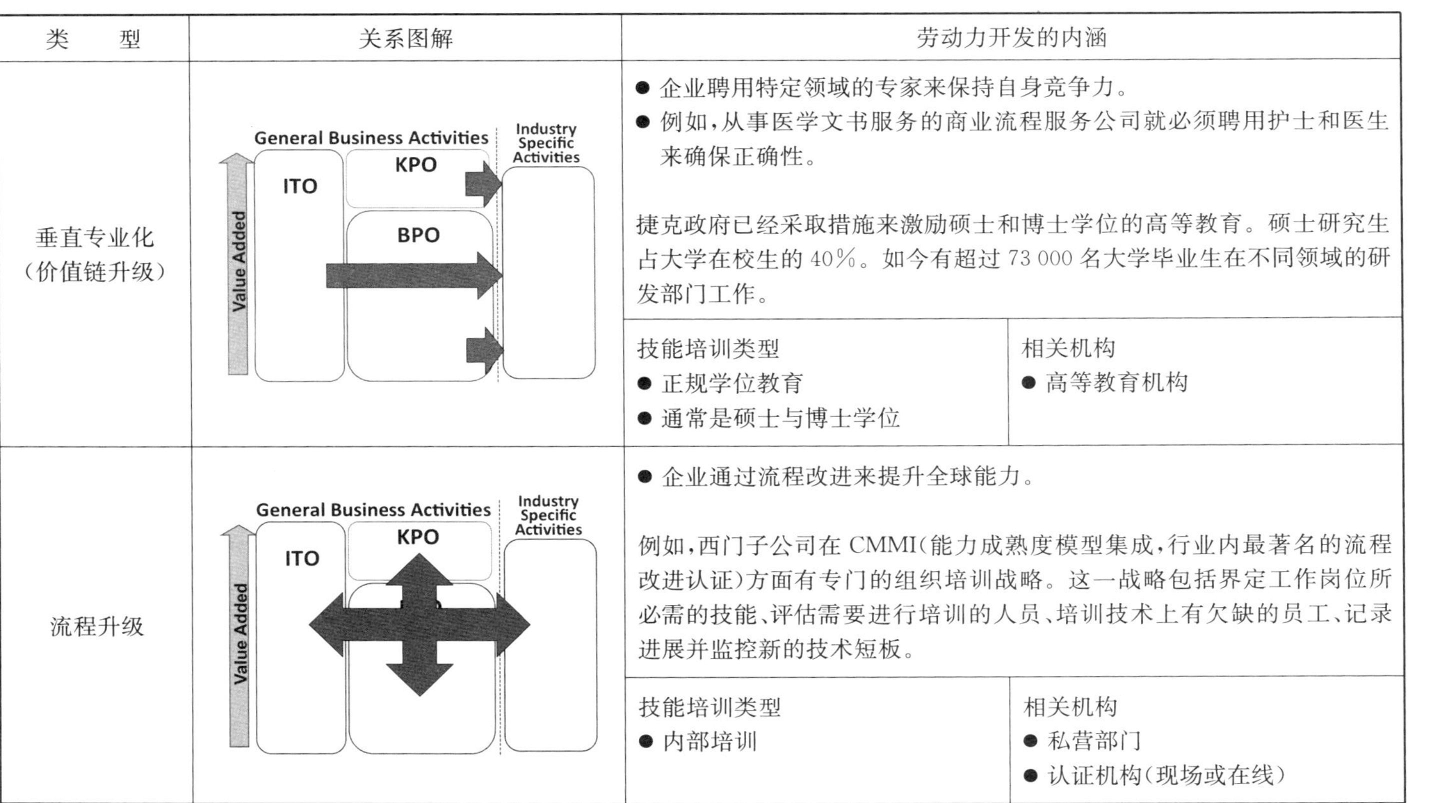

| 类　　型 | 关系图解 | 劳动力开发的内涵 | |
|---|---|---|---|
| 垂直专业化（价值链升级） | Value Added; General Business Activities; ITO; KPO; BPO; Industry Specific Activities | ● 企业聘用特定领域的专家来保持自身竞争力。<br>● 例如，从事医学文书服务的商业流程服务公司就必须聘用护士和医生来确保正确性。<br><br>捷克政府已经采取措施来激励硕士和博士学位的高等教育。硕士研究生占大学在校生的 40%。如今有超过 73 000 名大学毕业生在不同领域的研发部门工作。 | |
| | | 技能培训类型<br>● 正规学位教育<br>● 通常是硕士与博士学位 | 相关机构<br>● 高等教育机构 |
| 流程升级 | Value Added; General Business Activities; ITO; KPO; Industry Specific Activities | ● 企业通过流程改进来提升全球能力。<br><br>例如，西门子公司在 CMMI（能力成熟度模型集成，行业内最著名的流程改进认证）方面有专门的组织培训战略。这一战略包括界定工作岗位所必需的技能、评估需要进行培训的人员、培训技术上有欠缺的员工、记录进展并监控新的技术短板。 | |
| | | 技能培训类型<br>● 内部培训 | 相关机构<br>● 私营部门<br>● 认证机构（现场或在线） |

来源：Fernandez-Stark et al.，2011e。

**图 13　离岸服务业价值链升级路径与劳动力开发倡议的案例（续）**

在进行市场驱动的发展——获取升级服务的能力(提供更好的服务,扩大服务范围或/和提供更高增加值的服务),加大在劳动力培训和管理能力方面的投资,这些投资最初来自私营的离岸服务提供商,但现在的来源扩大到更大范围的公共、私营和跨部门的支持计划。与"向下竞争"完全不同,参与离岸服务产业为发展中国家的劳动者、企业和政府提供了富有吸引力的机遇,来构建能够满足全球服务市场需求的基于技能的竞争力。

## (四) 为政府制定产业政策提供信息

事实证明,全球价值链的分析路径综合考虑了生产水平、基础设施与服务、商业环境、贸易与投资政策、产业制度化等因素,是为各国政府制定经济发展和具体产业升级政策提供建议的有效工具。如今,这一方法已经被世界各国广泛采用,来界定那些会对发展中国家能否满足全球价值链要求构成影响的本地因素(Bamber et al., 2013)。

受世界不同地区国家政府的委托,杜克大学全球化、治理和竞争力中心开展了一系列全球价值链研究项目。比如,哥斯达黎加政府委托开展的项目,希望为该国参与一些产业全球价值链并实现升级提供建议,涉及的产业包括:医疗器械业(Bamber & Gereffi, 2013b)、电子产业(Frederick & Gereffi, 2013)、航空航天业(Bamber & Gereffi, 2013a)和离岸服务业(Fernandez-Stark et al., 2013)。[①]为此,我们使用全球价值链分析框架来分解这些产业在全球层面的动态变化,确定哥斯达黎加在这些价值链中的位置,进而发掘该国潜在的竞争机会。

理解全球价值链的运行,对于哥斯达黎加这样依赖于出口导向型外国直接投资的国家十分重要。这些全球价值链的发展不仅影响全球贸易、生产与

① 哥斯达黎加的全球价值链研究可以参见 http://www.cggc.duke.edu/gvc/project.php?proj=180。其他研究可以在杜克大学全球化、治理和竞争力中心的网页上查找到。最新的研究报告包括秘鲁的全球价值链分析:新鲜葡萄(Fernandez-Stark et al., 2016b)、采矿设备(Bamber et al., 2016)和高质量的羊毛纺织品和服装(Fernandez-Stark et al., 2016a)。

就业，而且影响发展中国家如何融入全球经济。参与全球价值链帮助新兴经济体进入发达国家市场，从而为其自身产业实现增值提供了机会。融入和持续参与全球价值链能够创造就业机会、吸引外汇流入、促进减少贫困，还能与新兴的全球知识经济接轨，所以对于一个国家特别是发展中国家的经济增长意义重大。理解这些价值链有助于吸引外国投资，促进本地企业的竞争力提升与增长。这些企业不仅要在本地市场而且要帮助国际客户与越来越多的外国企业竞争，所以不得不改进自身运营效率和质量。下面，我们将简要总结哥斯达黎加的两个产业分析：医疗器械业和离岸服务业。

（1）哥斯达黎加和医疗器械业全球价值链①

作为哥斯达黎加经济多样化努力的一部分，医疗器械产业集群大概是该国通过外国直接投资驱动和高技术出口战略所发展的最成功的产业。哥斯达黎加的医疗器械业诞生于1985年，标志是第一家医疗器械公司建立并开始运营。到2014年，医疗器械出口额已经达到了14亿美元，占该国总出口额的12%，成为第一大出口产业（UN Comtrade, 2015）。2015年，哥斯达黎加有超过50家的企业参与到医疗器械供应链中，另外还有16家企业提供包装和支持服务。这些企业一半以上（60%）来自美国，哥斯达黎加的企业则少于30%。这些企业大多集中在价值链的生产环节，其中70%为制造零部件或组装最终产品。

从2000年到2015年，医疗器械业的发展为哥斯达黎加创造了约17 500个制造业的就业岗位，自2012年起年均增长2 000个。男性和女性都可以从中得到工作机会，45.6%的从业者是男性，54.4%是女性（CINDE, 2012b）。医疗器械业依赖于熟练的技术工人，到2012年，该产业中10%到20%的劳动者是工程师，10%到15%是技师，余下60%到80%的劳动力是直接从事生产的产业工人，最初来自服装产业中的非熟练劳动力（Bamber & Gereffi, 2013b）。

从1998年到2011年，哥斯达黎加医疗器械业的出口业绩实现了稳定和显著的增长。2002年的出口额不到4亿美元，2011年达到了近12亿美元（图14）。从升级的动态角度看，该国进行了功能性升级，实现了后向关联。

① 关于哥斯达黎加医疗器械产业的全球价值链研究可以参见 http://www.cggc.duke.edu/pdfs/2013-08-20_Ch2_Medical_Devices.pdf；也可查阅世界自由区组织的简报（Gereffi, 2016）。

然而,这个案例最有趣的地方在于产品升级,哥斯达黎加医疗器械出口的技术成分发生了改变。2002 年,哥斯达黎加 90%的医疗器械出口是低技术含量的一次性用品;但是到了 2011 年,50%的出口是其他 3 类技术含量更高的产品,主要生产环节的技术复杂性也明显提高:

- 一次性用品:绷带、导管、外科手术手套等成本导向的一次性产品。
- 医疗仪器:医用钳、外科手术剪刀等通过消毒使用于不同病人的重复使用产品。
- 治疗器械:可以使用于人体的差异性产品(比如骨科植入物、起搏器、助听器等),这些产品必须符合高水平的国际卫生和安全规范以及质量标准。
- 固定设备:属于大型和长期性投资但需一次性购入、能够重复使用多年的复杂机器,比如核磁共振设备。

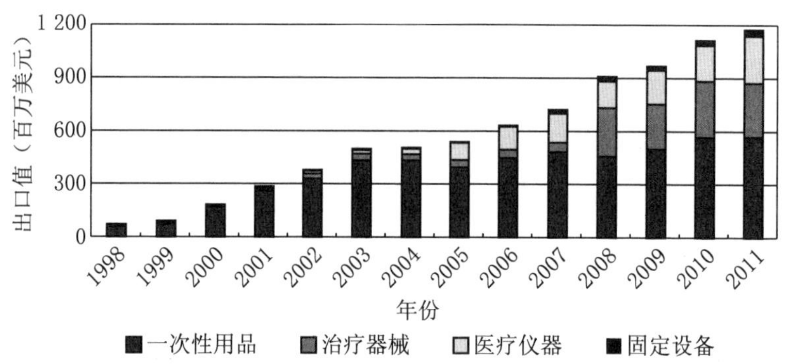


来源:Bamber and Greffi, 2013。

**图 14 1998—2011 年哥斯达黎加不同类型医疗器械产品出口**

随着出口产品技术含量的变化,在该国设立分支的跨国公司也发生了变化。表 2 将进入哥斯达黎加医疗器械设备业的企业分成 4 个阶段:2000 年以前、2001 年至 2004 年、2005 年至 2008 年、2009 年至 2012 年,[①]呈现出外国直接投资演进的一种非常清晰的模式:2000 年以前,在哥斯达黎加投资的公司

① 这些信息来自哥斯达黎加对外贸易区的一个统计分析,以及杜克大学全球化、治理和竞争力中心在企业层面的访谈。

表 2　哥斯达黎加医疗设备部门的企业

| 进入年份 | 企业特征 | 主要出口产品 | 核心细分市场 | 产品范例 | 代表企业 |
|---|---|---|---|---|---|
| 2000 年前<br>24 家企业:美国 8 家、哥斯达黎加 15 家、德国 1 家 | 4　原始设备制造商<br>8　组件供应商<br>1　投入品经销商<br>7　包装<br>1　成品<br>3　服务支持 | 一次性用品 | 给药<br>女性卫生 | 静脉注射管(Ⅰ)<br>乳房切除术后胸罩(Ⅰ) | Hospira;<br>Baxter;<br>Amoena;<br>Corbel |
| 2001—2004 年<br>13 家企业:美国 9 家、哥斯达黎加 3 家、哥伦比亚 1 家 | 3　原始设备制造商<br>6　组件供应商<br>1　成品<br>1　物流<br>2　服务支持 | 医疗仪器 | 内窥镜手术 | 活体取样钳(Ⅱ) | Arthrocare;<br>Boston Scientific;<br>Oberg Industries |
| 2005—2008 年<br>8 家企业:美国 7 家、波多黎各 1 家 | 2　原始设备制造商<br>4　组件供应商<br>1　包装<br>1　成品 | 治疗器械 | 整容手术<br>女性卫生和泌尿科 | 乳房植入物(Ⅱ)<br>子宫手术使用的微创设备(Ⅱ) | Allergan;<br>Tegra Medical;<br>Specialty Coating Systems |
| 2009—2012 年<br>21 家企业:美国 16 家、哥斯达黎加 1 家、爱尔兰 1 家、日本 1 家、合资 2 家(美—哥) | 5　原始设备制造商<br>7　组件供应商<br>2　非贴牌组装<br>1　投入品经销商<br>2　消毒杀菌企业<br>2　包装 | 治疗器械<br>一次性用品<br>医疗仪器 | 心血管<br>给药 | 心脏瓣膜(Ⅲ)<br>透析导管(Ⅲ)<br>导丝(Ⅲ)<br>压缩袜(Ⅰ) | Abbott Vascular<br>St.Jude Medical<br>Covidien<br>Moog<br>Synergy Health<br>Volcano Corp. |

来源:Bamber and Gereffi, 2013。

主要生产技术含量低、成本导向的一次性用品，但在之后的每个阶段，来投资企业的技术含量越来越高。访谈中这些企业被问及来哥斯达黎加投资的原因时，最常见的两个回答：一是早期投资者的成功经历鼓励了后来者；二是哥斯达黎加经理人的能力水平、工人和本地供应商的技能升级，让该国对高技术企业越来越有吸引力。

（2）离岸服务业全球价值链中的哥斯达黎加

哥斯达黎加是拉丁美洲吸引离岸服务的先行者。从20世纪90年代中期开始，跨国公司开始将哥斯达黎加作为优先投资目的地，通过降低成本并充分利用该国的独特优势条件，包括与美国中部时区接近的区位、大量的双语人口和相对安全稳定的环境。这些跨国公司在哥斯达黎加建立了专属中心和第三方服务提供商，后者允许企业将该国作为提供有价格竞争力的服务出口平台。在拉丁美洲其他国家之前进入该产业，这一战略让哥斯达黎加具备了重要的“先发优势”，使其在拉丁美洲的离岸服务业中占据了重要地位。我们从下图中可以看到，哥斯达黎加的一些企业在离岸服务业全球价值链中的分布。

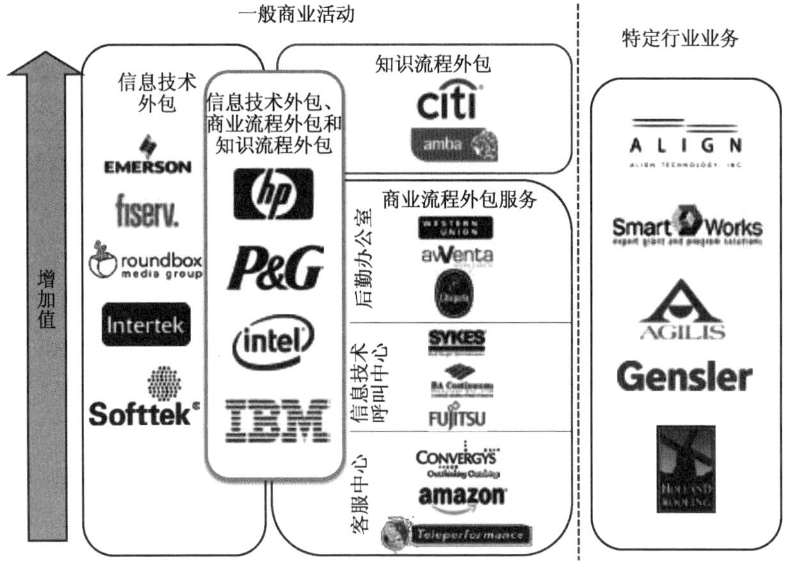


来源：Fernandez-Stark et al.，2013。

**图15　2011年哥斯达黎加离岸服务产业：参与不同阶段的跨国企业**

2005 年，33 家跨国公司在哥斯达黎加雇用了 10 802 名员工，出口额是 3.87 亿美元左右。2011 年，这些指标都是之前的 3 倍，近 100 家离岸服务跨国公司雇用了 33 170 名员工，出口额达到 13.9 亿美元(CINDE, 2012a)①。哥斯达黎加从 20 世纪 90 年代后期进入离岸服务业全球价值链以来，不断扩大自身的参与范围并进行升级，提供更加复杂和精细化的服务。下图显示了离岸服务业全球价值链中不同环节的出口额和雇员数量。

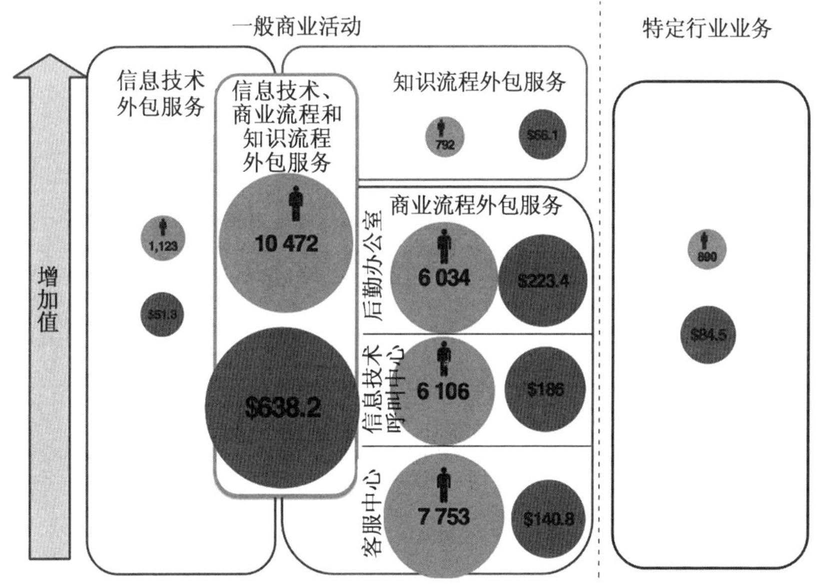


来源：Fernandez-Stark et al., 2013。
注：深色圆形为出口额(单位：百万美元)；浅色圆形为雇员人数。

**图 16　2011 年哥斯达黎加离岸服务产业：不同活动环节的出口额(百万美元)和雇员(人)**

(3) 产业政策建议

杜克大学全球化、治理和竞争力中心在进行了产业分析之后，针对每个产业提出了一系列政策建议，同时也为哥斯达黎加政府提出了综合性建议。

① 这组数据来自在对外贸易区的跨国企业，占了该国跨国企业总数的 80%。根据哥斯达黎加投资促进局的统计，哥中央银行估计 2011 年离岸服务领域共雇用了 37 049 人，出口近 16 亿美元。本章使用来自企业的数据，是基于数据的可及性。

其中部分一般性建议如下：

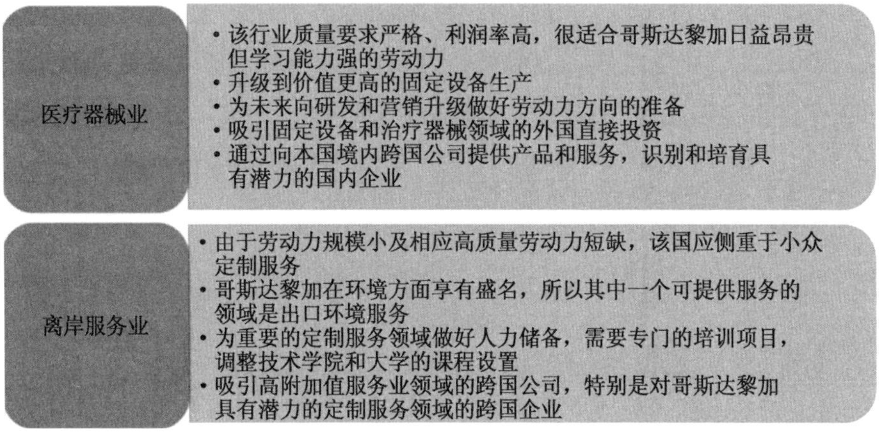

| | |
|---|---|
| 医疗器械业 | • 该行业质量要求严格、利润率高，很适合哥斯达黎加日益昂贵但学习能力强的劳动力<br>• 升级到价值更高的固定设备生产<br>• 为未来向研发和营销升级做好劳动力方向的准备<br>• 吸引固定设备和治疗器械领域的外国直接投资<br>• 通过向本国境内跨国公司提供产品和服务，识别和培育具有潜力的国内企业 |
| 离岸服务业 | • 由于劳动力规模小及相应高质量劳动力短缺，该国应侧重于小众定制服务<br>• 哥斯达黎加在环境方面享有盛名，所以其中一个可提供服务的领域是出口环境服务<br>• 为重要的定制服务领域做好人力储备，需要专门的培训项目，调整技术学院和大学的课程设置<br>• 吸引高附加值服务业领域的跨国公司，特别是对哥斯达黎加具有潜力的定制服务领域的跨国企业 |

来源:Fernandez-Stark et al.，2013；Bamber & Gereffi，2013。

**图 17 政策建议:医疗器械业和离岸服务业**

通过分析,我们可以从中发现一些建议介入政策的共同点。一些横向的跨产业政策能够应用于这些产业,抓住这些共同点,促进所有这些产业的增长。这些政策主题与总统竞争力顾问委员会的工作组相匹配,每个专题工作组能够在以下领域发挥领导作用:

- 产业制度化
- 吸引外国直接投资
- 本地产业发展
- 人力资本开发
- 改善营商环境
- 基础设施升级

此外,在有关国别比较中提炼出来的最佳实践,可以作为上述这些政策建议的有益补充。这些国别案例证明,关键性的产业升级政策对于被分析国是好的样板,因为最佳实践都选自于和被分析国处于相似经济发展阶段且面临相关挑战的国家。

## 结论

全球化推动国际竞争进入了新的历史阶段。理解这一趋势的最好途径是观察全球产业组织形式以及不同国家在这些产业中如何振兴和衰落。全球价值链分析框架已经从最初的学术框架发展成为被各国政府以及世界银行、国际劳工组织、英国国际发展部和美国国际开发署等机构广泛使用的主要范式。全球价值链使用“治理”和“升级”等核心概念,凸显了国际贸易、生产和就业的新模式如何塑造发展与竞争力的前景。

在治理方面,全球价值链已渐趋稳固(Cattaneo et al., 2010)。那些控制全球采购网络的大型跨国制造商、零售商和经销商,都宣称它们需要数量更少、规模更大和能力更强的供应商,同时它们将在全球少数重要的战略性地点开展经营。这可能将区域采购提升到更高水平,而供应商也更加贴近北美、西欧和东亚等主要消费市场。就升级而言,这为一些小的区域供应商提供了一点希望,但在区域层面组织有效且可持续的价值链仍具挑战性。

今天,我们处在历史的十字路口。决策者关注全球价值链在促进发展中所扮演的角色,就需要面对新的挑战,即适应一个新兴经济体成为全球生产与贸易主要驱动者的世界。直到不久以前,很多发展中国家的贸易一体化和增长,仍然依靠本地的生产者参与到高收入市场,特别是北美、欧洲和日本市场的全球价值链,或者说是参与高收入经济体企业引领的全球价值链。然而最近,传统处于主导地位的发达经济体增长缓慢甚至停滞,而新兴经济体,特别是中国和印度保持了增速,促使全球贸易与增长的主要驱动力转向新兴经济体,这对于全球需求、生产结构与创新都具有重要影响。在有些案例中,全球需求转向新兴经济体,使发展中国家的供应商以比以往更低的价格出售最终产品,且产品的加工水平也较以往下降,这实际上是它们参与全球经济水平的一种降级(Kaplinsky & Farooki, 2011)。

这些新的发展可能代表着经济增长重心的潜在变化，对于全球价值链、就业和创新、发展中国家政府与企业的战略都具有重要影响。全球化的收益分配仍然是不均衡的，将流向教育水平更高、技能水平更高、更加富裕和更有权力的国家。但是，包括中国、印度、巴西和墨西哥等在内的新兴经济体也从中受益，至少部分地说明正在发生一种质变。这并不意味着小国在全球经济中的发展机会也会自然得到改善，除非它们能设计出提升自身发展能力的政策方案。

## 参考文献


1. Bair, Jennifer and Gary Gereffi(2001). "Local Clusters in Global Chains: The Causes and Consequences of Export Dynamism in Torreon's Blue Jeans Industry." *World Development*, 29(11, November): 1885-1903.

2. Baldwin, Richard, Tadashi Ito and Hitoshi Sato(2014). The Smile Curve: Evolving Sources of Value Added in Manufacturing. http://www.uniba.it/ricerca/dipartimenti/dse/e.g.i/egi2014-papers/ito.

3. Bamber, Penny and Karina Fernandez-Stark (2013). Global Value Chains, Economic Upgrading and Gender: The Horticulture Industry. In C. Staritz & J. G. Reis (eds.) *Global Value Chains, Economic Upgrading and Gender: Case Studies of the Horticulture, Tourism, and Call Center Industries*. Washington, D.C.: World Bank.

4. Bamber, Penny, Karina Fernandez-Stark and Gary Gereffi(2016). *Peru in the Mining Equipment Global Value Chain: Opportunities for Upgrading*. Washington, D.C.: The World Bank. http://www.cggc.duke.edu/pdfs/2016 Duke CGGC Mining Equipment GVC Report Peru.pdf.

5. Bamber, Penny, Karina Fernandez-Stark, Gary Gereffi, and Andrew Guinn(2013). *Connecting Local Producers in Developing Countries to Regional and Global Value Chains*. Paris: Organisation for Economic Co-operation and Development.

6. Bamber, Penny and Gary Gereffi(2013a). *Costa Rica in the Aersopace Global Value Chain: Opportunities for Entry and Upgrading*. Durham, N.C.: Center on Globalization, Governance and Competitiveness. Commissioned by the Costa Rican Ministry of Foreign Trade. http://www.cggc.duke.edu/pdfs/2013_08_20_Ch4_Aerospace.pdf.

7. ——. (2013b). *Costa Rica in the Medical Devices Global Value Chain: Opportunities for Upgrading*. Durham, N.C.: Center on Globalization, Governance and

Competitiveness. Commissioned by the Costa Rican Ministry of Foreign Trade. http://www.cggc.duke.edu/pdfs/2013-08-20_Ch2_Medical_Devices.pdf.

8. Barrientos, Stephanie(2013). "'Labour Chains': Analysing the Role of Labour Contractors in Global Production Networks." *The Journal of Development Studies*, 49(8):1058-1071.

9. Barrientos, Stephanie, Gary Gereffi and Arianna Rossi(2011). "Economic and Social Upgrading in Global Production Networks: A New Paradigm for a Changing World." *International Labour Review*, 150(3-4):319-340.

10. Cattaneo, Olivier, Gary Gereffi and Cornelia Staritz(2010). *Global Value Chains in a Postcrisis World: A Development Perspective*. Washington, DC: The World Bank.

11. CINDE(2012a). Offshore Services Data Industry.

12. ——.(2012b). *Sector Brief, Life Science in Costa Rica*. San Jose: CINDE.

13. Dolan, Catherine and John Humphrey(2004). "Changing Governance Patterns in the Trade in Fresh Vegetables between Africa and the United Kingdom." *Environment and Planning*, 36: 491-509.

14. ECLAC(2009). *Foreign Direct Investment in Latin American and the Caribbean*. Santiago, Chile: Economic Commission for Latin America and the Caribbean.

15. Fernandez-Stark, Karina and Penny Bamber(2012a). *Assessment of Five High-Value Agriculture Inclusive Business Projects Sponsored by the Inter-American Development Bank in Latin America*. Durham, N.C.: Duke CGGC. May. http://www.cggc.duke.edu/pdfs/CGGC-IDB_Assessment_of_Five_High-Value_Agriculture_Inclusive_Business_Projects_Sponsored_by_the_Inter-American_Development_Bank_in_Latin_America _May_1_2012.pdf.

16. ——.(2012b). *Basic Principles and Guidelines for Impactful and Sustainable Inclusive Business Interventions in High-Value Agro-Food Value Chains*. Durham: Center on Globalization, Governance and Competitiveness. http://www.cggc.duke.edu/pdfs/CGGC-IDB_ Basic_Principles_and_Guidelines_for_Impactful_and_Sustainable_Inclusive_Business_Interventions_in_High-Value_Agro-Food_Value_Chains_May_1_2012.pdf.

17. Fernandez-Stark, Karina, Penny Bamber and Gary Gereffi(2011a). *The Fruit and Vegetable Global Value Chain: Workforce Development and Economic Upgrading*. Durham: Center for Globalization, Governance and Competitiveness.

18. ——.(2011b). "The Offshore Services Value Chain: Upgrading Trajectories in Developing Countries." *International Journal of Technological Learning, Innovation and Development*, 4(1):206-234.

19. ——.(2011c). "The Offshore Services Value Chain: Upgrading Trajectories in Developing Countries." *International Journal of Technological Learning, Innovation and Development*.

20. ——.(2011d). "Workforce Development in the Fruit and Vegetable Global Value Chain." In G. Gereffi, K. Fernandez-Stark & P. Psilos (eds.) *Skills for Upgrading: Workforce Development and Global Value Chains in Developing Countries*. Durham: Center on Globalization Governance & Competitiveness and RTI International.

21. ——.(2012). *Inclusion of Small-and Medium-Sized Producers in High-Value Agro-Food Value Chains*. Durham N. C.: Duke University Center on Globalization, Governance & Competitiveness for the Inter-American Development Bank Multilateral Investment Fund (IDB-MIF). http://www.cggc.duke.edu/pdfs/2012-05_DukeCGGC_InclusiveBusiness_and_HighValueAgricultureValueChains_v2.pdf.

22. ——. (2013). *Costa Rica in the Offshore Services Global Value Chain: Opportunities for Upgrading*. Durham N. C.: Center on Globalization, Governance and Competitiveness. Commissioned by the Costa Rican Ministry of Foreign Trade. http://www.cggc.duke.edu/pdfs/2013-08-20_Ch5_Offshore_Services.pdf.

23. ——.(2014). "Global Value Chains in Latin America: A Development Perspective for Upgrading." In R. Hernandez, J. M. Martinez-Piva & N. Mulder (eds.) *Global Value Chains and World Trade: Prospects and Challenges for Latin America*. Santiago, Chile: ECLAC.

24. ——.(2016a). *Peru in the High Quality Cotton Textile and Apparel Global Value Chain: Opportunities for Upgrading*. Washignton D.C: The World Bank. http://www.cggc.duke.edu/pdfs/2016 Jan Duke CGGC High Quality Cotton GVC Report Peru.pdf.

25. ——.(2016b). *Peru in the Table Grape Global Value Chain: Opportunities for Upgrading*. Washington, D.C.: The World Bank. http://www.cggc.duke.edu/pdfs/2016 Duke CGGC Grape GVC Report Peru.pdf.

26. Fernandez-Stark, Karina, Penny Bamber and Gary Gereffi(2011e). "The Offshore Services Industry: Economic Upgrading and Workforce Development." In G. Gereffi, K. Fernandez-Stark & P. Psilos (eds.) *Skills for Upgrading: Workforce Development and Global Value Chains in Developing Countries*. Durham: Center on Globalization Governance & Competitiveness and RTI International.

27. Frederick, Stacey and Gary Gereffi(2009). *Value Chain Governance*. Washington, D.C.: USAID. https://www.microlinks.org/good-practice-center/value-chain-wiki/types-value-chain-governance.

28. ——.(2013). *Costa Rica in the Electronics Global Value Chain: Opportunities for Upgrading*. Durham, N.C.: Center on Globalization, Governance and Competitiveness. Commissioned by the Costa Rican Ministry of Foreign Trade. http://www.cggc.duke.edu/pdfs/2013-08-20_Ch3_Electronics.pdf.

29. Gereffi, Gary(1994). "The Organization of Buyer-Driven Global Commodity Chains: How US Retailers Shape Overseas Production Networks." In G. Gereffi & M. Korzeniewicz(eds.) *Commodity Chains and Global Capitalism*. Praeger Publishers.

30. ——.(1995). Global Production Systems and Third World Development. In B. Stallings(ed.), *Global Change, Regional Response: The New International Context of Development*. Cambridge: New York and Melbourne: Cambridge University Press.

31. ——.(1999). "International Trade and Industrial Upgrading in the Apparel Commodity Chain." *Journal of International Economics*, 48(1):37-70.

32. ——.(2005a). Export-Oriented Growth and Industrial Upgrading: Lessons from the Mexican Apparel Case: Study commissioned by the World Bank, Jan. 31.

33. ——.(2005b). "The Global Economy: Organization, Governance, and Development." In N. J. Smelser & R. Swedberg(eds.) *The Handbook of Economic Sociology*, Second edition. Princeton and Oxford: Princeton University Press; New York: Russell Sage Foundation.

34. ——.(2016). *Global Value Chains and Upgrading: Export promotion in FTZs*. http://www.cggc.duke.edu/pdfs/2016_May_World_FZO Bulletin_Gereffi_GVCs_Upgrading_Export_Promotion_FTZs.pdf.

35. Gereffi, Gary, Penny Bamber and Karina Fernandez-Stark(2016). *Promoting Decent Work in Global Supply Chains in Latin America and the Caribbean: Key Issues, Good Practices, Lessons Learned and Policy Insights*. Geneva: International Labour Organisation.

36. Gereffi, Gary, Mario Castillo and Karina Fernandez-Stark(2009). *The Offshore Services Industry: A New Opportunity for Latin America*. Durham: Center on Globalization Governance & Competitiveness-Duke University. Report for the Inter-American Development Bank. Policy Brief #IDB-PB-101. http://idbdocs.iadb.org/wsdocs/getdocument.aspx?docnum=35030707.

37. Gereffi, Gary and Karina Fernandez-Stark(2010a). *The Offshore Services Industry: A Global Value Chain Approach*. Durham: Center on Globalization Governance and Competitiveness-Duke University. Commisioned by CORFO. http://www.cggc.duke.edu/pdfs/CGGC-CORFO_The_Offshore_Services_Global_Value_Chain_March_1_2010.pdf.

38. ——.(2010b). "The Offshore Services Value Chain: Developing Countries and the Crisis." In O.Cattaneo, G.Gereffi & C.Staritz(eds.) *Global Value Chains in a Postcrisis World*. Washington DC: World Bank.

39. Gereffi, Gary, Karina Fernandez-Stark, Penny Bamber, Phil Psilos, and Joe DeStefano(2011). "Meeting the Upgrading Challenge: Dynamic Workforces for Diversified Economies." In G. Gereffi, K. Fernandez-Stark & P. Psilos(eds.) *Skills for Upgrading: Workforce Development and Global Value Chains in Developing Countries*. Durham, N.C.: Duke CGGC and RTI.

40. Gereffi, Gary, Karina Fernandez-Stark and Phil Psilos (2011). *Skills for Upgrading: Workforce Development and Global Value Chains in Developing Countries*. Durham: Duke University Center on Globalization Governance & Competitiveness.

41. Gereffi, Gary and Stacey Frederick(2010). "The Global Apparel Value Chain, Trade and the Crisis: Challenges and Opportunities for Developing Countries." In O. Cattaneo, G.Gereffi & C. Staritz(eds.) *Global Value Chains in a Postcrisis World: A Development Perspective*. Washington, DC: The World Bank.

42. Gereffi, Gary, John Humphrey and Timothy Sturgeon(2005). "The Governance of Global Value Chains." *Review of International Political Economy*: 78-104.

43. Gereffi, Gary and M. Korzeniewicz (1994). *Commodity Chains and Global Capitalism*. Praeger Publishers.

44. Gereffi, Gary, Joonkoo Lee and Michelle Christian(2009). "US-Based Food and Agricultural Value Chains and Their Relevance to Healthy Diets." *Journal of Hunger & Environmental Nutrition*, 4(3):357-374.

45. globalvaluechains.org(2011). Concepts & Tools. http://www.globalvaluechains.org/.

46. Gospel, Howard and Mari Sako(2008). "The Unbundling of Corporate Functions: the Evolution of Shared Services and Outsourcing in Human Resource Management." Conference: Society for the Advancement of Socio-Economics, Costa Rica.

47. Humphrey, John and Hubert Schmitz(2002). "How Does Insertion in Global Value Chains Affect Upgrading in Industrial Clusters?" *Regional Studies*, 36(9):1017-1027.

48. ILO(2016). *Decent Work in Global Supply Chains*. Geneva: International Labour Organization.

49. Kaplinsky, Raphael and Masuma Farooki(2011). "What are the Implications for Global Value Chains When the Market Shifts from the North to the South?" *International Journal of Technological Learning, Innovation and Development*, 4(1-3):13-38.

50. Lee, Joonkoo(2010). "Global Commodity Chains and Global Value Chains." In R. A.Denemark(ed.), *The International Studies Encyclopedia*. Oxford: Wiley-Blackwell.

51. Lee, Joonkoo and Gary Gereffi(2015). "Global value chains, rising power firms and economic and social upgrading." *Critical Perspectives on International Business*, 11(3/4):319-339.

52. Mayer, Frederick and Gary Gereffi(2010). "Regulation and Economic Globalization: Prospects and Limits of Private Governance." *Business and Politics*, 12(3):11. Electronic access: http://www.bepress.com/bap/vol12/iss13/art11/.

53. OECD(2013). "Upgrading Skills for Current and Future Needs." In O.D.Centre (ed.)*Perspectives on Global Development 2013: Industrial Policies in a Changing World*. Paris: OECD Development Centre.

54. Sako, Mari(2006). "Outsourcing and Offshoring: Implications for Productivity of Business Services." *Oxford Review of Economic Policy*, 22(4):499-512.

55. Shih, Stan(no date). Millennium Transformation: Change Management for New Acer.http://www.stanshares.com.tw/StanShares/upload/tbBook/1_20100817144639.pdf.

56. Taglioni, Daria and Deborah Winkler(2016). *Making Global Value Chains Work for Development*. Washington, D.C.: World Bank.

57. UN Comtrade(2015). *United Nations Commodity Trade Statistics Database*. New York: United Nations Statistics Division.

58. Weinberger, Katinka and Thomas A. Lumpkin(2007). "Diversification into Horticulture and Poverty Reduction: A Research Agenda." *World Development*, 35(8): 1464-1480.

# 第二章　全球经济:组织、治理和发展①

加里·杰里菲

过去几十年里,全球经济在很多重要方面都发生了改变,这些改变都源自于全球经济的组织和治理方式的变迁,不仅影响商品和服务的跨境流动,而且影响国家在国际体系中的上升(或下降)进程。当前,产业组织形式对各国的发展战略具有空前重要的影响。这一现实在理论层面也得到了反映,理论框架从以民族国家为中心转向更加关注超国家行为体和跨国组织。发达国家和发展中国家中的决策者、职业经理人、劳动者、社会活动家等利益攸关方如果希望改善自身在全球经济中的地位,或是预防可能发生的衰退,就需要对当今全球经济如何运行有深刻的理解。

全球经济本身就是一个跨领域的问题。没有哪个学术领域能完全涵盖,也没有哪个领域能忽视这一问题。鉴于这一问题的范围之广,研究全球经济的专家们往往被归类为学术入侵者。他们如果试图提出有解释力的理论假设,则有过分简单化的风险;如果试图要抓住这一复杂问题的每一面,就会过于折衷主义。所以,这一领域的学者不得不掌握经济学家阿尔伯特·赫希曼(Albert Hirschman)所提出的广为人知的"入侵的艺术"(Hirschman, 1981; Foxley, McPherson, and O'Donnell, 1986)。

① 我在此对乔瓦尼·阿里吉(Giovanni Arrighi),弗雷德·布洛克(Fred Block),弗兰克·多宾(Frank Dobbin),马克·格兰诺维特(Mark Granovetter),伊夫林·休伯(Evelyne Huber),拉里·金(Larry King),维克多·尼(Victor Nee),盖伊·塞德曼(Gay Seidman),尼尔·斯梅尔策(Neil Smelser),和理查德·斯威德伯格(Richard Swedberg)表示谢意,感谢他们对本章初稿富有价值的评论。

我们可以从不同分析层面来研究全球经济。在宏观层面,国际组织和规制为全球共同体建立规则和规范,包括世界银行、国际货币基金组织、世界贸易组织和国际劳工组织等国际机构,以及在区域层面的一体化机制,例如欧盟、北美自由贸易协定。这些规制将规则和资源结合在一起,所以能建立起全球经济运行的基本坐标系。

在中观层面,全球经济最核心的结构单元是国家和企业。那些将国家作为主要分析对象的学者(如在“资本主义多样性”的文献中)提供了“制度”视角,来观察国家经济主要和长期的特征。全球经济被视为不同国家在不同商品市场进行竞争的竞技场。另一种观察路径则是将企业和企业间网络作为核心分析单位,研究某一全球产业或部门结构中的上述行为体(如在全球商品链或产业园区理论中)。这些学者的典型特征是更侧重于“组织”的研究视角。无论是从制度视角,还是组织视角来看待全球经济,我们都倾向于自上而下地关注主导国家和企业,将它们作为变革的驱动者。

制度主义者,如资本主义多样性学派,更关注发达国家或工业化国家。或者,我们也可以从发展导向的视角来观察国家,研究发展中国家在全球经济中所处的位置是如何塑造其经济前景的。这些问题有助于将经济社会学家和发展学者之间的关注联系起来,过去 20 多年里,前文提及的一些组织和制度理论已经对产业升级理论产生了直接的影响。

在微观层面,越来越多的文献关注反对全球化的消费者群体、社会活动家和跨国社会运动(如涉及劳工问题和环境保护的团体和运动)。这些研究也与“全球经济”相关,因为社会活动家和环保主义者采用与我们理解全球经济非常相似的视角,来挑战现有秩序。

很多与经济社会学相关的理论将全球经济纳入其理论框架,但是这些理论在一些方面存在不同程度的差异,比如全球经济作为一个体系如何塑造其内部行为体的行为和动机,全球经济如何充当以国家主导的行为体共存互动和相互影响的竞技场(Therborn, 2000)。而本章将展示更大范围的社会科学家是如何分析和建构全球经济的。首要的任务是界定 20 世纪后半叶的全球经济究竟“新”在哪里,这也是本章的主要关注之一。覆盖全球的国际生产和贸易网络日益无缝连接,似乎是过去数十年里全球经济的一个显著特征,而这一特征要求我们用一种新的且正快速发展的组织视角来进行分析。本章的第二节更进一步地观察了当今全球经济中的生产和贸易如何被重组及其原因。来自经济学界、工商学界、社会学界、经济地理学界等不同领域的研究,已经为重新界定构成全球经济的核心行为体作出了贡献。这些研究帮助我们认识到,全球范围内的贸易一体化和生产分散化正在改变我们关于是什么联结各国经济、企业、地域和人们的基本看法。第三节选择性地回顾了一些从制度和组织角度分析全球经济的理论。我们将强调不同研究路径之间的分歧和互补性,例如资本主义多样性学派,国民商业体系和全球商品链。

本章的最后两节以“自下而上”的方式来观察全球经济,作为“自上而下”分析全球产业重组的补充。第四节从国别出发,研究一国对全球生产网络的重视如何推动产业升级,经济行为体又是如何依靠产业升级努力向全球经济更高端移动。第五节对当今全球经济的治理和发展中出现的一些挑战和困境进行了讨论。

## 一、全球经济新在何处?

关于全球经济现状以及全球经济是否真正具有“新”特征的不同解读,很大程度上加剧了有关全球化的争论。我们需要区别国际化和全球化这两个重要概念,国际化仅仅指经济行为在地理上的扩张和跨越国界;而全球化则是一种质变,是国际范围内分散的经济行为功能性的一体化(Dicken, 2003: 12)。功能性的一体化是如何发生的? 我们随后将从全球治理结构的角度来探讨这一问题。在这一节,我们先讨论使 20 世纪后半叶的全球经济区别于前半叶的一个关键行为体——跨国公司。①

---

① 当今全球经济的另一个关键行为体是国家。我们所回顾的很多制度视角的文献都指出,国家所发挥的作用十分重要。Fred Block 和 Peter Evans 对这一问题进行了更加全面的讨论。

全球经济的起源可以回溯到1450年至1640年远距离贸易的扩张,沃勒斯坦(Wallerstein, 1979)将这一时期称为"漫长的16世纪"。从15世纪前期开始,一些特许经营的贸易公司在欧洲出现,如东印度公司和哈德逊湾公司,它们都建立起庞大的国际贸易帝国。尽管这些公司的活动范围是全球性的,但其活动的主要目的仍然是贸易和交换,而非生产。世界贸易体系经过几个世纪的发展,塑造了全球经济的三重结构:核心区、半边缘区和边缘区。根据世界体系论,一国在核心区、半边缘区和边缘区的向上或向下移动,取决于该国参与资本主义世界经济的模式。只有从长周期历史视角对资本主义积累周期进行深入分析,才能正确地描述国家在三重结构中的位置变化(Wallerstein, 1974, 1980, 1989; Arrghi, 1994)。

资本主义世界经济的发展动力来自工业化进程和全球范围内新的劳动分工。按照18世纪政治经济学家亚当·斯密[Adam Smith,(1776), 1976]的定义,"劳动分工"最初仅仅是指劳动者从事一个生产流程中不同环节的工作,通常是一个工厂内的专业分工。在工业经济发展的早期,劳动分工在地理维度上也有所体现,不同的地区开始在某种特定的经济活动方面出现专业化趋势。全球范围内"经典"的劳动分工是指,工业化国家生产制成品,非工业化经济体在向工业化国家供应原材料和农产品的同时,成为基本制成品的市场。这种相对简单的分工模式在今天显然已经不再适用,在第二次世界大战后的几十年里,贸易流向变得复杂得多,全球经济中发达国家和发展中国家之间的关系也同样如此。

1944年布雷顿森林会议建立的金融体系和贸易机制,构成了当代世界经济秩序的基础。布雷顿森林体系的主要机制包括国际货币基金组织、国际复兴开发银行(后来更名为世界银行)、关税与贸易总协定(参见 Held et al., 1999, Chaps. 3 and 4)。与在第一次世界大战中崩溃的传统金本位制度不同,布雷顿森林金融体系要求所有货币与美元之间都实行固定汇率,而美元对黄金的比价保持在1盎司兑换35美元。布雷顿森林体系实际上成为了一个美元体系,因为美国在第二次世界大战后的前25年里主导了世界经济且是唯一债权人。随着20世纪60年代欧洲货币市场的崛起,布雷顿森林体系所建立的金融秩序受到越来越大的冲击,并在1971年8月15日瓦解。尼克松总统宣布美元不再能自由兑换成黄金,实际上标志着固定汇率的结束。

尽管遭遇这些变迁,布雷顿森林体系的遗产在20世纪后期仍然具有巨大的影响力。国际货币基金组织监督国际金融秩序和规则,并在各国(尤其是发展中国家)出现结构性而非周期性的收支危机时,通过强制实行稳定措施干预该国经济。世界银行早期主要是帮助欧洲和日本的战后重建,但随后逐渐演变成一个帮助第三世界国家发展的机构(Ayres, 1983)。它的很多政策建议都与国际货币基金组织的政策建议密切相关,特别是在20世纪80年代新自由主义议程(被称为华盛顿共识)确立之后(Gore, 2000)。1947年《哈瓦那宪章》提出建立国际贸易组织,但由于美国国会的强烈反对,杜鲁门总统放弃了这一倡议,导致国际贸易组织难产,而临时性的关税与贸易总协定作为一个多边贸易谈判的平台,成为了主要的国际贸易机构。1995年,关税与贸易总协定被更强有力的世界贸易组织所取代,后者致力于降低和取消各种非关税壁垒和国家间不公平的贸易条件。

## 1960年以来全球经济的显著特征

关于如何概括第二次世界大战后全球经济的特征存在着激烈的争议。沃勒斯坦(Wallerstein, 2000:250)认为,1945年至今的全球经济符合典型的资本主义世界经济的康德拉杰耶夫周期;从1945年起到1967年至1973年,是经济上下波动但总体扩张的A阶段;而1967年至1973年至今,是经济收缩的B阶段。世界体系论认为,资本主义世界经济从1450年演进至今,可以分为3个阶段,即发生、有序发展和如今的"末期危机"(Wallerstein, 2000, 2002)。

从贸易的角度看,20世纪后半叶的经济一体化水平并非是史无前例的。1913年之前的数十年被认为是国际贸易和投资的黄金时代。第一次世界大战和大萧条终止了这一时代,大多数经济体都转为内向。直到20世纪70年代中期,货物贸易(进口和出口)在世界产出中的占比才恢复到1913年的水平(Krugman, 1995:330-331)。[①]如果我们将1960年作为基线,最近几十年间各经济体之间相互联系的密切程度因为贸易而大大加深,而且世界贸易的增速持续高于世界总产出的增速。从1960年到1990年,经济合作与发展组织[②]成员国(OECD, 24个世界上最富裕的工业化经济体)的出口在其国内生产总值中的占比翻了一番,从9.5%提高到20.5%。从1965年到1990年,世界货物贸易的平均年增速是世界生产的1.5倍(Wade, 1996:62)。

国际贸易、投资和金融已经成为经济全球化的标志。在20世纪80年代,全球经济体之间的外国直接投资增长甚至比贸易更快,而最具活力的多边化进程则发生在金融和技术领域。1983年到1990年间,外国直接投资流量的增速是贸易流量的3倍,是世界产出的4倍(Wade, 1996:63)。研究显示,跨国公司控制了全球私营部门生产资产的三分之一(UNCTAD, 1993:1)。全球化在金融领域走得最远,经合组织成员国内生产总值中的国际银行借贷(跨境借贷加上国内借贷,以外币标价)存量比例从1980年的4%惊人地增长到1990年的44%,而20世纪90年代前几年的外汇(或货币)交易不仅独立于贸易流,而且是后者的30倍(Wade, 1996:64)。全球金融流动急剧提速归因于20世纪80年代和90年代新金融工具兴起,这些工具包括国际债券、国际股权、衍生品交易(期货、期权和掉期)和国际货币市场等(Held et al., 1999:205-209)。

近年来的全球经济一体化,不仅体现在上述对国际贸易、投资和金融流增长的量化评估上,而且与先前相比已经有了质的不同。在1913年以前,世界经济呈现出“浅度一体化”的特征,这种一体化的主要表现是独立企业之间的货物服务和服务贸易,以及间接资本的国际流动。如今,我们生活在“深度一体化”的世界,这种一体化主要由跨国公司主导和组织,包含货物和服务生

---

① 相对于包括制造业、矿业和农业在内的货物贸易,服务贸易在工业化国家的国内生产总值中占比增长迅速,货物贸易在国内生产总值中占比呈萎缩趋势。所以,芬斯特拉(Feenstra, 1998:33-35)使用货物贸易在货物增值中的比率来衡量1890年至1990年贸易对于工业化国家的重要性。他发现,法国、德国、意大利和瑞典的这一比例在1913年到1990年间翻了一番,美国则增长了近3倍。

② 经济合作与发展组织(Organization for Economic Co-operation and Development)。

产等所有的跨境增值活动并渗透到每个环节,也重新界定了国家边界内的生产(UNCTAD, 1993:113)。然而,当前一体化的变化之快和变化之广,以及这些变化给国家、公司、工人和其他利益攸关方带来的影响之大,都使我们在采用何种框架分析当前全球经济这一问题上鲜有共识。

全球性生产体系已经出现。在这一体系中,生产和出口分散在空前数量的发展中国家和发达国家进行。弗罗贝尔、黑恩里奇和克莱耶(Fröbel, Heinrichs, and Kreye, 1980)把低工资经济体劳动密集型制成品的出口井喷称为"新的国际劳动分工",这一分工通过利用先进的运输和通信技术来促进生产过程的全球化分布。经合组织创造了"新兴工业化国家"这一术语,反映了发达资本主义国家对新兴工业化国家的担忧,担忧它们在全球制成品生产和出口中的份额不断扩张,将是造成西方工业化国家衰落的缘由(OECD, 1979)。世界体系论认为,世界经济中核心国家和边缘国家间的差距从20世纪50年代开始逐渐缩小,到20世纪80年代半边缘国家不仅追赶上了核心国家,而且在工业化水平上实现了超越(Arrighi and Drangel, 1986:54-55; Arrghi, Silver, and Brewer, 2003)。

回眸新兴工业化国家中加工驱动的出口生产只是全球经济转型的早期阶段,而转型的真正方向是"一个高度复杂、不断变化的体系,包括生产过程的分散化及其在全球范围穿越国家边界的地理再分布"(Dicken, 2003:9)。传统意义上技能密集型、资本密集型或技术密集型的货物生产被分解了,价值链中劳动密集型的环节被转移到低工资区域,从而使劳动密集型的环节实现了更大范围的区位分布。

如在墨西哥,出口导向的美墨联营工厂(Maquiladora)[①]蓬勃发展,并随

① 墨西哥的美墨联营工厂计划最初被称为边境工业化计划,始创于1965年美国终止布拉赛罗计划之后。布拉赛罗计划允许墨西哥工人短期进入美国,以满足当地农业生产季节性的劳动力需求。布拉赛罗计划终止后,留给了墨西哥边境城市数以千计的失业农民工,而美墨联营工厂计划的制定正是为了解决这一失业以及日益贫穷的问题。美墨联营工厂实现了惊人的增长,特别是在20世纪90年代。1991年,墨西哥的美墨联营工厂的出口达到了158亿美元,雇用了466 000名墨西哥工人;2000年,出口增长到795亿美元,提供了130万个左右的就业机会。2001年,美墨联营工厂的出口相当于墨西哥当年国内生产总值的15%,当然出口的主要目的地是美国(Canas and Coronado, 2002)。

着时间推移从事更多种类和更加复杂的制造业务。第一代的美墨联营工厂是技术含量有限的劳动密集型企业,它们使用美国客户提供的原料和零部件从事服装等行业的出口加工(Sklair, 1993)。20 世纪 80 年代后期和 90 年代早期,研究者开始关注所谓的第二代和第三代联营工厂。在第二代工厂里,组装的比重下降,更多地开始使用自动化、半自动化机器乃至机器人进行汽车、电视机和电气设备的制造生产。第三代联营工厂则转向研发和设计,依靠高技能劳动力,比如专业工程师和技师。在每一个产业,联营工厂都从基于廉价劳动力的加工端向具有竞争力的制造中心转型,这些制造中心的竞争力来自高生产率、良好的产品质量以及比美国低得多的工资水平(Shaiken and Herzenberg, 1987; Carrillo and Hualde, 1998; Bair and Gereffi, 2001; Canas and Coronado, 2002)。

2013 年 2 月 3 日出版的《商业周刊》的封面文章聚焦了全球外包在过去数十年对发达国家和发展中国家就业数量与质量的影响(Engardio, Bernstein, and Kripalani, 2003)。第一波外包潮始于 20 世纪 60 年代和 70 年代,大批鞋、服装、廉价电子元件和玩具的制造业就业向发展中国家转移。随后,简单的服务工作,例如在后台呼叫中心处理信用卡凭条和航空预订,以及编写基本的软件代码,也开始走向全球。如今,在数字化、互联网和全球信息高速公路的驱动下,能够在任何地方进行的各类"知识性工作"都进入了外包的范围。全球外包展示了当代全球化的诸多重要特征:全球外包按照国际竞争力将发达国家和发展中国家内生地联系在一起;大量相关的争论都是围绕世界不同地区的就业、工资和技能问题;都侧重于价值链不同活动环节的价值创造。未来全球外包如何发展关系到很多经济体的政治和经济利益,特别是对于那些具有自然禀赋优势且在全球外包中占据了战略位置的经济体,比如印度、中国、菲律宾、墨西哥、哥斯达黎加、俄罗斯、部分东欧国家以及南非,这些经济体都拥有能够从事外包信息技术工作且会西方语言的大学毕业生。印度似乎在这一领域尤其有优势。

然而,这些新发展也带来一个令人深省的全球化困境:席卷广泛行业的全球外包推动生产能力迅速扩大,却并不必然提高出口国的发展水平或减少它们的贫困人口。随着越来越多的国家获得生产复杂产品和标准制成品的能力,进入门槛降低了,但价值链生产阶段的竞争环节增加了。这会导致卡普林斯基(Kaplinsky, 2000:120)称之为"贫困化增长"的结果。这一概念最初来自巴格瓦蒂(Bhagwati, 1958),是指经济增长表现为生产产出和就业的增加,但经济回报却下降了。中国的崛起以及次之的印度,大大增加了全球劳动力供给,以至于全球化不仅压低了非技术工作和初级产品的价格标准,而且对技术工作和工业产品甚至影响更大(Kaplinsky, 2001:56)。唯一能够对抗这一进程的方法就是寻找经济增长收益的新来源(即超越一般竞争的盈利能力),而价值链中的无形部分,也就是创意、设计和营销策略等高价值和知识密集型的环节,其重要性就日益凸显(Kaplinsky, 2000)。

上述趋势给我们提出了一系列关于全球化的基本问题,如全球经济中受益者和受损者的问题,理解这些变迁发生原因所需的动态框架问题以及这些变迁可能带来的影响问题。在下一节,我们将审视国际生产和贸易的新模式如何出现及其出现的原因。随后的一节,我们则将检验一些试图解释全球经济制度和组织特点的经济社会学及相关领域的主要理论视角。

## 二、全球经济中生产和贸易的重组

### (一)跨国公司的角色

如果说是美国和支持自由贸易的其他大国定义和塑造了第二次世界大战后的国际经济秩序,那么跨国公司则将货物和服务的跨境生产联系在一起并构建了增值网络,从而使20世纪后半叶的全球经济与先前有了质的不同。跨国公司已经成为全球经济的主要推动者和引导者,因为它们拥有控制和协调多国供应链企业的权力,即便它们并不真正拥有这些企业(Dicken, 2003:198)。尽管跨国公司的自然资源(石油、矿产和农业)部门早在19世纪末20世纪初就出现了,但它们直到第二次世界大战后才真正在塑造新的全球经济体系中发挥核心作用。

20 世纪 50 年代的新古典经济学家认为,第二次世界大战后的世界经济是由国际资本流动所决定的,体现为国家层面的外国直接投资。美国是世界外国直接投资的主要来源,最早关于美国对外直接投资国别层面的经验研究,是邓宁(Duning, 1958)关于美国对英国直接投资的研究和塞法里安(Safarian, 1966)关于美国对加拿大直接投资的研究。上述两个研究都对东道国是否从美国对外直接投资中获益这一公共政策问题感兴趣(Rugman, 1999),但并未真正将跨国公司视为制度性因素。1965 年,雷蒙德·弗农在哈佛商学院创建和领导了跨国公司研究项目,这一延续了 12 年的研究,试图弥补经济学家对跨国公司的相对忽视。当时大多数经济学系和商学院的学者们运用一般均衡模型和理性选择来研究有效市场的特性,弗农领导的哈佛大学跨国公司项目却另辟蹊径,侧重于在微观层面研究跨国公司的战略和行为,而不是仅仅将跨国公司视为国际资本流动的一种形式(Vernon, 1999)。

在 20 世纪 60 年代和 70 年代,国际产业中的核心行为体是大型垂直一体化的跨国公司。许多学者在著作中记载了这些公司如何在国际经济中使用和滥用权力(如,Sampson, 1973; Barnet and Müller, 1974)。这些公司的海外行为在总体上有 3 个主要目标:寻找原材料;为产品开拓新市场;利用海外丰富和相对廉价的劳动力资源(Vernon, 1971)。[①]发展中国家由于上述 3 个原因吸引跨国公司的投资,从 20 世纪 50 年代开始,进口替代工业化成为这些国家经济增长的主导模式。这一发展战略利用本地成分要求、合资企业和出口促进机制等产业政策,诱使那些在发展中国家境内建立分支的外国公司转让资本、技术和管理经验,从而促进本国新产业的建立和发展。而跨国公司得到的回报是可以在拉丁美洲、亚洲和非洲乃至在与苏联有关的社会主义国家境内进行生产,并在这些相对贸易保护的市场上销售产品(参见 Bergsten,

① 海外投资的这 3 项主要动机随后演变成外国直接投资的不同形式:开采资源的外国直接投资、开拓市场的外国直接投资和寻求效率的外国直接投资。(Beviglia Zampetti and Fredriksson, 2003:406)

Horst, and Moran, 1978; Newfarmer, 1985)。

20 世纪 80 年代中期，全球经济的组织形式发生了一些重大变化。首先，20 世纪 70 年代末石油危机的冲击以及随后严重的债务危机，敲响了很多发展中国家特别是拉美国家进口替代工业化战略的丧钟。进口替代模式无法获得足够的外汇，用来支付日益昂贵的进口，不断累积的偿付债务导致了外国资本的净流出，进而拖累了经济增长。①第二，日本和被称之为“东亚四小龙”的韩国、中国香港、中国台湾和新加坡的经济，从 20 世纪 60 年代开始迅速崛起，创造了“东亚奇迹”，使得一种截然不同的发展模式引起世人注目：出口导向型工业化。在美国里根政府和英国撒切尔政府力推的新自由主义政策的支持下，出口导向型发展模式很快成为全世界发展中经济体信奉的经济发展良方。②第三，20 世纪 80 年代很多致力于工业化的国家从进口替代发展战略向出口导向发展战略转型，而跨国公司同期进行的深度调整配合了这一转型。亚洲和拉丁美洲新兴工业化经济体在多个领域迅速增长的生产能力和出口倾向，促使跨国公司在世界范围内加速外包进程，将相对标准化的业务活动转移到生产成本更低的地区。

与跨国公司切身利益密切相关的核心问题是：跨国公司在哪些领域以及在多大程度上替代了各国政府的职能？很多研究者认为，跨国公司拥有覆盖全球的权力和资源，阻碍发达国家和发展中国家实现其基于领土范围的本国政策目标（参见 Bergsten, Horst, and Moran, 1978; Barnet and Müller, 1974）。这是依附理论的一个核心观点，该理论是 20 世纪 70 年代最流行的理论之一，强调跨国公司削弱了民族国家建立和发展其本土企业控制的国内工业的能力（Sunkel, 1973; Evans, 1979; Gereffi, 1983）。即便是最平衡的理

① 债务危机重创了整个拉丁美洲。该地区 25%到 30%的外汇盈余被用来偿债，而且仅仅只够支付高额外债的利息。这也导致 20 世纪 80 年代被学者称为“失去发展的十年”（Urquidi, 1991）。

② 世界银行（1993）关于东亚发展经验的概述指出，该地区保持国际竞争力在很大程度上归功于实施市场友好型政策，包括稳定的宏观经济管理，对人力资本（特别是教育）的高水平投资，以及对外国贸易和技术保持开放。关于对这一“华盛顿共识”模式的批评，可以参见戈尔的文章（Gore, 2000）；关于拉丁美洲进口替代模式和东亚出口导向模式的详细比较，可以参见杰里菲和怀曼的文章（Gereffi and Wyman, 1990）。

论也指出了民族国家所遇到的挑战,雷蒙德·弗农代表作《主权困境》(Sovereignty at Bay, 1971)的书名就说明了这一点。跨国公司的规模之大,无论是以销售额计,还是用更复杂的增加值计,都表明很多跨国公司大可敌国。[①]然而,由于生产朝着地理和组织上的外包方向发展,这些垂直一体化的跨国工业企业的权力在过去20年间被大大削弱,先前有关跨国公司减损国家主权和政府效力的担忧显然需要被重新审视,因为全球经济正在朝着以网络为中心的方向转变。我们接下来将讨论这一转变。

## (二) 国际贸易与生产网络的兴起

世界贸易的增长可能是全球化研究文献中最受瞩目的部分,因为贸易增长与就业、工资以及不断增加的自由贸易协定直接相关。通常用来解释世界贸易增长的因素是技术因素(运输和通信技术的进步)和政治因素(例如消除保护主义壁垒,诸如关税、进口配额和外汇管制等在1913年到第二次世界大战结束期间限制世界市场的措施)。[②]同样重要的是,要认识到国际贸易规模在很大程度上取决于边界如何划定,这个边界既针对不同地域生产产品的地理边界,[③]也涉及贸易是仅仅涵盖最终产品还是也涵盖中间产品的问题。然而,即便贸易在世界生产中占比在20世纪80年代和90年代超过了此前1913年的峰值,贸易量的绝对值却仍不足以说明贸易已经发生了质的改变。

比数量和份额更加重要的是,国际贸易在性质上具有了过去所没有的一些新的特征。这些新特征要求有新的框架来理解跨国公司之间的竞争模式,

---

① 联合国贸易和发展会议《世界投资报告(2002)》中有一张关于2000年世界最大的100个"经济体"的表格,跨国公司的规模通过增加值来衡量,在概念上对应国家的国内生产总值。在这100个最大的国家和非金融类公司的混合列表中,有29家是跨国公司。当时世界上最大的跨国公司是埃克森美孚,2000年的增加值估值是630亿美元,在列表中排名第45位,从规模上大致相当于智利或者巴基斯坦(UNCTAD, 2002a:90-91)。

② 在有关经合组织国家1958年到1988年贸易相对收入增长的原因分析中,关税水平下降的重要性是交通成本下降的两倍(Feenstra, 1998:34)。

③ 欧洲联盟就是个典型案例。单就欧盟每个成员经济体来看,都十分开放,1990年贸易平均占比是28%,但超过60%的贸易发生在成员之间。从欧盟整体看,其对外货物贸易只占国内生产总值的9%,与美国的情况相类似(Krugman, 1995:340)。

展示那些试图提升其国际产业地位的国家的发展前景。当代世界贸易有3个相互关联的新特征:一是产业内贸易和产品内中间产品贸易的发展;二是生产者具有将生产过程分布到不同区域的能力,也就是克鲁格曼(1995)所谓的"分割价值链"的能力;三是全球生产网络兴起并改变全球经济治理结构和利益分配格局。

1. 产业内的零部件贸易

阿恩特和凯日科夫斯基(Arndt and Kierzkowski, 2001)使用"分散化"这一术语来描述新的国际生产分工,不同地域且通常所有制结构也不同的生产者组成了零部件的跨境生产网络,各专业化的"生产单元"通过交通、保险、电信、质量控制、规范管理等服务环节实现了相互协调。叶芝(Yeats, 2001)通过分析机械和交通设备类产品(SITC 7)的具体贸易数据,①发现零部件出口在1995年经合组织成员国SITC 7类产品总出口中占了30%,而且这一部分的增速超过了SITC 7类产品的总体增速。类似地,胡梅尔斯、拉帕波特和易(Hummels, Rapaport, and Yi, 1998:80-81)指出全球贸易中的"垂直分工",即一国将进口的中间产品用来生产出口产品的贸易,在20世纪90年代中期的经合组织成员国贸易中占了约14.5%。垂直分工的概念说明了尽管垂直贸易本身并不要求公司的垂直一体化,但各国在最终产品的生产网络中依次相连。

芬斯特拉(Feenstra, 1998)的研究更进了一步,明确将全球经济中的"贸易一体化"和"生产分散化"联系在一起。②贸易推动世界市场一体化程度不断加深,同时也导致了跨国公司生产过程的分散化,③因为这些跨国公司发现将

① SITC指联合国国际贸易标准分类,一位数属产品大类。零部件一般属三位数、四位数和五位数具体产品分组。

② 芬斯特拉重点关注在当今贸易时代里贸易一体化和生产分散化的关联性,令人回想起奥斯瓦尔多·桑克尔(Osvaldo Sunkel)在其经典论文《跨国资本主义和拉丁美洲的国家解体》中所谈及的类似的二元性。桑克尔的文章写于全球经济以跨国公司为基础的时代,比芬斯特拉早了25年。他指出,垂直一体化的跨国公司正在加剧国际两极分化,通过直接投资(而非贸易)来推动全球经济的一体化,同时又导致民族国家经济和地区经济的解体。因此,在20世纪最后的25年里,我们看到了跨国公司从高度一体化转向分散行为体的怪异景象,而大的经济背景则从20世纪70年代的跨国资本主义(基于封闭的国内经济)转变成90年代的全球价值链(基于相对开放经济体的专业化经济活动)。

③ 实际上,大公司通过将特定活动外包实现了生产分散化,在制造过程中中间产品多次跨越国境,从而产生了更多的贸易。这也就是克鲁格曼(1995)提到的衡量国际贸易的边界问题。

它们非核心的制造和服务业务外包(到国内或国外)是有利可图的。这意味着垂直一体化生产模式——即源自汽车产业的所谓“福特模式”——的衰退，这一模式曾造就了美国在20世纪大多数时候的工业辉煌(Aglietta，1980)。自20世纪80年代开始以丰田汽车为代表的日本“精益生产”模式取得了成功,凸显了企业内部复杂的零部件贸易体系进行协调的重要性,这种协调能力成为了企业在全球经济中竞争优势的新来源(Womack，Jones，and Roos，1990；Sturgeon and Florida，2000)。

2. 分割价值链

国际商业学者将增加值概念作为分析企业和国家在全球经济中战略的有用的研究工具。

宾夕法尼亚大学沃顿商学院的布鲁斯·科古特教授(Kogut，1984:151)是最早提出将价值链作为核心要素纳入竞争力分析框架的学者之一。他认为,世界市场的全球化需要引入竞争力分析的新框架,“战略的制定可以被视为选择在某些市场和某些与价值链相关领域下注……制定全球战略的挑战在于如何区别不同类型的经济体,如何确定符合企业优势的要素和关系,如何决定价值链应在何处跨境分布”。科古特(1985)在随后的一篇文章中从国家相对优势和公司竞争优势互动的角度,阐明了价值增加链在制定国际商业战略中的核心地位。[①]相对优势的理论逻辑有助于确定价值增加链的跨境区位分布,竞争(或企业独有)优势对企业在价值链什么环节和技术上配置资源的决策具有影响。[②]

哈佛商学院的迈克尔·波特也提出了一个价值链的分析框架,既应用在单个企业的微观层面(Porter，1985),也将其作为国家竞争优势的决定因素之

① 科古特(1985:15)将价值增加链定义为“技术与原材料、劳动力相结合,加工产品被组装、销售和分配的过程。单个企业可能只是该过程中的一个环节,也可能是多个环节的垂直整合”。

② 一家企业的全球性竞争优势主要来自依附于价值链和介于价值链之间的若干经济效应:规模经济(涉及扩大市场规模);范围经济(涉及增加维持物流、控制或价值链下游环节固定成本的生产线);学习效应(基于知识产权或经验)。“当这些经济效应存在时,产业就是全球性的,其中的企业就必须在世界市场中为生存而战。”(Kogut，1985:26)

一（Porter，1990）。在企业层面，价值链指进行商业行为的一系列具体活动，例如产品与服务的生产与创造、运输与市场营销以及售后服务。①基于这些具体活动，企业能够建立两种主要的竞争优势：一是相对较低的成本（一个企业比其竞争对手以更低的成本进行上述商业活动的能力）；二是差异性（相对其竞争对手拥有独特的运作方式）。波特认为，竞争优势取决于企业层面的价值链，“产业在国际战略的制定中是合适的分析单位，因为企业是在相应产业中获得或失去竞争优势的。”（1987：29）

不同产业的竞争模式存在明显差异：一端是“国内”产业，即竞争发生在各国国内，相对独立；另一端是“全球”产业，企业在一国的竞争地位受到其在他国竞争地位的显著影响。由于国际竞争逐渐成为常态，波特相信企业必须采取“全球性战略”来决定如何在国家间的价值链上活动。②另一些研究发达工业社会的政治经济学家强调，资本主义由“有组织的资本主义”向“非组织化”或“竞争”的资本主义转型。这一研究路径基于20世纪80年代全球经济的战略性和制度性剧烈变化，包括国家市场管制的放松和国际资本无障碍的流动（Offe，1985；Lash and Urry，1987）。施密特（Schmitter，1990：12）认为，部门或产业是竞争力的核心分析单元，因为技术、市场结构和公共政策的一系列变化都集中在这一中观层面。

此前，我们对当代全球经济的梳理分析已经强调了两种不同的转变：一是20世纪70年代开始的全球生产和贸易模式的空前分散化和再一体化；二是如科古特和波特及其他学者③所指出的，价值链、或者说产业分析的力量成

① 企业的价值链是嵌套在波特称之为更大量活动的“价值体系”当中的，这一体系包括供应商、分销商和零售商各自的价值链。（Porter，1990：40-43）

② 企业进行国际竞争有两个不同的维度：一是企业在全球范围的活动配置，从集中的（进行一项活动，例如研发，在某地进行，但服务全球的企业分支）到分散的（在每个国家进行的每项具体活动）；二是价值链活动的协调，从紧密到宽松的结构。（Porter，1987：34-38）。

③ 赖克（Reich，1991）指出，20世纪末美国的核心企业已经从一般商品的大量生产转向满足特定客户独特需求的高附加值活动。这需要实现从垂直协调（以金字塔型权力结构为代表，强有力的首席执行官领导不断扩大的管理层，进而管理着更多数量的计时工人）向水平协调（以通过企业网络相联接的高附加值活动网为代表）的组织变迁。

为将比较优势(基于区位特点)和竞争优势(基于企业特点)结合起来构建全球战略的基础。我们还必须认识到全球经济还有第三个转型:过去几十年间低工资国家向高工资国家出口的制成品显著增长,这也被视为全球价值链的前奏。这一现象已经引起一系列反应——发达国家的生产者充满担忧,认为自己无法与潮水般涌入的低成本进口产品相竞争;第三世界经济体则燃起了希望,认为有可能通过升级技术密集型产业,来追赶发达国家。然而,另一方面,尽管相关几个发展中国家实现了快速增长,但全球发展不平衡和绝对贫困问题并没有得到实质性改善。

3. 全球经济中的生产网络

20世纪90年代,一个称之为"全球商品链"(GCC)的分析框架,将增值链与全球产业组织直接联系起来(参见Gereffi and Korzeniewicz, 1994; Gereffi, 1999, 2001)。这一分析框架是基于对全球采购商重要性日益上升的深入观察提出的,全球采购商(主要的零售商、品牌公司或"无工厂制造商")成为全球分布的生产与销售网络形成的主要驱动者。杰里菲(Gereffi, 1994a)将采购商驱动链与生产商驱动链进行了区分,后者是垂直一体化跨国制造商所建立的生产体系,前者则肯定了全球采购商的作用,强调了设计与营销在全球生产体系环节中的重要性。①全球商品链的研究路径关注了在全球生产与销售网络中发挥作用的多个行为体。全球商品链研究通过实地研究的方法深入考察了贸易统计数据,发现零部件和其他中间产品的贸易显著增长。仅仅看一般的贸易统计数据无法发现这一重要的组织变迁,因为贸易统计并不区分公司内和公司间贸易,也不考虑全球外包带来的不同贸易方式。

有很多相互交叉的术语被用来形容组成全球经济的复杂网络关系,但这些不同的概念都强调对全球经济进行链式分析的重要性:

**供应链**。关于增值活动投入—产出结构的通用术语,从原材料开

① "全球商品链"(GCC)的研究路径应用了迪肯等(Dicken et al., 2001:93)称之为"一种理解全球经济的网络方法论"。目的是"界定这些网络中的行为体及其权力与能力,以及这些行为体通过关系网络来使用自身权力的方式"。

始,到最终产品结束。

**国际生产网络**。侧重于强调跨国公司扮演“全球网络旗舰”角色的国际生产网络(Borrus, Ernst, and Haggard, 2000)。

**全球商品链**。侧重于研究供应链的内部治理结构(尤其强调区分生产商驱动和采购商驱动)和不同领军企业在建立全球生产和采购网络中的作用(Gereffi and Korzeniewicz, 1994)。

**法国“脉络”路径**。一系列相对松散的研究,但都使用活动“脉络”(如通道或网络)这一方法来研究橡胶、棉花、咖啡和可可等初级农产品的出口问题(Raikes, Jensen, and Ponte, 2000)。

**全球价值链**。强调关于产品或服务的每项活动的相对价值,从概念开始,经过生产的不同阶段(包括一系列的物理实体转换和投入其中的生产性服务),到交付给最终消费者,再到使用后的最终处理(Kaplinsky 2000; Gereffi and Kaplinsky, 2001)。

“价值链”这一概念近年来已经成为上述研究的首要标签而被广为接受,因为“价值链”侧重于整个相关活动链条和最终产品(货物和服务)中的价值创造和价值获取,同时避免了商品这一词汇本身的含义限制,商品往往让人联想到门槛较低且不加区分的货物的生产。和全球商品链的分析框架类似,全球价值链分析也接受了此前关于地理分散化的很多观点,主要集中在链条中的产业(再)组织、协调、治理和权力(Humphrey and Schmitz, 2001),也关注如何理解全球产业组织分散化的性质和后果。全球价值链的研究路径不仅帮助我们理解企业在全球经济中如何相互关联,而且有助于认识这些关联背后更广阔的制度环境,包括贸易政策、规制和标准。①从更广泛的角度看,全

① 价值链研究的一个重要发现是,能否进入发达国家市场越来越取决于是否参与了发达国家企业主导的全球生产网络。因此,价值链如何运行对于理解发展中国家企业如何进入全球市场、如何从中获益以及如何扩大收益都至关重要。一个关于这些问题的全球价值链研究网络已经建立(参见http://www.globalvaluechains.org)。

球生产网络的范式不仅被学术研究采用,而且引起了政策制定者和社会活动家的关注,他们更关心全球化的潜在收益和各国实际利益的关系,及其与在国际经济舞台上感到日益边缘化的社会阶级的关系。①

下一节将梳理国际经济中观层面有关治理的不同观点,然后讨论产业升级问题,分析一些国家试图提升自身国际经济地位的发展轨迹。

## 三、全球经济中的治理:制度和组织视角

在中观层面研究全球经济的学者由于分析单位、理论方向和方法论偏好不同形成了不同的阵营。中观层面的分析单位主要包括国家和企业。在20世纪70年代和80年代,政治经济学在有关全球经济中的国家与跨国公司的研究中占据主导地位,代表理论有依附理论[Cardoso and Faletto,(1969)1979; Evans, 1979]、世界体系理论(Wallerstein, 1974, 1980, 1989)、国家主义的研究路径(Amsden, 1989; Wade, 1990; Evans, 1995)等。在近十年里,全球经济的研究转向了制度和组织理论,选择将国家或企业作为经验分析单位与研究者基本的理论方向显著相关:通常研究国家的学者倾向于应用制度视角,而侧重企业的学者更偏爱组织视角。②

全球经济中观层面研究范式的分野体现在两类丰富的文献中,我们通常称之为“资本主义多样性”和“全球生产网络”。前者与制度视角的分析密切相关,后者则是不同的组织视角。两种路径都将全球经济的治理结构作为研究重点,但关于治理范围和内容的界定却大相径庭。资本主义多样性的文献

① 一些国际组织在近年来的报告中也突出了全球生产网络的观点,包括联合国工业与发展组织(2002, chap.6)、联合国贸易与发展组织(2002a, chap.5; 2002b, chap.3)、世界银行(2003:55-66)、国际劳工组织的“全球生产与当地就业”项目,参见*Global Networks*(2003年4月)中的部分文章。

② 这些差异并非不可打破,通常反映的只是基本研究方向与次要研究方向的区别。在国家层面应用制度视角的学者,也可以观察国内环境中企业战略的多样性(例如,Morgan, Kristensen, and Whitley, 2001)。类似地,学者在全球产业层面应用组织视角来解释企业战略演进和公司间网络,也可以将他们的一般性观察与区域、国别或当地不同层面的制度环境分析相对接(例如,Bair and Gereffi, 2001; Gereffi, Spener, and Bair, 2002)。

主要关注发达工业经济体内部的协调问题和制度互补性,民族国家是明确的分析单位。这类研究从理论方向上属于比较研究,而非跨国研究。相比之下,关于全球生产网络的研究则强调跨国公司和公司间网络所带来的发达国家和发展中国家之间的联系。在这一语境下,治理通常是由全球产业中的主导企业来实施,需要应对的一项重要挑战是产业升级问题——也就是,在以权力不对称和从网络中获取机遇为特征的全球经济中,发展中国家如何尽力改善自身地位。国际和基于产业领域的研究在全球生产网络研究中必不可少,因为企业层面的公开信息和细节总体上相对缺乏。表 1 概括了上述两种研究路径的异同比较。

**表 1　资本主义多样性与全球生产网络比较**

| 维　　度 | 资本主义多样性 | 全球生产网络 |
| --- | --- | --- |
| 理论方向 | 制度分析 | 组织分析 |
| 分析单位 | 国家 | 企业间网络 |
| 经验研究重点 | 发达工业经济体/资本主义民主政体 | 发达国家和发展中国家之间的联系 |
| 方法论偏好 | 理性行为体;多变量分析 | 产业、企业和国家的交叉比较/历史分析 |
| 研究风格 | 定量、跨国;国别案例 | 国际、产业研究;政治经济学解读 |
| 理想模型 | 自由和协调的市场经济 | 生产商驱动和采购商驱动的商品链 |
| 主要挑战/集体行动的问题 | 发达国家的协调问题 | 发展中国家的产业升级问题 |
| 核心概念 | 制度互补性 | 主导企业;经济租;在线学习 |

制度主义范式包括一些研究现代资本主义经济治理的相关理论路径,包括规制理论(Aglietta, 1980; Boyer, 1989)、国家创新体系(Lundvall, 1992; Nelson, 1993)、社会生产体系(Campbell, Hollingsworth, and Lindberg, 1991; Hollingsworth, Schmitter, and Streeck, 1994; Hollingsworth and Boyer, 1997)和资本主义多样性(Berger and Dore, 1996; Kitschelt et al.,

1999; Hall and Soskice, 2001)。所有这一领域学者的研究重点都是发达资本主义民主国家的“比较优势的制度基础”,侧重于政府和工商界的关系、劳动力市场和劳资谈判、福利国家、资本主义化和创新体系。一个贯穿其中的重要的统一概念是制度互补性,也就是“各种制度安排之间的相互强化机制,即每一个制度安排的存在都不妨碍或有助于其他机制的存在”(Amable, 2000:656)。互补的制度和其他形式的路径依赖,让大多数资本主义多样性流派的学者都强烈反对趋同,因为他们坚信即便在日益开放的全球经济中面临国际竞争的巨大压力,特有和宝贵的制度将保持国家的多样性。实际上,这一范式在一定意义上也允许一种有限的趋同方式,就是发达市场经济体的三种组织形式:自由市场经济体,实施自由放任、支持商业的政策(美国、英国、加拿大和澳大利亚);协调市场经济体,具有社团主义的特征(强政府——德国和日本);不同形态的福利国家(强有力的工会——斯堪的纳维亚和北欧)。然而,资本主义多样性流派的学者并没有将这一范式的研究认真地推广到更为广大的发展中国家。①

全球生产网络范式关于全球经济的研究视角则完全不同,它所运用的组织镜头侧重于观察发达国家与发展中国家之间的跨国联系。要解决的核心问题是,在塑造当前全球产业特性的治理结构中,具体的治理安排如何演变以及这些演变对于富国和穷国的发展机遇产生什么影响。国际制度,比如贸易和知识产权机制,清晰地塑造了在全球生产网络之内和之外的国家与企业。只是这一研究路径更倾向于关注行为体(企业)的战略和行为,将游戏规则(管理制度)视为一种外部变量。

尽管上述两种关于全球经济的研究视角具有潜在的互补性,但从截至目前的研究文献看,两个流派的学者几乎没有对话。他们不会在自己文章中引

① 吉伦(Guillén, 2001)对1950年以来阿根廷、韩国和西班牙的组织变迁进行了系统的比较研究,对于趋同的局限性作出了深刻的社会学分析。吉伦运用制度比较的研究路径,阐明“特定国家中不同组织形式的某种结合可能使其在全球经济的某个领域获得成功,但并不能推广至其他国家或其他领域”(2001:16)。

用另外一派的研究,也没有组织或参与联合研究项目。事实上,他们却都关注在全球经济中塑造国家和企业的国际驱动力量。

有一些混合研究路径试图弥合组织和制度两种框架之间的分歧。其中包括以惠特利(Whitley, 1992a, 1992b)为代表的商业系统视角。按照惠特利(1996:412)所作的定义,“商业系统是一种特殊形式的经济组织,在特定制度环境——本地、地区、国家或国际——中建立和再生。不同的商业系统是协调和控制经济活动的不同方式,与包括政治、金融、劳工和文化在内的关键性制度安排相互依存、共同发展。一个特定领土或人群的制度体系一体化程度越高,越是相辅相成,那么它的商业系统就越有凝聚力且独树一帜”。惠特利的分析框架在默认企业是商业系统核心行为体的同时,也分享了制度主义范式对于制度互补性和凝聚力以及对于国家或文化相近地区的关注。然而,商业系统的研究路径在回答“美国、欧洲和亚洲的商业系统如何应对全球化”这一问题时相对缺乏解释力。按照它的逻辑,母国相同的企业在面对国际竞争时将保持它们的特点,但关于全球生产网络的研究表明,来自不同商业系统的企业在海外市场的竞争往往削弱了国籍对于企业行为的影响(Gereffi 1996:433)。①

社会学家还考察了全球经济中一系列其他的行为体。“商业集团”,被界定为以正式或非正式的方式持续捆绑在一起的一批企业,在亚洲、欧洲、拉丁美洲和其他地区都普遍存在(Granovetter 1994; “Business Groups and Social Organization,” this volume)。商业集团可能是围绕着家族网络关系展开的,但并不仅仅局限于某个家族,因为家族的目标可能会与这些企业利润最大化的原则相冲突。商业集团对国内市场结构和国际贸易中产品种类和质量都产生影响,进而在全球经济中发挥作用(Feenstra, Yang, and Hamilton,

① 的确,来自**相同**国家商业系统的公司在全球市场竞争中会显示出相互矛盾的模式。一项关于德国3个核心产业中7家跨国公司——化学/制药产业中的赫斯特、拜耳和巴斯夫;汽车产业中的大众、梅赛德斯—奔驰和宝马;电气电子工程产业中的西门子——的深入研究显示,这些产业间和产业内的企业所采取的战略截然不同,尽管可能都源自传统的德国商业和全球扩张方式(Lane, 2001)。这显然与惠特利将德国商业系统中的企业统一归类为“分层协作”相去甚远。

1999)。基于家族或民族的跨国商业网络是塑造全球生产与贸易的另一种经济组织形式(Hamilton, Zelie, and Kim, 1989; Yeung, 2000)。日本的综合商社、英国的贸易公司以及中国和印度的商人,为亚洲生产者与其出口市场之间的长距离供应线奠定了社会基础(Gereffi, 1999:60-61)。卡斯泰尔(Castells, 1996)指出,在信息时代,网络社会的无处不在是当代的关键性特征。另一些学者则认为,全球体系的统治者是跨国资产阶级,它们对建立霸权比主导与控制更感兴趣(Sklair, 2001; Carroll and Fennema, 2002)。

在更加微观的层面,民族国家内部的情况也同样反映了全球化进程。迈耶(Meyer, 2000)将现代全球舞台上的行为体界定为有权利和兴趣来创造和商议共同规则的实体,这些规则通过适用共同形式、以道德行为行使代理权来强化自身合法性。从迈耶的"世界社会"视角来看,现代世界没有国界,建立在共同规则和模式的基础上,由强有力的文化构建行为体组成。萨森(Sassen, 2000)也将主权从民族国家剥离,强调全球城市的作用,认为全球城市作为生产功能集聚的战略性基地,维持了全球经济运转和协调。她还断定,金融和投资的管制放松将推动全球化相关的战略性机制在地理分布上深入民族国家的领土内部。

## 四、产业升级和全球生产网络

在20世纪最后几十年间,全球商业组织发生的主要变化对发展中国家产业升级换代的可能性产生了重要影响。本节将阐述国际贸易和生产网络的重组如何对世界各地发展中国家改善自身在不同产业中价值链地位的能力构成影响。

产业升级,指经济行为体——国家、企业和劳动者——从全球生产网络中的低值活动转向相对高值的活动。升级成功与否与政府政策、制度、企业战略、技术以及工人技能等多个因素相关。然而,我们可以用一种更加具体的方式来看待升级,从与生产和出口活动相关的一系列经济角色出发。这些生产与出口活动包括组装、贴牌生产、自主品牌生产和原始设计制造(Gereffi,1994b:222-224)。经济角色的这一次序涉及一系列更广泛的能力,这些能力都是发展中国家在不同产业追求升级所必须具备的能力。接下来,我们将通过考察一些产业部门的经验证据来看看全球生产网络如何便利或制约发展中国家升级。

### (一) 服装业

全球服装业中有很多发展中国家产业升级的案例。①这一采购商驱动链中的主导企业包括零售商(Walmart 和 Target 这样的巨型折扣店,J. C. Penney 和 Marks & Spencer 这样的百货公司,The Limited 和 Gap 这样的专业零售商)、市场营销商(控制主要服装品牌,如 Liz Claiborne、Tommy Hilfiger、Polo/Ralph Lauren 和 Nike 等)和品牌制造商(如 Wrangler 和 Phillips-van Heusen)。这些主导企业都拥有广泛的全球外包网络,在全球各地拥有 300—500 家工厂。因为服装业是典型的劳动密集型产业,其生产主要在劳动力成本很低的国家进行。

发展中国家的企业在全球服装业价值链中的主要发展阶段包括:首先是作为供应商(如出口商)被纳入价值链;然后从组装出口升级到贴牌生产出口、自主品牌生产出口。根据"关税与贸易总协定"项下的《多种纤维协定》,美国、加拿大和欧洲大多数国家都使用配额来限制进口份额。从 20 世纪 70 年代开始,至少有 50—60 个不同的发展中国家曾成为重要的服装出口国,大多数只是停留在使用廉价劳动力在当地出口加工区缝制进口部件的阶段。

在服装业价值链中,从组装转向贴牌生产出口是主要的升级挑战。这一升级需要企业具备完成全球采购商订单的能力,包括制作样品,取得或制造服装部件,符合价格、质量和交付的国际标准,承担包装和运输最终产品的责任等。鉴于纺织面料的供应是服装业价值链中最关键的环节,几乎所有想要

---

① 关于服装产业中产业升级案例的分析主要来自杰里菲(Gereffi, 1999)和杰里菲与迈莫多维奇(Gereffi and Memodovic, 2003)。

发展贴牌生产能力的国家都必须发展自身强大的纺织业。自主品牌生产是更高级的阶段,因为企业发展自身品牌就要求其拥有做好设计和市场营销的能力。

中国香港、中国台湾、韩国和新加坡等东亚新兴工业化经济体通常被视为发展中国家产业升级的典范。它们在20世纪70年代从组装生产迅速升级到贴牌生产。香港的服装公司在从贴牌生产升级到自主品牌生产中最为成功,而韩国和中国台湾的企业在家用电器、体育用品和电子产品等其他消费品产业中成功向自主品牌生产升级。[①]在成功掌控贴牌生产的角色后,中国香港、中国台湾和韩国服装产业的领军出口企业在20世纪80年代开始构建自己的国际生产网络。这一网络呈现"三角制造"模式,东亚新兴经济体接收订单,服装生产在亚洲或其他地区更低收入的国家进行(使用来自新兴经济体的纺织面料),最终产品通过利用出口国获得的配额输送到美国和其他海外买家(Gereffi, 1999)。

因此,国际生产网络从两个方面促进了东亚服装业的升级:第一,国际生产网络是东亚服装企业向美国和欧洲采购商学习如何从组装升级到贴牌生产和自主品牌生产的主要渠道;第二,东亚新兴工业化经济体在面对本土生产成本上升和出口配额有限的挑战时,通过建立自己的国际生产网络,来利用本地区其他经济体更廉价的劳动力和不断增长的生产能力。亚洲服装生产商从而将服装供应链的协调变成其自身获得出口成功的核心竞争力。

图1呈现了东亚服装业价值链中产业升级的典型模式。服装业链中的主要环节——成衣、面料、纤维和机器——按照生产过程中增加值高低,沿着横轴从相对较低向较高依次排列。各经济体则根据其相对发展水平沿着纵轴分组排列,日本在最顶端,孟加拉、斯里兰卡和越南等最不发达的出口国则在最底部。

---

① 然而,有一些自主品牌生产的公司重新从事贴牌生产,因为这样能充分利用东亚企业在制造业中的核心竞争力。另一些东亚的公司则采取双重战略,一方面为国内市场和其他发展中国家市场进行自主品牌生产;另一方面为美国和其他工业国市场进行贴牌生产。

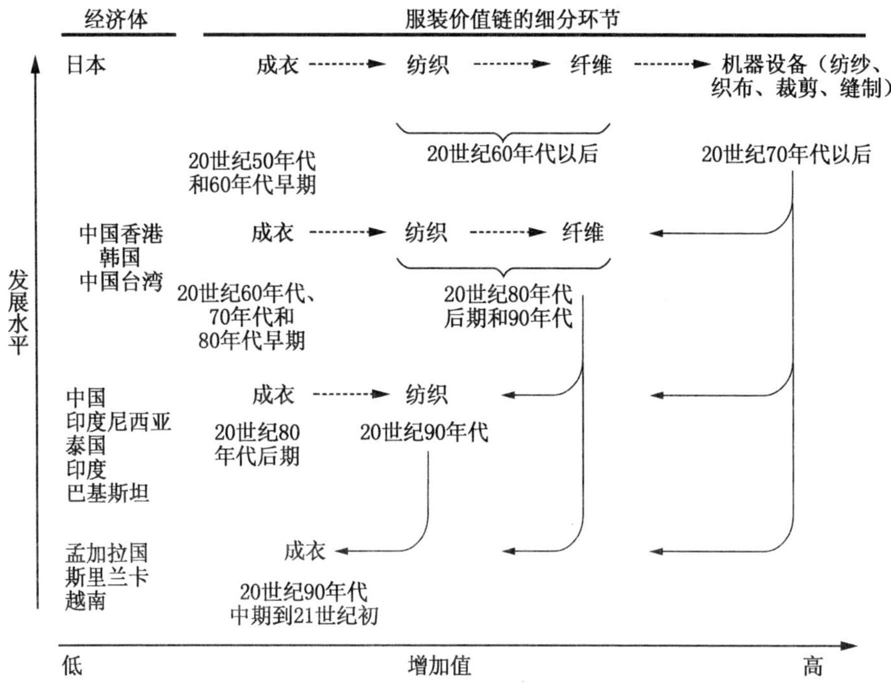


注:虚线箭头指经济体内部生产与出口能力的顺序,实线箭头指经济体之间贸易流的方向,时间指一国出口某项产品的峰值年份。

**图 1　亚洲服装价值链产业升级**

图 1 展示了东亚服装业价值链乃至一般性全球价值链的一些重要特性。首先,每个经济体随着时间推移按照顺序从低增值环节向高增值环节演进。这凸显了全球价值链研究覆盖整个供应链所有环节(原材料、零部件、最终产品、相关服务和机械设备)的重要性,而不能像传统产业研究那样往往只关注最终产品。其次,服装业价值链中存在地区性劳动分工,不同发展水平的经济体构成了多层级的生产结构,并在其中扮演不同的出口角色(如美国提供设计和大订单,日本提供缝纫机,东亚新兴工业化经济体提供面料,中国、印度尼亚西和越南等低收入亚洲经济体缝制服装)。如果一个经济体实现了产业升级,其在这一出口结构中的角色也就发生了改变。①日本和东亚新兴经济

① 相比之下,关于东亚发展的著名的“雁型模式”认为国家的工业化完全是追随领导者模式(Akamatsu, 1961),并不关注主导经济体和追随者之间可能出现的国际生产网络的类型。

体等发达经济体最终并不会如“产品周期”模型(Vernon, 1966; 1971, chap.3)所示,在产业链最终产品成熟后离开这一产业。它们会充分利用自身在产业中积累的生产知识和分销网络,向服装业价值链的高增值端移动。这一升级战略路径需要密切关注全球价值链所有环节的企业内部和企业间的竞争。

在本节结束时需要指出的是,国际规制在服装价值链的组织中发挥重要作用。根据世界贸易组织《纺织品和服装协定》、《多种纤维协定》及其涵盖的服装配额将在2005年取消,很多仅仅从事成衣缝制的小型服装出口商可能将被挤出世界出口市场。这将大大提高全球服装业出口的集中程度,中国及墨西哥、印度、土耳其、罗马尼亚和越南等可能成为主要受益者,因为它们在贴牌生产方面已经形成了丰富的专业经验。在20世纪90年代,墨西哥迅速上升为最大的对美服装出口国,这主要得益于1994年《北美自贸协定》的签署实施。这一协定允许纺织品生产和其他后向关联产业在墨西哥进行,从而便利了美国零售商和服装营销商的进入,而以往这些零售商和营销商往往绕过墨西哥,从亚洲进口服装。此外,服装出口业带动了墨西哥就业增长,该产业就业人口从1994年的73 000人扩大到2000年的300 000人,这主要得益于墨西哥相对较低的工资水平及其新近获得的完成“全包生产”(或贴牌生产)的能力(Bair and Gereffi, 2001; Gereffi, Spener, and Bair, 2002)。但是,2001年和2002年,中国重新取代了墨西哥的领先地位,因墨西哥无力与中国大量廉价的服装出口相竞争,而且同时还面临着不断进入美国市场的新供应商的激烈竞争。①

## (二) 电子产品

在亚洲庞大且充满活力的电子产业的发展和升级过程中,全球生产网络已经成为主要特征。在电子产业中,美国、日本和欧洲企业各自建立的跨境

① 一个最好的例子就是非洲撒哈拉以南地区。根据2000年10月的《非洲增长与机遇法案》,该地区的出口产品只要符合规定的原产地规则,就能够在进入美国市场时享受免关税和免配额的待遇。参见 http://www.agoa.gov。

生产网络竞争激烈，主导这一竞争的是跨越多个产业、覆盖整个价值链的跨国公司。对于电子产业这样的高技术产业，生产商驱动价值链必须兼有成本优势、产品差异和快速市场化的能力。跨境网络不仅让企业能够有效地将不同的市场需求结合起来，而且促进了亚洲 4 个不同发展层级的一体化：日本占据第一层级；东亚新兴工业化经济体是第二层级；马来西亚、泰国、菲律宾和印度尼西亚等主要的东南亚国家在第三层级；第四层级包括中国和后发国家，如越南。1997 年的经济危机让东亚经济奇迹遭到质疑，而伴随结构调整的经济复苏将加强和增加网络化生产的机遇，因为企业重组进程引导企业更加重视核心活动，更加重视位于亚洲不同区位的日益专业化的技术、技能和知识对核心活动的补充支持(Borrus, Ernst, and Haggard, 2000)。

我们可以通过对比美国和日本的生产网络，清晰地看到亚洲电子产业不同的升级动态。在 20 世纪 90 年代中期，美国的生产网络被认为是相对开放和有利于东道国发展的，而日本的生产网络则被认为相对封闭、等级森严，分支机构的活动受到局限且由母公司牢牢掌控(Borrus, 1997)。美国电子产业跨国公司基于互补的劳动分工建立亚洲生产网络：美国企业专注于“软”实力(标准界定、设计和产品架构)，而中国台湾、韩国和新加坡企业则在“硬”实力方面实现专业化(零部件供应和基本制造环节)。美国企业在亚洲的分支进而与当地制造商建立起了密切的分包关系，后者逐渐成为零部件、组件甚至整个电子系统的高水平供应商。相反，日本生产网络的特点是市场分割：日本本土的电子企业制造高增加值的高端产品，其位于亚洲的海外分支则继续生产低增加值的低端产品。就亚洲产业升级而言，美国的生产网络无疑更为出色：美国网络将其亚洲分支的贡献最大化，而日本网络则将本地区供应商能提供的增加值最小化。尽管有一些证据显示，日本企业试图在 20 世纪 90 年代开放自身的生产网络，但至多只是部分趋同，多样性依旧(Ernst and Ravenhill, 2000)。

中国台湾在电子产业取得的成就格外引人注目，取决于若干因素。在 20 世纪 90 年代，台湾将自己打造成电脑显示器、主板、鼠标设备、键盘、扫描仪和个人笔记本电脑等电脑硬件的世界最大供应方。那些以贴牌生产的方式卖给美国和日本的电脑公司、再由这些公司贴上自家商标出售的笔记本电脑中，70%左右的产品由台湾企业设计。宏碁是台湾电脑制造商中的主导企业，在贴牌生产和自主品牌生产方面都十分成功。台湾在电子零部件领域也取得了同样显著的进步，有引以为傲的台积电公司，是世界上最大的晶圆代工企业之一（Ernst，2000）。这些成就中令人尤其印象深刻的是，灵活的中小企业在台湾生产网络中发挥了重要作用。台湾的中小企业是其增长和产业转型的引擎，这与韩国截然不同。韩国高度依赖巨型多元化经营的财团（财阀），这些财团是韩国电子产业的支柱。计算机产业中的台湾模式综合利用了以下要素：促进市场准入和升级的政府政策；与大型本土企业和工商集团的紧密联系；组织化创新，如从相对简单的生产型贴牌转向更为复杂的"成套生产"，包括涉及全球供应链管理等一系列高端的支持服务（Poon，2002）。

近年来，电子产业的一个显著特征是全球合同承包制造商的迅速崛起（Sturgeon，2002）。目前，世界电子制造能力的主要份额都掌握在若干最大的承包商手中，如Solectron、Flextronics和Celestica。这些企业是纯粹的制造企业，它们没有自己的品牌产品，而是为惠普、北电和爱立信等大公司提供专业的全球制造服务。它们的工厂遍布全球，从20世纪90年代以来迅猛增长。Solectron是最大的承包商，1988年仅在硅谷有一个拥有3 500名员工的工厂，当年利润2.56亿美元，到2000年时已经成为拥有50家工厂和超过80 000名员工的全球企业，年利润近200亿美元。尽管这些主要合同承包制造商的工厂遍及全球，但总部都在北美。除了个人电脑产业外，亚洲和欧洲都没有在其他电子产业形成自己的承包制造商，仅有的少数企业也在20世纪90年代被股价狂飙的北美承包商收购了。全球承包制造商将高度模块化引入了价值链治理，因为它们遍布全球的大型工厂创造了捆绑式复杂的标准化价值链活动，可以通过模块化网络被不同的领军企业使用。

## (三) 新鲜蔬菜

最后一个关于全球生产网络促进产业升级的例子是肯尼亚和津巴布韦将新鲜蔬菜出口到英国超市。①非洲在出口导向型发展方面鲜有成功案例,但是一些撒哈拉沙漠以南地区的国家似乎在新鲜蔬菜市场上找到了有利可图的机会。与我们先前案例相关的一些因素包括:首先,尽管新鲜蔬菜属于农业领域,但其价值链也是由采购商驱动。和服装业类似,新鲜蔬菜价值链的零售终端集中水平很高,英国最大的超市及其他食品零售商控制了从非洲进口蔬菜的70%到90%。这些零售商并没有直接介入蔬菜生产,只是专门从事市场营销和供应链协调。

其次,刺激非洲当地新鲜蔬菜业升级的主要因素是英国零售商不断提高的产品标准,出口商必须满足这些标准的要求。英国超市不仅仅关注产品质量,关注生产、加工和运输是否符合法律(尽职调查)的要求,而且要求出口商满足更广泛的标准要求,例如作物综合管理、环境保护和人权。此外,零售商开始使用第三方审计来确保出口商符合上述标准,而审计费用还需要出口商来支付。

第三,英国采购商越来越严格的标准导致小农生产者和小微出口企业所占市场份额不断萎缩,已经被排除出超市的供应链。撒哈拉以南非洲的园艺业被少数大型出口商控制,而它们主要向大规模的生产单位采购。20世纪90年代末期,在肯尼亚和津巴布韦,5家最大的出口商控制了超过四分之三的新鲜蔬菜出口。②

第四,如同服装业和电子产业,园艺产业链中的市场力量也从低生产成本活动转向产业链中增值活动。如在新鲜蔬菜方面,后者就包括:投资冷库等储藏设备;为不同种类、国家和供应商的产品进行包装编码;转向更高附加

---

① 这一案例的事实部分可以参见 Dolan and Humphrey, 2000。

② 这种高水平集中的一个例外是有机食品,不仅在英国存在市场溢价,而且不能满足市场需求,因为当地有机食品的生产是零散的。非洲小的出口商仍然有机会渗透进入这一市场,因为有机食品的生产目前并没有规模要求,也不需要为更多新颖生产方式进行投资。

值的产品,比如搭配好的蔬菜和沙拉;将物流能力视为核心竞争力,以减少收货、包装和运输之间的时间。将上述活动都重新交由非洲企业能够降低英国超市的成本,因为蔬菜的增值活动都是劳动力密集型的,而非洲的劳动力显然更廉价。总体上看,这些高端服务也为非洲企业实现增值提供了新机遇,成为竞争力的新来源。

## 五、逆全球化:治理与发展的困境

最近几十年来,出现了强大的反全球化运动。由于全球市场已经形成,很多人认为全球化意味着更多的脆弱性,不熟悉和不可预见的力量会带来经济不稳定和社会秩序混乱,而各国的文化也将被资本雄厚的全球营销机器和"品牌恶霸"所碾平(Rodrik, 1997; Klein, 2000; Ritzer, 2000)。所谓的"西雅图之战",即1999年末反对世贸组织贸易谈判的大规模抗议之所以发生,不仅是因为世贸组织和国际货币基金组织这些全球经济支柱机构的决策过程缺乏责任感和透明度,而且源自一种对全球化的愤怒。跨国公司所支持的全球自由化全速推进,而传统上由各国政府提供的社会保障体系和调整性救济正在消失。罗斯福新政和欧洲社会民主凭借经济自由化根植于社会共同体,实现了"内嵌式自由主义"的历史性平衡,但这种平衡在全球化过程中并未出现(Ruggie, 2002a)。

一个主要问题在于全球化的所谓利益分配极不均衡。国际货币基金组织前总裁霍斯特·科勒(Horst Köhler)承认:"世界上最富有国家与最贫穷国家之间的差距比历史上任何时候都更大。"①在全球60亿人口中,将近一半(28亿人)生活在每天2美元的水平线以下,五分之一(12亿人)生活在每天1美元的水平线以下,其中44%生活在南亚地区。在东亚地区,日均1美元以下的人口从1987年的4 200万减少到1998年的2 800万,这主要得益于中国

① 《为更好的全球化奋斗》是Horst Köhler 2002年1月28日在华盛顿全球经济人性化大会上的致辞。转引自Ruggie, 2002a:3。

的发展。然而,拉丁美洲、南亚和撒哈拉以南非洲的贫困人口数量还在持续增长(World Bank, 2001:3)。在全球经济治理和发展中,什么因素可能改善上述的境况呢?

20世纪90年代,无论是在发达国家还是在发展中国家,人们对于企业社会角色的期待都显著下降(Ruggie, 2002b)。一个原因是一些企业(有时是整个产业)由于卷入滥用或剥削行为而成为众矢之的,导致社会对于企业的信任受到侵蚀。另外,全球规则制定方面越来越不平衡:一方面,有利于市场扩张的规则越来越强大且可执行性不断提高(例如世贸组织关于软件和医药公司的知识产权保护,对本地含量条款和出口业绩要求的限制);另一方面,关于其他正当社会目标的规则,如人权、劳工标准、环境可持续性以及减少贫困等,则远远落在后面。这些被发现的问题以及其他问题,都对世界范围的反对跨国公司运动火上浇油。

仅仅依靠政府政策显然无法解决这些不满:这些问题在范围上跨越了国界,而且涉及那些规制很弱或界定不清晰甚至没有规制的社会需求领域。一批新的"私人部门治理"或认证机构正在涌现(Gereffi, Garcia-Johnson, and Sasser, 2001),如单个企业的行为准则;包含非政府组织、企业、劳工和其他产业利益方的产业部门认证机制;第三方审计体系,如劳工标准领域的SA 8000和可持续林业实践领域的森林管理委员会认证;联合国全球契约,鼓励私人部门和联合国以及国际劳工和公民社会组织一起合作,在人权、劳工标准和环境可持续发展等全球公共领域推进"良好实践"。然而对此持怀疑态度的人声称,没有证据表明这些准则对企业行为产生了重要影响(Hilowitz, 1996; Seidman, 2003)。但支持者认为新的认证体系,无论是在全球消费者中实行,还是由联合国等机构行为体实施,都能为更好的规制框架提供基础(Fung, O'Rourke, and Sabel, 2001; Williams, 2000)。

尽管不同的自愿规范机制有各种不同的特性和目标——一些机制由社会活动家们创造出来应对全球性问题,另一些则是企业为了抵挡压力而采取的先发制人的努力——认证机构在欧洲和北美洲已经有了一席之地。在服装产业,20 世纪 90 年代后半期建立了一系列认证和监督的倡议性机制。

> 净衣运动,欧洲的一个消费者联盟,目标是改善世界制衣行业的工作条件。
>
> 社会责任 8000,一个关于管理验证和工厂认证的准则,在 1997 年 10 月由总部位于纽约的经济优先委员会发起。
>
> 公平劳动协会(FLA),包括 Nike、Reebok 和 Liz Claiborne 等主要品牌商。
>
> 负责任的全球成衣制造(WRAP),一个由产业发起的用来替代 FLA 的认证项目,代表为折扣零售市场生产的美国大服装制造商的利益。
>
> 工人权利联盟(WRC),发起人包括反血汗工厂学生联盟和服装业工会、大学以及一些人权、宗教和劳工非政府组织(参见 Maquila Solidarity Network, 2002)。

在墨西哥,公平劳动协会和工人权利联盟合作平息了一场罢工,并被准许在韩资 Kukdong 公司墨西哥工厂建立工会,这家工厂为利润丰厚的美国大学服装市场生产 Nike、Reebok 的运动衫(Gereffi, Garcia-Johnson, and Sasser, 2001, pp.62-64)。在咖啡业,公平贸易运动的倡导者和哥斯达黎加等国小咖啡种植者合作,为他们遮阴种植的有机咖啡从星巴克和其他专业零售商那里争取到高于市场的价格(Fitter and Kaplinsky, 2001; Ponte, 2002)。

由多个利益攸关方参与的私人治理,试图通过规划一条新的道路来加强对全球供应链的监管,一方面超越传统的自上而下的统一标准;另一方面依赖公司自愿主动地应对社会抗议。有人认为,基于"棘轮劳工标准"的持续改善模式,在服装业等高度竞争和品牌驱动的产业中能够更为有效(Fung, O'Rourke, and Sabel, 2001)。另一些人建议一种"合规+"(compliance plus)模式,推动超越大多数准则设置的最低标准,通过培训和授权等满足工厂利益攸关方的利益和需求,寻求"由内而外"方式来实现有道德的采购(Allen,

2002)。无论是上述哪种方式,要实现可持续和有价值的改变,都需要转变关于改善社会与环境条件的组织文化和期待。

治理已经成为全球经济的重要理论问题。基于民族国家的制度范式和本地或区域分析框架,正在被关注跨国治理结构,重视权力、网络和全球化利益分配不均的研究路径所取代。这一领域还有很多工作需要做。新自由主义的议程无力应对世界上诸多严峻的发展挑战,这也引导我们重新思考发展中国家政府和公民社会制度的角色(Wolfensohn, 1998; IDB, 1998, 2000; Garretón et al., 2003)。跨国公司受到来自私人治理多利益攸关方机制的压力,被要求遵从更为广泛的社会目标,这对于发达国家和发展中国家的公共政策都将产生重要影响。事实上,我们试图理解和改变的现实始终在发生变化,应该如何构建理论和进行深刻的经验研究,是我们进行全球经济研究所不得不面对的挑战。

## 参考文献

1. Aglietta, Michel(1980). *A Theory of Capitalist Regulation*. London: New Left Books.

2. Akamatsu, K(1961). "A Theory of Unbalanced Growth in the World Economy." *Weltwirtschaftliches Archiv*, 86(1):196-217.

3. Allen, Michael (2002). "Analysis: Increasing Standards in the Supply Chain." *Ethical Corporation*, October 15.

4. Amable, Bruno (2000). "Institutional Complementarity and Diversity of Social Systems of Innovation and Production." *Review of International Political Economy*, 7:645-687.

5. Amsden, Alice H (1989). *Asia's Next Giant: South Korea and Late Industrialization*. Oxford: Oxford University Press.

6. Arndt, Sven W., and Henryk Kierzkowski(eds.) (2001). *Fragmentation: New Production Patterns in the World Economy*. Oxford: Oxford University Press.

7. Arrighi, Giovanni(1994). *The Long Twentieth Century*. London: Verso.

8. Arrighi, Giovanni, and Jessica Drangel(1986). "The Stratification of the World-Economy: An Exploration of the Semiperipheral Zone." *Review*, 10:9-74.

9. Arrighi, Giovanni, Beverly J. Silver, and Benjamin D. Brewer(2003). "Industrial Convergence, Globalization, and the Persistence of the North-South Divide." *Studies in Comparative International Development*, 38(1):3-31.

10. Ayres, Robert L.(1983). *Banking on the Poor: The World Bank and World Poverty*. Cambridge: MIT Press.

11. Bair, Jennifer, and Gary Gereffi(2001). "Local Clusters in Global Chains: The Causes and Consequences of Export Dynamism in Torreon's Blue Jeans Industry." *World Development*, 29:1885-1903.

12. Barnet, Richard J., and Ronald E.Müller(1974). *Global Reach: The Power of the Multinational Corporations*. New York: Simon and Schuster.

13. Berger, Suzanne, and Ronald Dore(eds.) (1996). *National Diversity and Global Capitalism*. Ithaca, N.Y.: Cornell University Press.

14. Bergsten, C. Fred, Thomas Horst, and Theodore H. Moran(1978). *American Multinationals and American Interests*. Washington, D.C.: Brookings Institution Press.

15. Beviglia Zampetti, Americo, and Torbjörn Fredriksson(2003). "The Development Dimension of Investment Negotiations in the WTO: Challenges and Opportunities." *Journal of World Investment*, 4:399-450.

16. Bhagwati, Jaqdish(1958). "Immiserizing Growth: A Geometrical Note." *Review of Economic Studies*, 25:201-205.

17. Borrus, Michael(1997). "Left for Dead: Asian Production Networks and the Revival of U.S. Electronics." In The China Circle(ed.) *Barry Naughton*. Washington, D.C.: Brookings Institution Press.

18. Borrus, Michael, Dieter Ernst, and Stephan Haggard(eds.) (2000). *International Production Networks in Asia*. London: Routledge.

19. Boyer, Robert(1989). *The Regulation School: A Critical Introduction. Trans. Craig Charney*. New York: Columbia University Press.

20. Campbell, John L., J.Rogers Hollingsworth, and Leon N.Lindberg(eds.) (1991). *Governance of the American Economy*. Cambridge: Cambridge University Press.

21. Cañas, Jesus, and Roberto Coronado(2002). "Maquiladora Industry: Past, Present, and Future." *Business Frontier*, issue 2. El Paso Branch of the Federal Reserve Bank of Dallas.

22. Cardoso, Fernando Henrique, and Enzo Faletto.(1969) (1979). *Dependency and Development in Latin America*. Trans Marjory Mattingly Urquidi. Expanded (ed.) Berkeley and Los Angeles: University of California Press.

23. Carrillo, Jorge, and Alfredo Hualde(1998). "Third Generation Maquiladoras: The Delphi-General Motors Case." *Journal of Borderlands Studies*, 13(1):79-97.

24. Carroll, William K., and Meindert Fennema(2002). "Is There a Transnational Business Community?" *International Sociology*, 17(3):393-419.

25. Castells, Manuel(1996). *The Rise of the Network Society*. Oxford: Blackwell.

26. Dicken, Peter(2003). *Global Shift: Reshaping the Global Economic Map in the 21st Century*, 4th ed. London: Sage.

27. Dicken, Peter, Philip F. Kelly, Kris Olds, and Henry Wai-Chung Yeung(2001). "Chains and Networks, Territories and Scales: Towards a Relational Framework for Analysing the Global Economy." *Global Networks*, 1(2):89-112.

28. Dolan, Catherine, and John Humphrey(2000). "Governance and Trade in Fresh Vegetables: The Impact of UK Supermarkets on the African Horticulture Industry." *Journal of Development Studies*, 37(2):147-175.

29. Dunning, John H. (1958). *American Investment in British Manufacturing Industry*. London: Allen and Unwin.

30. Engardio, Peter, Aaron Bernstein, and Manjeet Kripalani(2003). "Is Your Job Next?" *Business Week*, February 3, 50-60.

31. Ernst, Dieter(2000). "What Permits David to Grow in the Shadow of Goliath? The Taiwanese Model in the Computer Industry." In Michael Borrus, Dieter Ernst, and Stephan Haggard(ed.) *International Production Networks in Asia*. London: Routledge.

32. Ernst, Dieter, and John Ravenhill(2000). "Convergence and Diversity: How Globalization Reshapes Asian Production Networks." In Michael Borrus, Dieter Ernst, and Stephan Haggard(ed.) *International Production Networks in Asia*. London: Routledge.

33. Evans, Peter B.(1979). *Dependent Development: The Alliance of Multinationals, State, and Local Capital in Brazil*. Princeton: Princeton University Press.

34. ——.(1995). *Embedded Autonomy: States and Industrial Transformation*. Princeton: Princeton University Press.

35. Feenstra, Robert C.(1998). "Integration of Trade and Disintegration of Production in the Global Economy." *Journal of Economic Perspectives*, 12(4):31-50.

36. Feenstra, Robert C., Tzu-Han Yang, and Gary G. Hamilton(1999). "Business Groups and Product Variety in Trade: Evidence from South Korea, Taiwan, and Japan." *Journal of International Economics*, 48(1):71-100.

37. Fitter, Robert, and Raphael Kaplinsky(2001). "Who Gains from Product Rents as the Coffee Market Becomes More Differentiated? A Value-Chain Analysis." *IDS Bulletin*,

32(3):69-82.

38. Foxley, Alejandro, Michael S. McPherson, and Guillermo O'Donnell (eds.) (1986). *Development, Democracy, and the Art of Trespassing: Essays in Honor of Albert O. Hirschman*. Notre Dame, Ind.: University of Notre Dame Press.

39. Fröbel, Folker, Jürgen Heinrichs, and Otto Kreye(1980). *The New International Division of Labor*. Cambridge: Cambridge University Press.

40. Fung, Archon, Dara O'Rourke, and Charles Sabel (2001). "Realizing Labor Standards: How Trans-parency, Competition, and Sanctions Could Improve Working Conditions Worldwide." *Boston Review*, February-March.

41. Garretón, Manuel Antonio, Marcelo Cavarozzi, Peter Cleaves, Gary Gereffi, and Jonathan Hartlyn(2003). *Latin America in the Twenty-First Century: Toward a New Sociopolitical Matrix*. Miami: North-South Center Press.

42. Gereffi, Gary(1983). *The Pharmaceutical Industry and Dependency in the Third World*. Princeton: Princeton University Press.

43. ——. (1994a). "The Organization of Buyer-Driven Global Commodity Chains: How U.S. Retailers Shape Overseas Production Networks." In Gary Gereffi and Miguel Korzeniewicz(ed.) *Commodity Chains and Global Capitalism*. Westport, Conn.: Praeger.

44. ——.(1994b). "The International Economy and Economic Development." In Neil J.Smelser and Richard Swedberg(ed.) *The Handbook of Economic Sociology*. Princeton: Princeton University Press.

45. ——. (1996). "Global Commodity Chains: New Forms of Coordination and Control among Nations and Firms in International Industries." *Competition and Change*, 1(4):427-439.

46. ——. (1999). "International Trade and Industrial Upgrading in the Apparel Commodity Chain." *Journal of International Economics*, 48(1):37-70.

47. ——.(2001). "Shifting Governance Structures in Global Commodity Chains, with Special Reference to the Internet." *American Behavioral Scientist*, 44:1616-1637.

48. Gereffi, Gary, Ronie Garcia-Johnson, and Erika Sasser (2001). "The NGO-Industrial Complex." *Foreign Policy*, 25:56-65.

49. Gereffi, Gary, and Raphael Kaplinsky(eds.) (2001). "The Value of Value Chains: Spreading the Gains from Globalisation." *Special issue of the IDS Bulletin*, 32(3).

50. Gereffi, Gary, and Miguel Korzeniewicz(eds.) (1994). *Commodity Chains and Global Capitalism*. Westport, Conn.: Praeger.

51. Gereffi, Gary, and Olga Memodovic(2003). "The Global Apparel Value Chain:

What Prospects for Upgrading by Developing Countries?" Vienna: UNIDO, Strategic Research and Economy Branch.

52. Gereffi, Gary, David Spener, and Jennifer Bair(eds.) (2002). *Free Trade and Uneven Development: The North American Apparel Industry after NAFTA*. Philadelphia: Temple University Press.

53. Gereffi, Gary, and Donald L. Wyman(eds.) (1990). *Manufacturing Miracles: Paths of Industrialization in Latin America and East Asia*. Princeton: Princeton University Press.

54. Gore, Charles(2000). "The Rise and Fall of the Washington Consensus as a Paradigm for Developing Countries." *World Development*, 28:789-804.

55. Granovetter, Mark(1994). "Business Groups." In Neil J. Smelser and Richard Swedberg (ed.) *The Handbook of Economic Sociology*. New York: Russell Sage Foundation; Princeton: Princeton University Press.

56. Guillén, Mauro F. (2001). *The Limits of Convergence: Organization and Organizational Change in Argentina, South Korea, and Spain*. Princeton: Princeton University Press.

57. Hall, Peter A., and David Soskice(eds.) (2001). *Varieties of Capitalism: The Institutional Foundations of Comparative Advantage*. Oxford: Oxford University Press.

58. Hamilton, Gary G., William Zeile, and Wan-Jin Kim(1989). "The Network Structure of East Asian Economies." In Stewart Clegg and Gordon Redding (ed.) *Capitalism in Contrasting Cultures*. Berlin: Walter de Gruyter.

59. Held, David, Anthony McGrew, David Goldblatt, and Jonathan Perraton(1999). *Global Transformations*. Stanford, Calif.: Stanford University Press.

60. Hilowitz, Janet(1996). *Labelling Child Labour Products: A Preliminary Study*. Geneva: International Labor Organization.

61. Hirschman, Albert O.(1981). *Essays in Trespassing: Economics to Politics and Beyond*. Cambridge: Cambridge University Press.

62. Hollingsworth, J. Rogers, and Robert Boyer (eds.) (1997). *Contemporary Capitalism: The Embeddedness of Institutions*. Cambridge: Cambridge University Press.

63. Hollingsworth, J. Rogers, Philippe Schmitter, and Wolfgang Streeck (eds.) (1994). *Governing Capitalist Economies: Performance and Control of Economic Sectors*. Oxford: Oxford University Press.

64. Hummels, David, Dana Rapaport, and Kei-Mu Yi(1998). "Vertical Specialization and the Changing Nature of World Trade." *Federal Reserve Bank of New York Economic*

*Policy Review*, June, 79-99.

65. Humphrey, John, and Hubert Schmitz(2001). "Governance in Global Value Chains." *IDS Bulletin*, 32(3):19-29.

66. Inter-American Development Bank(IDB) (1998). *Facing Up to Inequality in Latin America: Economic and Social Progress in Latin America*, 1998-1999 *Report*. Washington, D.C.: IDB.

67. ——.(2000). *Development beyond Economics: Economic and Social Progress in Latin America, 2000 Report*. Washington, D.C.: IDB.

68. Kaplinsky, Raphael(2000). "Globalisation and Unequalisation: What Can Be Learned from Value Chain Analysis?"*Journal of Development Studies*, 37(2):117-146.

69. ——. (2001). "Is Globalization All It Is Cracked Up to Be?" *Review of International Political Economy*, 8(1):45-65.

70. Kitschelt, Herbert, Peter Lange, Gary Marks, and John D. Stephens(eds.) (1999). *Continuity and Change in Contemporary Capitalism*. Cambridge: Cambridge University Press.

71. Klein, Naomi(2000). *No Logo: Taking Aim at the Brand Bullies*. New York: Picador.

72. Kogut, Bruce(1984). "Normative Observations on the International Value-Added Chain and Strategic Groups." *Journal of International Business Studies*, fall, 151-167.

73. ——.(1985). "Designing Global Strategies: Comparative and Competitive Value-Added Chains." *Sloan Management Review*, 26(4):15-28.

74. Krugman, Paul(1995). "Growing World Trade." *Brookings Papers on Economic Activity*, 1:327-377.

75. Lane, Christel(2001). "The Emergence of German Transnational Companies: A Theoretical Analysis and Empirical Study of the Globalization Process." In Glenn Morgan, Peer Hull Kristensen, and Richard Whitley(ed.) *The Multinational Firm: Organizing across Institutional and National Divides*. Oxford: Oxford University Press.

76. Lash, Scott, and John Urry(1987). *The End of Organized Capitalism*. Oxford: Polity Press.

77. Lundvall, Bengt-Ake(ed.) (1992). *National Systems of Innovation: Towards a Theory of Innovation and Interactive Learning*. London: Pinter.

78. Maquila Solidarity Network(2002). "Memo: Codes Update." No.12, November.

79. Meyer, John W(2000). "Globalization: Sources and Effects on National States and Societies." *International Sociology*, 15(2):233-248.

80. Morgan, Glenn, Peer Hull Kristensen, and Richard Whitley(eds.) (2001). *The Multinational Firm: Organizing across Institutional and National Divides*. Oxford: Oxford University Press.

81. Nelson, Richard R.(ed.) (1993). *National Innovation Systems: A Comparative Analysis*. Oxford: Oxford University Press.

82. Newfarmer, Richard (ed.) (1985). *Profits, Progress, and Poverty: Case Studies of International Industries in Latin America*. Notre Dame, Ind.: University of Notre Dame Press.

83. Offe, Claus (1985). *Disorganized Capitalism*. (ed.) John Keane. Cambridge: Polity Press.

84. Organization for Economic Cooperation and Development (OECD). (1979). *The Impact of the Newly Industrializing Countries on Production and Trade in Manufactures*. Paris: OECD.

85. Ponte, Stefano (2002). "The 'Latte Revolution'? Regulation, Markets, and Consumption in the Global Coffee Chain." *World Development*, 30:1099-1122.

86. Poon, Teresa Shuk-Ching (2002). *Competition and Cooperation in Taiwan's Information Technology Industry: Inter-firm Networks and Industrial Upgrading*. Westport, Conn.: Quorum Books.

87. Porter, Michael E. (1985). *Competitive Advantage*. New York: Free Press.

88. ——.(1987). "Changing Patterns of International Competition." In David J. Teece (ed.) *The Competitive Challenge: Strategies for Industrial Innovation and Renewal*. Cambridge, Mass.: Ballinger.

89. ——.(1990). *The Competitive Advantage of Nations*. New York: Free Press.

90. Raikes, Philip, Michael Friis Jensen, and Stefano Ponte (2000). "Global Commodity Chain Analysis and the French Filière Approach: Comparison and Critique." *Economy and Society*, 29:390-417.

91. Reich, Robert B. (1991). *The Work of Nations: Preparing Ourselves for 21st-Century Capitalism*. New York: Alfred A. Knopf.

92. Ritzer, George(2000). *The McDonaldization of Society*. Thousand Oaks, Calif.: Pine Forge Press.

93. Rodrik, Dani (1997). *Has Globalization Gone Too Far?* Washington, D.C.: Institute for International Economics.

94. Ruggie, John G. (2002a.) "Taking Embedded Liberalism Global: The Corporate Connection." Paper presented at the 98th Annual Meeting of the American Political Science

Association, Boston, August 26-September 1.

95. ——.(2002b). "The New World of Corporate Responsibility." *Financial Times*, October 25.

96. Rugman, Alan M. (1999). "Forty Years of the Theory of the Transnational Corporation." *Transnational Corporations*, 8(2):51-70.

97. Safarian, A.Edward(1966). *Foreign Ownership of Canadian Industry*. Toronto: McGraw-Hill.

98. Sampson, Anthony (1973). *The Sovereign State of ITT*. New York: Stein and Day.

99. Sassen, Saskia (2000). "Territory and Territoriality in the Global Economy." *International Sociology*, 15(2):372-393.

100. Schmitter, Philippe C. (1990). "Sectors in Modern Capitalism: Modes of Governance and Variation in Performance." In Renato Brunetta and Carlo Dell'Aringa(ed.) *Labour Relations and Economic Performance*. New York: New York University Press.

101. Seidman, Gay (2003). "Monitoring Multinationals: Lessons from the Anti-apartheid Movement." *Politics and Society*, 31(3):381-406.

102. Shaiken, Harley, and Stephen Herzenberg (1987). *Automation and Global Production: Automobile Engine Production in Mexico, the United States, and Canada*. La Jolla, Calif.: Center for U.S.-Mexican Studies, University of California, San Diego.

103. Sklair, Leslie(1993). *Assembling for Development: The Maquila Industry in Mexico and the United States*. La Jolla, Calif.: Center for U. S.-Mexican Studies, University of California, San Diego.

104. ——.(2001). *The Transnational Capitalist Class*. Oxford: Blackwell.

105. Smith, Adam(1776) (1976). *An Inquiry into the Nature and Causes of the Wealth of Nations*. 2 vols. Oxford: Clarendon Press.

106. Sturgeon, Timothy(2002). "Modular Production Networks. A New American Model of Industrial Organization." *Industrial and Corporate Change*, 11(3):451-496.

107. Sturgeon, Timothy, and Richard Florida(2000). "Globalization and Jobs in the Automotive Industry." Final report to the Alfred P. Sloan Foundation. International Motor Vehicle Program, Center for Technology, Policy, and Industrial Development, Massachusetts Institute of Technology.

108. Sunkel, Osvaldo(1973). "Transnational Capitalism and National Disintegration in Latin America." *Social and Economic Studies*, 22(1):132-176.

109. Therborn, Göran (2000). "Globalizations: Dimensions, Historical Waves,

Regional Effects, Normative Governance." *International Sociology*, 15(2):151-179.

110. United Nations Conference on Trade and Development (UNCTAD). (1993). *World Investment Report: Transnational Corporations and Integrated International Production*. New York: United Nations.

111. ——. (2002a). *World Investment Report: Transnational Corporations and Export Competitiveness*. New York: United Nations.

112. ——.(2002b). *Trade and Development Report*, 2002: *Developing Countries in World Trade*. New York: United Nations.

113. United Nations Industrial Development Organization (UNIDO). (2002). *Industrial Development Report 2002/2003: Competing through Innovation and Learning*. Vienna: UNIDO.

114. Urquidi, Victor L.(1991). "The Prospects for Economic Transformation in Latin America: Opportunities and Resistances," *LASA Forum*, 22(3):1-9.

115. Vernon, Raymond(1966). "International Investment and International Trade in the Product Cycle." *Quarterly Journal of Economics*, 80:190-207.

116. ——. (1971). *Sovereignty at Bay: The Multinational Spread of U. S. Enterprises*. New York: Basic Books.

117. ——. (1999). "The Harvard Multinational Enterprise Project in Historical Perspective." *Transnational Corporations*, 8(2):35-49.

118. Wade, Robert(1990). *Governing the Market: Economic Theory and the Role of Government in East Asian industrialization*. Princeton: Princeton University Press.

119. ——.(1996). "Globalization and Its Limits: Reports of the Death of the National Economy Are Greatly Exaggerated." In Suzanne Berger and Ronald Dore(ed.) *National Diversity and Global Capitalism*. Ithaca, N.Y.: Cornell University Press.

120. Wallerstein, Immanuel(1974). *The Modern World-System. Vol. 1, Capitalist Agriculture and the Origin of the European World-Economy in the Sixteenth Century*. New York: Academic Press.

121. ——. (1979). *The Capitalist World-Economy*. Cambridge: Cambridge University Press.

122. ——. (1980). *The Modern World-System. Vol. 2, Mercantilism and the Consolidation of the European World-Economy, 1600-1750*. New York: Academic Press.

123. ——. (1989). *The Modern World-System. Vol.3, The Second Era of Great Expansion of the Capitalist World-Economy, 1730-1840s*. New York: Academic Press.

124. ——.(2000). "Globalization or the Age of Transition? A Long-Term View of the

Trajectory of the World-System." *International Sociology*, 15(2):249-265.

125. ——.(2002). "The Eagle Has Crash Landed." *Foreign Policy*, 131:60-68.

126. Whitley, Richard(1992a). *Business Systems in East Asia: Firms, Markets, and Societies*. London: Sage.

127. ——.(1996). "Business Systems and Global Commodity Chains: Competing or Complementary Forms of Economic Organisation?" *Competition and Change*, 1(4): 411-425.

128. ——.(ed.) (1992b). *European Business Systems*. London: Sage.

129. Williams, Oliver F.(ed.) (2000). *Global Codes of Conduct: An Idea Whose Time Has Come*. Notre Dame, Ind.: University of Notre Dame Press.

130. Wolfensohn, James D.(1998). "The Other Crisis." Speech by the president of the World Bank Group to the Board of Governors, October 6. http://www.worldbank.org/html/extdr/am98/jdw-sp/am98-en.htm.

131. Womack, James P., Daniel T.Jones, and Daniel Roos(1990). *The Machine That Changed the World*. New York: Macmillan.

132. World Bank(1993). *The East Asian Miracle*. Oxford: Oxford University Press.

133. ——.(2001). *World Development Report, 2000/2001: Attacking Poverty*. Oxford: Oxford University Press.

134. ——.(2003). *Global Economic Prospects and the Developing Countries, 2003*. Washington, D.C.: World Bank.

135. Yeats, Alexander J.(2001). "Just How Big Is Global Production Sharing?" In S. W.Arndt and H. Kierzkowski(ed.) *Fragmentation: New Production Patterns in the World Economy*. Oxford: Oxford University Press.

136. Yeung, Henry Wai-chung(2000). "Economic Globalization, Crisis, and the Emergence of Chinese Business Communities in Southeast Asia." *International Sociology*, 15(2):266-287.

# 第三章 全球价值链治理[①]

加里·杰里菲、约翰·汉弗莱、蒂莫西·斯特金

世界经济在过去数十年间发生了深刻变化，特别是在国际贸易和产业组织领域。现代经济的两个最重要特征是生产和贸易的全球化，[②]这一方面得益于相当一部分发展中国家产业能力的提升；另一方面是因为跨国公司内部的垂直非一体化，跨国公司重新界定了自身的核心竞争力，集中在创新、产品战略、市场营销以及制造与服务的高附加值环节，减少了对一般性服务和批量生产这种“非核心”业务的直接持有。上述两种变化为各种网络形态的治理奠定了基础，这些网络介于公平市场与垂直一体化的公司之间。本章的目的是建立一个理论框架来更好地理解为全球市场进行生产的产业治理结构的变迁，我们把该结构称为“全球价值链”。我们试图梳理在这一领域已被观察到的各种网络形态。[③]

全球性产业组织的演进不仅影响公司财富和产业结构，而且对国家如何

---

① 本章原载于 *Review of International Political Economy*，12：1 February 2005：78-104。作者感谢洛克菲勒基金会对全球价值链倡议的大力支持(参见 http：//www.globalvaluechains.org)。在本章写作过程中，我们充分利用了 2000 年 9 月意大利贝拉吉奥和 2002 年 4 月马萨诸塞州洛克波特两次价值链研讨会的讨论成果。但文中任何错误和不足均由作者负责。

② “国际化”是指经济行为跨越国界实现地理意义上的扩张，而“全球化”还意味着这些国际性分散的经济行为实现功能意义上的一体化和协调(Dicken，2003：12)。

③ 我们并不指望本章提出的理论能够解释全球价值链中被观察到的所有治理模式。关于全球价值链特别是其历史、地理和产业特征的已有研究丰富且复杂，本章所提理论是作为这些研究的一种补充，而非替代。

以及为何在全球经济中获得发展——或未能发展——造成影响。关于全球价值链的研究与政策工作,包括梳理全球生产与分销体系一体化的不同方式,考察发展中国家的企业提升自身全球市场地位的可能性。我们希望本章所提出的全球价值链治理理论也能够为有关产业升级、经济发展、创造就业和减少贫困的政策制定提供有益的帮助。

## 一、全球经济中的分散化、协调和网络

对于我们而言,增值链的概念是理解国际贸易和产业组织变化性质的起点。这一概念是由关注全球经济中国家和企业发展战略的国际商业学者提出来的。增值链的最基本形式是“技术与原材料、劳动力相结合,加工后被组装、销售和分配的过程”(Kogut, 1985:15)。这些文献中的核心问题包括企业应该将哪些活动和技术保留在内部,哪些应该外包给其他企业,以及不同的活动应该分布在何处。

研究贸易的经济学家同样关注全球生产是如何组织的。阿恩特和凯日科夫斯基(Arndt and Kierzkowski, 2001)使用“分散化”这一术语来形容一个生产过程不同活动环节的物理分离,并认为这种在国际维度上的分离是新的现象。分散化让不同国家的生产形成跨境生产网络,这一网络既可以存在于企业内部,也可以存在于企业之间。芬斯特拉(Feenstra, 1998)通过将“贸易一体化”和“生产非一体化”明确关联起来,进一步发展了这一观点。贸易在推动世界市场一体化程度加深的同时,也促成了跨国企业的分解,因为这些公司都在试图将越来越多非核心的制造和服务业务“外包”给本国或海外来获取收益。这就导致了零部件和其他中间产品的贸易在国际贸易中所占份额不断扩大(Yeats, 2001)。①

---

① 类似地,胡梅尔斯等(Hummels et al., 1998:80-81)使用术语“基于垂直分工的贸易”来表示出口商品中的进口含量。当一国使用进口的中间产品用来生产出口商品时,全球贸易的“垂直分工”就发生了。

如果生产在地域上和企业之间的分散程度不断上升,那么这些分散的活动如何实现协调呢?阿恩特和凯日科夫斯基认为可选项是清晰的:“所有权分离是跨境生产组织结构的一个重要决定因素。所有权分离不可行的地方,跨国公司和外国直接投资大多扮演主导角色;如果可行,就可能是正常市场关系,外国直接投资就没有那么重要。”(Arndt and Kierzkowski, 2001:4)

这一关于全球生产组织方式的二元论,即要么通过市场进行,要么发生在跨国公司内部,可以用交易成本经济学来解释,涉及企业间关系的复杂性和多大程度上专门投资给特定交易——资产专用性(Williamson, 1975)。正常市场关系对于标准化的产品是有效的,因为它们易于描述和估值。协调问题得以减少,一方面是因为标准化产品易于描述使撰写合同变得简单;另一方面标准化产品能够为库存进行生产并根据需要供应。同时,由于标准化产品可以由各种供应商制造,也被各种客户采购,所以很少有资产专属性方面的问题。

相反,关于企业将某些活动保留在自身内部进行,交易成本的研究路径也提供了多个原因的解释。首先,产品或服务越是定制化,就越有可能涉及特定交易的投资。这会增加投机的风险,因为有可能会取消整个外包,或者因实施防护措施而增加成本。其次,即便没有投机行为,当公司间的关系需要更多协调时,交易成本上升了。例如,非标准化的投入品和一体化的产品设计架构涉及更加复杂的设计信息的传递,因此也就需要企业之间更加密切的互动。完整的产品架构往往更倾向于使用非标准化的投入品,某个部件的设计变化都可能使整个系统的其他部分也要随之调整(Fine, 1998; Langlois and Robertson, 1995)。类似地,对于有时效性要求的部件,协调成本也会上升,因为每个环节的加工流程需要更好地配合,使整个生产链内部的要素流动畅通合拍。

尽管如此,认识到交易成本的重要性,并不必然得出复杂和高度协调的生产体系总是垂直一体化的结论。而且,资产专用性、投机行为和协调成本都可以通过不同的方式在公司之间得到控制。在很多案例中,网络行为体通过多次交易、信誉以及特定地方或社团的社会规范来控制投机行为。网络理论学者(如,Jarillo, 1988; Lorenz, 1988; Powell, 1990; Thorelli, 1986)认为,信任、名誉和相互依赖能够抑制投机行为,所以公司间可能进行更加复杂的劳动分工和依存协作,而非交易成本理论所预测的那样。

此外,关于企业能力和学习理论的研究文献也给出了其他原因,来解释企业愿意在面对资产专用性时购买关键零部件并构建相对复杂的企业间关系。该理论源自于潘洛斯(Penrose, 1959)率先倡导的企业资源的观点,他认为,企业是否以及如何能够获取价值,部分取决于保持和传承其他竞争者难以复制的竞争力(即资源)。实际上,即便是垂直一体化程度最高的企业,也不可能将向市场提供产品与服务所需的所有技术和管理能力都"内部化"。交易成本经济学利用频率变量来确认这一事实。一个零部件,即便是重要零部件,如果所需频率并不高,那么往往是从外部采购的。这实质上是一个规模经济的论据。企业能力和学习理论却认为,对于一些企业而言,无论使用频率如何或是否规模经济,要具备进入某个价值链所需能力的学习过程是困难、费时且难以实现的。所以,企业在某些情况下不得不依赖于外部资源。"核心竞争力"的学说则更进了一步,认为那些集中资源在自身竞争力上并利用其他企业能力作为补充的企业,比垂直一体化或内部多样化的企业表现要好得多(Prahalad and Hamel, 1990)。

这些问题,经常在地方或国家层面或是在"密集的社会关系网"(Granovetter, 1985:507)背景下被讨论,也同样适用于构建全球规模的生产与分配。休斯(Hughes, 2000)、亨德森等(Henderson et al., 2002)和迪肯等(Dicken et al., 2001)这些经济地域学者近期著作都强调了全球经济中企业间关系的复杂性。核心的洞见是,尽管全球规模的生产体系十分复杂,但也完全可以在非直接所有权的情况下对该体系实现协调和控制。

产业组织理论将上述因素叠加,指出处理资产专用性问题的不同办法,以及面对资产专用性问题构建复杂企业间关系的不同动机,这导致3种不同的产业组织模式:市场、等级和网络。但经验观察告诉我们,并非所有的网络都是类似的。我们将在下一节提出一个理论,来说明和解释这一变化。

## 二、全球价值链的治理类型

如果一个全球价值链治理理论要为政策制定者所用,它必须是简明的,必须从极端不均匀的经验证据中简化和抽象,提炼出对价值链治理具有决定性作用的变量,排除其他因素的干扰,至少在初始阶段必须如此。显然,历史、制度、地理和社会环境、游戏规则的演进和路径依赖都是重要变量,很多因素都会影响企业和企业集团在全球经济中如何关联在一起。尽管如此,简化的理论框架仍然有益,因为能够剥离出关键变量,发掘隐藏在特定经验情境下可能被忽视的根本性因素,清晰地展示关系。我们就是要试图提出最简单的理论框架,创造与现实世界真正相关的成果。

杰里菲等学者在20世纪90年代提出了"全球商品链"的理论框架,将增值链概念和全球产业组织直接关联起来(参见Gereffi and Korzeniewicz, 1994)。这一理论框架不仅强调了企业之间协调的重要性,而且指出了新的全球采购商(主要是零售商和品牌营销商)成为全球分布且有组织分散的生产和分销网络的主要驱动者,其重要性日益上升。杰里菲(1994)使用"采购商驱动全球商品链"这一术语来表示全球采购商是如何通过非市场的外在协调,①而不是直接的所有权关系,来建立高水平的供应基地,为构建全球规模的生产和分销体系提供基础。

通过强调非一体化链条中的非市场外在协调,并将之与垂直一体化或"生产商驱动"链条的内部关系进行对比,全球商品链的理论框架突出了网络在驱动跨境产业组织共同演进的重要作用。然而,全球商品链理论并未正确地区分不同网络的类型,最近一些研究成果则发现了这一点。关于园艺业的研究(Dolan and Humphrey, 2000)和关于制鞋业的研究(Schmitz and

① 克莱蒙斯等人(Clemons et al., 1993)用"explicit coordination"这一术语来指代非市场形式的经济活动协调。

Knorringa，2000）支持了杰里菲的观点，即全球采购商（零售商、经销商和贸易商）能够在即便自身不拥有生产、交通和加工设施的情况下，对空间上分散的价值链进行高度控制。关于全球生产的最新研究还关注了其他重要形式的协调。

斯特金（Sturgeon，2002）、斯特金和李（Sturgeon and Lee，2001）关于电子产业和代工制造的研究，根据产品和流程的标准化程度比较了3种类型的供给关系：（1）通过正常市场关系提供标准产品的"商品供应商"；（2）使用专门适应采购商需求的机器制造非标准化产品的"从属供应商"；（3）为采购商生产定制产品且能灵活使用机器、具备应对不同客户能力的"整包供应商"。这一分析侧重于企业间信息交换的复杂性和生产设备的资产专用程度。斯特金（Sturgeon，2002）将依赖于整包供应商的生产系统称为"模块化生产网络"，因为高能力的供应商是根据需要被纳入全球生产安排之中或排除于全球生产安排之外。几乎在同一时期，汉弗莱和施密茨（Humphrey and Schmitz，2000，2002）区分了两类供给关系，一类是供应商与采购商之间存在准等级关系，情况类似于从属供应商；另一类是企业间是进行合作的网络关系，因为彼此间拥有互补能力。①汉弗莱和施密茨强调供应商的能力对其与采购商从属关系的程度具有重要影响。如果全球采购商需要对供应商能力进行投资，那么它们就需要给供应商指定产品和程序参数，同时确保唯一客户或至少主要客户的地位，来保护自身对供应商的投资。②

我们利用上述的研究路径，在大量全球价值链研究的经验观点基础上，③梳理出更加完整的价值链治理类型。我们和其他寻求解释产业组织的研究框架——从交易成本到全球商品链到组织理论——一样都认识到，企业间的市场关系和垂直一体化的企业（等级型的公司）构成了外在协调区间的两端，

① 这一研究吸收了巴拉巴奎尔（Palpacuer，2000）关于价值链中核心能力和互补能力的分析。

② 关于服装业的研究（Gereffi，1999）和关于非洲商品出口的研究（Gibbon，2001）也都表明有各种不同的承包合同。

③ 有关研究可以参见杰里菲和卡普林斯基（Gereffi and Kaplinsky，2011）所编的文集。

而网络关系则包含了价值链治理的一种中间模式。我们将这一概念化的认识进一步扩展,区分出了3种网络类型:模块型、关系型和从属型。因此,我们的分类包括5种基本的价值链治理类型。这一分类是分析层面的,而非经验层面的,尽管也有部分来自经验观察。它们是:

(1) 市场型。市场联系并不需要像典型的现货市场一样,是完全即时的,也能够通过多次交易持续一段时间。关键点在于双方转向新的合作伙伴的成本都很低。

(2) 模块型。在典型的模块型价值链中,供应商根据客户或繁或简的规格要求来制造产品。但是,当提供"整包服务"时,供应商需自行负责加工技术相关的所有能力,使用通用机器设备以减少特定交易的投资,还需要代表客户先行垫付零部件支出。

(3) 关系型。在这一类型的网络中,我们可以看到买卖双方复杂的互动关系,从而形成相互依赖和高水平的资产专用性。这一网络可能通过信誉或家族与族群关系来维系。很多学者都强调空间邻近对于关系型价值链的重要积极作用,但对于那些已经经过一段时间建设的关系,或是建立在分散的家庭和社会团体基础上的关系,即便网络在空间上分散,信任和信誉也可能发挥良好功能。

(4) 从属型。在这类网络中,小的供应商在交易中十分依赖大采购商。供应商更换合作伙伴的成本很高,所以只能是"从属"的。这类网络常见的特征是主导企业对网络的高度控制和监督。

(5) 等级型。这种治理类型的特征是垂直一体化,主导的治理形式是经营管理控制,体现在管理人员对下属、总部对子公司和分支机构的关系上。

## 三、价值链治理理论

在进行分类后,我们下一步需要提出一个具有操作性的全球价值链治理理论。市场型、模块型、关系型、从属型或垂直一体化的全球价值链治理分别在什么情况下会出现？基于上文中引述的研究，我们将确定和讨论决定价值链治理模式的3个主要因素：交易复杂性、信息标准化和供应商能力。当然，我们也认识到交易成本经济学提出的资产专用性问题，而且也关注了被称为“一般”交易成本——嵌入全价值链各类协调活动的相关成本——的问题。前文已经指出，当价值链生产非标准化产品时，或产品拥有完整结构，或产品生产具有时效性，这些协调交易成本或一般交易成本就会上升(Baldwin and Clark, 2000)。

当主导企业对价值链提出新的要求时，比如要求零库存即时生产供应，或者增加了产品的差异性，则将增加价值链的复杂性。但是，主导企业同时也采用了一些降低交易复杂性的战略。其中一个重要方式是技术标准和程序标准的应用，可以对信息进行标准化，让贸易伙伴之间界限清晰、互不干涉，从而降低企业间信息传递的复杂性。这些标准的应用对于确定价值链的组织断点十分有帮助。当经过标准化的规格要求的传递标准广为人知，价值链就获得了前文所指出的模块化生产设计中的诸多优势，尤其是当新产品加入到运转中的时候，通过系统要素——或者模块——的再利用节省了人力(Langlois and Robertson, 1995; Schilling and Steensma, 2001; Sturgeon, 2002)。在模块型价值链领域，供应商和客户很容易建立联系或解除联系，从而形成非常易变和灵活的网络结构。当网络动态是市场方式的，系统仍会有质的不同，因为大量非价格信息在企业之间交换流动，即使这些信息是经过标准化处理的。此外，高度的产品差异化可适应有限的信息交流，只要差异化是由一组清晰的和广为接受的参数来界定。公共或私营机构都可以定义分级和标准，(有一些)还能对符合分级和标准的产品进行认证。①与质量、劳工、环境后果等有关的处理标准和资质认证便发挥类似的作用。②

① 关于食品产业分级和标准的讨论，可以参见Reardon et al., 2011。关于更一般性的模块化生产结构及其对产业结构影响的研究，可以参见Baldwin and Clark, 2000。

② 纳德维和沃特林(Nadvi and Wältring, 2002)对产品和流程标准的发展及其对价值链治理的影响进行了讨论。

同时，新供应商融入全球价值链也增加了协调的难度。基辛和拉尔(Keesing and Lall, 1992)指出，发展中国家的生产商被要求满足的标准和条件，往往并不适用本国国内市场，所以国内市场和出口市场在能力要求方面存在差异，这实际上促使采购商提高了对生产的监督和控制程度。

以上分析引导我们在3个要素基础上构建价值链治理理论，分别是：

(1) 维持一项特定交易所需信息和知识传递的复杂性，尤其是与产品和流程规格有关的信息与知识；

(2) 该信息与知识能够进行标准化处理的程度，以实现有效传输且不需要交易双方就特定交易再进行投资；

(3) 供应商与交易要求相关的实际和潜在能力。

如上述3个要素仅以两个值——高或低——来衡量，则将有8种组合可能，而实践中已找到其中的5种。①

(1) 市场型。当交易易于进行规范化处理、产品规格相对简单、供应商有能力制造所需产品且采购商无需投入时，资产专用性问题便不会累积，市场治理也可以预期。在市场交易中，买家对卖家设定的规格和价格作出回应。因信息交换的复杂性相对较低，所以交易治理并不需要外部协调。

(2) 模块型。当规格规范化的能力扩展到复杂产品时，模块型价值链就出现了。该价值链产生的条件包括产品结构模块化，②技术标准通过减少组件差异和统一组件、产品和流程规格来简化互动过程，同时供应商具有提供

---

① 不考虑供应商能力高低的情况下，信息复杂性低且没有编码处理的两种组合是不会发生的。此外，如果信息复杂性低，编码处理的可能性高，而供应商仍然不具备满足采购商要求的能力，那么供应商基本会被从价值链中淘汰出去。尽管这种情况不会形成一种全球价值链的类型，但它本身却很常见，尤其是在对供应商的要求不断增加的条件下，发生的可能性就更大了(Sturgeon and Lester, 2004)。这一类型的案例很重要，因为它开启了关于发展中国家供应商和产业升级政策所面临问题的讨论。

② 完整的产品结构和模块化的产品结构是不同的。在完整的产品结构中，产品的功能元件是紧密相连且进行特定的优化配置。在模块化的产品结构中，产品的物理建构单元(或子系统)是松散耦合，设计成相对独立的部件，因为标准化的接口和可视的设计规则，使一些组件和子系统能够拆分和重新组合成各种不同的产品种类(参见 Baldwin and Clark, 2000; Schilling and Steensma, 2001; Ulrich, 1995)。

完整产品包和模块的能力,尽力通过内化来规范(隐性)信息,以此降低资产专用性,进而减少采购商直接监控和控制的必要性。建立在规范化知识基础上的联系具有公平市场关系的诸多优点——速度、灵活性和获取低成本投入的机会——但与基于价格的传统市场交易并不相同。例如,当一份电脑设计文件从主导企业传输给供应商时,企业间流动的信息远远不止是价格信息。由于规范化处理,复杂信息的交换几乎不需要非市场协调就能进行,所以和简单市场交易一样,更换新的交易伙伴的成本仍然很低。

(3) 关系型。当产品规格无法规范化处理,交易十分复杂,而供应商能力很强的情况下,关系型价值链治理就将出现。因为隐性知识必须在买卖双方之间进行交换,能力强的供应商促使主导企业有很强的动机实施外包以实现能力互补。随之出现的相互依赖可能通过信誉、社会和空间邻近、家庭和族群联系等类似因素来进行规范。正如威廉姆森(Williamson, 1983)在关于可信承诺和抵押的分析中所讨论的,相互依赖也可通过机制性安排让破坏合约的一方付出代价。复杂的隐性信息交换往往需要频繁的面对面互动来完成,而且通过高水平的非市场化协调来管理,所以更换合作伙伴的成本较高。

(4) 从属型。当规范化的能力——通常以详细指令方式进行——和产品规格的复杂性均较强,而供应商能力较弱时,价值链治理将倾向于从属型。因为供应商能力较弱,且又面对复杂的产品和规格要求,主导企业不得不大量干预并控制生产,由此促使交易依赖关系的建立,因为主导企业需要锁定供应商,以免自身所付出努力的好处被其他竞争对手获得。因此,供应商更换合作伙伴的代价很高并发展为"从属"关系。从属供应商往往被限制在较窄的业务范围中——如,主要进行简单的组装,在设计、物流、零部件采购、加工技术升级等补足业务上都依赖于主导企业。在从属型企业之间的关系中,主导企业能够通过主导权来控制投机行为,同时为从属企业提供足够的资源和市场准入机会,使其放弃不具备吸引力的其他选项。

(5) 等级型。当产品规格无法标准化处理、产品复杂且没有能力强的供应商时,主导企业不得不自行研发和制造产品。这种治理模式通常是因为价值链各活动环节之间需要交流隐性知识，需要有效地管理投入和产出的复杂网络，以及需要控制资源，尤其是知识产权。

表1列出了上述5种全球价值链治理类型以及决定这一分类的3组变量。这5种价值链治理的类型分别与变量不同值的组合相对应：(1)公司间交易的复杂性；(2)通过标准化减少复杂性的程度；(3)供应商满足采购商要求的必要能力。每一种治理类型在外包收益和风险平衡方面都存在差异。如表1中最后一列所示，不同的治理类型从非市场协调程度和买卖双方权力不对称性从低到高形成一个区间，市场型最低，等级型最高。

**表1　全球价值链治理的主要决定因素**

| 治理类型 | 交易复杂性 | 交易标准化能力 | 供应端能力 | 外部协调和权力不对称的程度 |
|---|---|---|---|---|
| 市场型 | 低 | 高 | 高 | 低 |
| 模块型 | 高 | 高 | 高 | ↕ |
| 关系型 | 高 | 低 | 高 | |
| 从属型 | 高 | 高 | 低 | |
| 等级型 | 高 | 低 | 低 | 高 |

注：3组变量共产生8种可能的组合，其中5种形成全球价值链类型。交易复杂性低和规范化能力同时低的可能性很小，排除了两种可能的组合。此外，如果交易复杂性低、规范化能力强，那么供应商能力低就会被淘汰出价值链。尽管这是个很重要的结论，但是这种情形下并不会形成价值链治理。

我们梳理出的全球价值链治理类型，能够在全球价值链优点阐述中说明权力是如何运作的。在从属型全球价值链中，主导企业直接对供应商使用权力，这和垂直一体化企业（或我们框架中的“等级型”）中总部的最高管理层对海外子公司或分支机构直接的行政控制比较类似。这种直接控制表明非市场的外部协调程度高，主导企业（或最高管理层）作为主导方，权力关系非常不平衡。在关系型全球价值链中，企业间权力关系相对平衡，因为双方在价值链中都贡献重要的能力。关系型全球价值链也需要大量的非市场协调，但是这种协调发生在相对平等的合作伙伴之间，通过密切的对话得以实现。这与从属型全球价值链和等级型内部的不平等控制关系以及信息的单向流动完全不同。模块型全球价值链和市场型类似，供应商和客户的变更都相对容易。因为双方都拥有多个合作伙伴，所以权力不平衡性相对较低。

图 1 用图表的方式说明了上述讨论内容，5 种类型的全球价值链治理沿着外部协调程度和权力不平衡性的双要素区间依次排列。细箭头代表基于价格的交易，箭头越粗代表通过非市场协调进行控制和规范的程度越高，信息流越多。这里包括在从属型全球价值链或等级型企业内部权力较大的采购商（或管理者）给权力较小的供应商（或下属）发出指令，也包括关系型全球价值链中相对平等的合作伙伴通过社会约束来规范行为。在模块型全球价值链中，企业间的联系从密集的信息流缩小到标准化传输，让每个合作伙伴都在其自身企业边界内处理隐性信息，或者可能与全球价值链治理的其他类型相结合，在链条的局部采用从属型或市场型方式。如图 1 所示，关系型供应商和模块型供应商与向它们提供原材料和零部件企业之间的关系是市场主导的，当然也可以是其他形式。

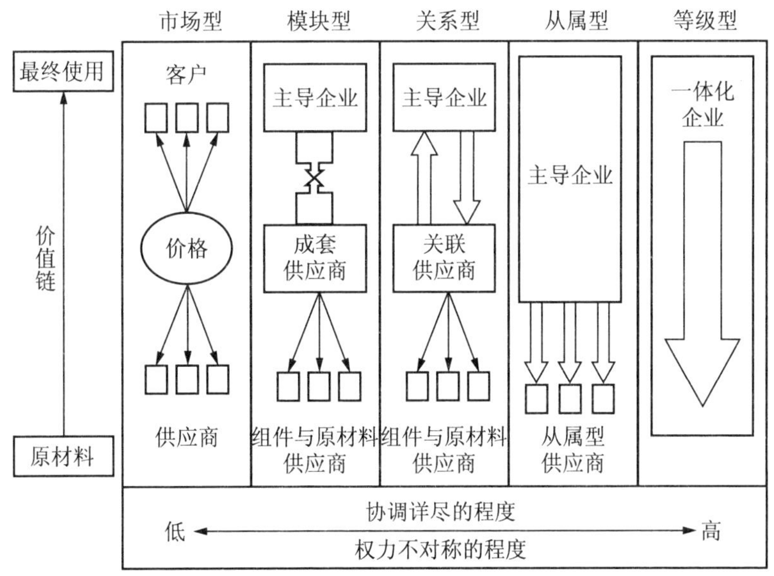


**图 1　全球价值链治理类型**

## 四、价值链动态分析:部门案例

界定全球价值链治理主要类型并作出理论解释是重要的研究步骤,也希望这项工作能帮助我们更好地理解当前的世界经济。尽管如此,这一理论框架要成为有用的政策工具,仅仅梳理企业间协调关系的不同形式是不够的,我们必须尽力预见到全球价值链的变化。案例研究能够清晰地展现治理结构随时间所发生的变化。在本节中,我们将重点考察4个不同产业中全球价值链治理结构的演进变化:自行车、服装、新鲜蔬菜和电子产品。有些变化轨迹在表2中已经进行了界定,我们在讨论每个案例时也会提到这些变化轨迹。

**表2　全球价值链治理部分动态分析**

| 治理类型 | 交易复杂性 | 交易规范化能力 | 供应端能力 |
|---|---|---|---|
| 市场型 | 低 | 高 | 高 |
| 模块型 | ① 高 ② | 高 ④ | 高 |
| 关系型 | 高 | ③ 低 | ⑤ 高 ⑥ |
| 从属型 | 高 | 高 | 低 |
| 等级型 | 高 | 低 | 低 |

治理变化的动态分析:(1)日益复杂的交易降低了供应商应对新需求的能力;(2)交易复杂性降低和规范化简便程度更高;(3)更好地进行交易规范化;(4)交易去规范化;(5)提升供应商能力;(6)降低供应商能力。

### (一)自行车业:从等级型到市场主导的协调

20世纪自行车业的发展史,为我们提供了一个从等级型转变成企业间关系基本依靠市场机制的经典案例。[①]它展示了市场型治理如何变得可行:不仅依靠低交易成本——特别是与零部件设计和最终产品设计之间协调有关的成本——和规模经济以及产业标准上升推动生产,而且也与供应商专业能力

① 此项讨论基于Galvin and Morkel,2001。

的发展有关(表 2 中的趋势线 3 和趋势线 5)。

在自行车产业发展的早期阶段(19 世纪 90 年代),自行车由垂直一体化的企业制造,但生产很快就分散化了。如今,价值链的每个活动环节都有大的企业,比如生产传动装置的 Shimano 和其他一些大品牌零部件制造商,但是几乎没有企业涵盖多个环节(Galvin and Morkel, 2001:40)。不同的自行车零部件需要不同的生产能力,从而限制了范围经济。整车制造商需要很多不同的技术能力,或者需要对很多不同企业的业务活动进行外部协调。

经过自行车产业最初发展阶段,专业化企业变得比制造整车的垂直一体化厂商更具竞争力。精心设计的零部件之间的接口意味着专业化制造商可以通过汇集需求来获得规模优势。价值链上游的规模经济发展到一定程度,市场协调以及确保协调的机制性安排就会产生强烈的发展动机。供应商的专业化知识也让它们具有在特定产品范围内进行更多创新的能力,只要这些创新不要求其他零部件也发生改变。当专业化供应商主导了某个市场环节(如 Shimano 在传动系统领域),它们在这一领域的创新就比其他企业更加成功;如果非常成功,就可能建立一个适用于整个产业的新的标准。

进行这种专业化和劳动分工所需要的行业标准,可通过多种形式产生。这些标准可能由主导企业直接实施,比如自行车产业中的 Shimano 和个人电脑产业中的 IBM;也可能从企业间网络中非正式地产生,比如自行车产业早期区域性标准的出现;或者由国际机构谈判来制定,比如移动电话新标准的发展。产业标准的建立通常是充满争论的,也是企业竞争定位的一部分。

### (二) 服装业:由从属型到关系型价值链

至少从 20 世纪中叶开始,服装业就已具有全球生产和贸易网络的重要特征,全球供给生产能力的扩展和增长,让服装业价值链在仅仅几十年间就很快由从属型转向更加复杂的关系型。出口导向型的服装生产中心在东亚:20 世纪 50 年代和 60 年代是在日本,70 年代和 80 年代是在中国香港、韩国和中国台湾,90 年代中国开始成为世界级纺织品和服装出口国(Bonacich et al.,

1994)。东亚取得成功的关键是由从属型价值链——即仅仅对进口部件进行加工,特别是在出口加工区——转向国内一体化程度更高和附加值更高的出口,也就是产业内广为人知的全包供应。①由组装驱动的从属模式要求以裁剪面料和详细指令的方式进行外部协调,而全包生产则涉及更加复杂的协调和知识交换方式,以及供应商自主权这一关系型价值链的典型特征。在从属型网络中,外国企业负责向本地合同制造商提供生产所需的所有零部件,而全包生产则不同,要求外包合同制造商具备说明设计、制作样品、采购所需投入品、监管产品质量、满足采购商价格要求和确保按时交货的能力。从发展的视角看,全包出口与简单组装相比的主要优势在于,促使本地企业学习如何生产具有国际竞争力的消费品,并与本国经济建立起实质性的后向联系。供应商能力的提高已经成为服装产业从从属型转向关系型价值链背后的主要驱动因素(表2中的趋势线5)。全包生产要求密切地互动,以交流隐性信息,建立采购商和供应商之间的私人关系,而海外采购办公室的建立和日益频繁的国际差旅对此提供了支持。

贸易规则对服装业全球价值链治理具有重要影响。这也仅仅是一个例证,说明除了我们在上文中提出的3个因素外,还有其他变量对跨境经济活动的结构塑造产生影响。《多种纤维协定》所规定的美国进口配额推动了20世纪70年代早期开始的服装业全球生产网络的扩张与发展。配额刺激了价值链中间商的崛起,包括香港利丰集团这样的东亚贸易公司和肇丰公司这样的生产企业,它们协调美国和欧洲采购商的订单和全球各地具有配额的大量服装工厂之间的对接和联系(Gereffi, 1999:60-63; Magretta, 1998)。根据世贸组织《纺织品和服装协定》,《多边纤维协定》在2005年基本失效,全球服装生产将更加集中到中国、印度、印度尼西亚、墨西哥和土耳其等一些低成本国家有实力的企业(Gereffi and Memodovic, 2003:12)。这种集中趋势将会影响中间商企业的地位。然而,我们在本章中强调的3个变量依然十分重要,因

① 在亚洲的案例中,全包模式也被称为贴牌生产(OEM)。

为这一集中趋势将提升交易规范化的能力,供应商能力也将持续提高,我们可以预见服装业的关系型价值链将越来越模块化(表 2 中的趋势线 3)。

### (三) 新鲜蔬菜:从市场协调转向非市场的外部协调

肯尼亚和英国之间新鲜蔬菜贸易性质的变化,表明该产业从基于市场的全球价值链治理转向更多的外部协调,也显示了英国超市所采取的竞争战略在这一变化过程中的重要推动作用。①从 20 世纪 80 年代中期开始,英国超市将农产品供货的质量和种类作为其差异性竞争优势的主要来源,从而在价值链的不同阶段形成了不同的治理方式。

20 世纪 80 年代中期之前,新鲜蔬菜贸易通过一系列的正常市场关系来运行。肯尼亚贸易商在批发市场或者直接到农场购买农产品,然后出口到英国批发市场进行出售。然而,当超市链在英国新鲜食品市场中份额不断扩大并更具市场影响力时,它们开始在价值链中引入更多的非市场外部协调。超市将新鲜农产品(水果和蔬菜)视为战略性的商品,因为这是少数对客户选择连锁超市有重要影响的一类商品。为了吸引客户,超市不断引入新品种,注重质量,提供全年不间断的商品供应,增加产品加工,为顾客提供可以直接烹调或食用的新鲜食品。同时,超市还需要应对与食品安全,特别是农业残留标准和收割后加工条件,以及环境和劳工标准等日益复杂的监管环境。

超市通过加强价值链中的非市场外部协调来实现战略性的发展目标。它们与英国进口商和非洲出口商建立更加紧密的合作关系,与那些能力和系统经得起常规检测和审计的供应商签署年度合同,从而替代通过批发市场进行采购的方式。超级市场在将供应商纳入价值链之前开始对它们进行检查,对链条上的所有环节乃至到农场中进行定期抽查。价值链中企业之间的互动变得更加复杂,关联性更强。买卖双方携手在产品开发、物流和质量等方面进行合作,这构建了新的价值链关系和能力。随着时间推移,超市和英国

---

① 肯尼亚是非洲对欧洲最大的新鲜豌豆和豆类出口国,迄今也是英国市场最重要的供应商。本节内容主要参考了 Dolan and Humphery,2000,2004。

进口商形成了新的关系模式,近来有朝着价值链治理模块化方向发展的趋势。超市已经减少了每项产品的英国供应商或进口商的数量,要求供应商在供应链管理、产品开发和消费者研究等方面承担更大的责任。这些进口商为不同的英国超市和食品零售商供货,但最大的 3 家超市链(Tesco, Asda, Sainsbury)也都尽量避免使用同一家供货商。

从更长期的视角来审视这一价值链,组织性的分散程度已经降低,组织间关系已经成为关系型的,而排他性双方关系的发展也蕴含了风险。一家肯尼亚出口商尽管也通过其他渠道向其他市场出售商品,但只能和一家英国的进口商合作,而一家英国进口商也只能有一家肯尼亚供应商。这种情况甚至促使非洲出口商和英国进口商之间以全资控制或参与股权的方式进行前向或后向的一体化。这种双方互相依赖的关系并未形成从属型关系。首先,进口商和出口商不时更换合作伙伴;其次,这种关系是相互依赖且权力对等的,出口商需要进入英国市场的途径,而进口商也需要可靠的农产品供应来源;第三,因为非洲的成本较低(表 2 中的趋势线 5),越来越多的加工业务转移到了非洲,非洲出口商日益精细化,竞争力得到提高。在肯尼亚,随着加工投资成本的增加,新鲜蔬菜产业的集聚程度也随之上升。

肯尼亚是非洲最大的对英国新鲜蔬菜出口国,不断提高的各种要求促使该国的主要出口商都增加了自有农场的生产,部分替代了向小农户和承包大户采购蔬菜。这可被视为一个典型案例,即在复杂性提高而规范化能力和供应商能力未能随之提高的情况下,企业可能走向垂直一体化。

### (四) 美国电子产业:从等级型转向模块型价值链及超越

在 20 世纪的大多数时间里,美国电子产业由大型的垂直一体化企业主导,首先是电话业(ATT),随后是无线电业(RCA),进而延伸到电视以及最后到电脑(如 IBM)等消费电子产业。在 20 世纪 60 年代和 70 年代,由于军事和航天发展对半导体的需求,一个独立的,或“商业的”元器件业(如德州仪器),在美国空军和美国国家航空航天局这两家“主导企业”的推动下蓬勃发展。

在 20 世纪 80 年代，以个人电脑为代表的民用电子产业开始崛起，一些价值链功能开始外包，首先是半导体元件制造和电路板组装等设备生产，随后是硬盘和显示器等专业化子件，最近又以"代工"的方式进一步扩展到整个制造过程。①

在 20 世纪 90 年代，几乎所有主要北美电子生产企业和一些重要的欧洲企业，都决定脱离制造环节。工厂被关闭或出售给合同制造商，这导致世界电子生产能力的重要份额转移到少数大型全球化运营的合同制造商手中。例如 Solectron，1988 年还只是硅谷一家拥有 3 500 名员工、年利润 2.56 亿美元的本地企业，到 2000 年已经在全球 50 多个地方进行生产，拥有超过 80 000 名的员工，年利润达 200 亿美元。同一时期，Solectron 也超越单纯线路板组装业务，扩展到产品制造设计、零部件采购和存货管理、日常开发测试、最终产品组装、全球物流、分销以及售后服务和维修。Solectron 这些全球合同制造商将高度模块化嵌入价值链治理中，因为它们拥有分布范围广泛和规模巨大的工厂，能够将一般性价值链活动综合打包或形成模块，而各类主导企业都能够使用这一模块。设计文件电子传输的标准化协议与高度自动化和标准化的加工技术，让主导企业能够轻而易举地更换和共享合同制造商，并抑制对专用资产需求的提升。

如今，合同制造商也试图通过向主导企业的设计和商业流程提供更多的产品或服务以获得新的利润来源，诸如光学组件主板等新的电路板组装技术出现，设计规格的传递变得日益复杂，标准化程度也不断降低。这一趋势让主导企业更换和共享合同制造商变得越来越困难。产品设计领域更加密切地协作，要求合同制造商能够接收客户有关新产品的完整的电脑辅助设计文件，而这些文件往往包含核心知识产权。当合同制造商承担起更多分销功能时，主导企业就必须向它们提供关于最终用户需求和定价的重要信息。所有这些相互作用都正在嵌入详细的信息技术系统中，这一系统纵跨了主导企业

① 此部分内容基于 Sturgeon，2002。

及其重要合同制造商的组织方式。对于主导企业而言，这可能造成知识产权和买卖双方信息泄露的新风险。共享信息技术系统在同时朝着两个方向发展：一是朝着专利体系方向，会增加资产专用性和封闭性，但能更好地保护核心知识产权；二是朝着开放标准（如 RosettaNet）和/或第三方系统方向，将更好地支持价值链模块化，但也增加了知识产权泄露的风险。电子产业会作何选择——是专利体系和关系型价值链，还是共用标准和模块型价值链——目前尚不明朗，但显然最终的选择将决定电子产业的未来形态。

电子产业的案例表明，复杂信息的标准化处理（如通过电子化产品设计和自动化处理技术），能够简化公司间的信息传递，从而使模块型价值链成为可能。但这一案例同时也表明"逆标准化"（表 2 中的趋势线 4）会破坏模块化，一方面可能是技术变化导致的，比如光学电路板组装技术的出现；另一方面可能是供应商活动的集成打包，在这一过程中供应商能够通过规范化连接接触到主导企业那些隐性的和/或高度专利化的业务信息，比如产品设计和客户资料。

## （五）全球价值链的动态分析

上述案例研究凸显了全球价值链相互重叠和动态的性质。价值链治理模式不是静态的，也并不和特定产业类型严格对应。治理模式取决于如何管理价值链行为体之间的互动，也取决于技术如何应用于设计、生产和价值链治理本身。而且，同一价值链内部的治理模式也不完全统一，即便是在某一特定时间和地点的特定产业，治理模式也可能因所处价值链环节不同而不同。尽管我们已经可以使用本章提出的 3 个解释变量对价值链治理的动态和变化进行分析，但要完全理解它们的动态特性仍需大量的工作。信息复杂性、信息标准化能力和供应商能力如何发生变化？变化的原因是什么？

现在，我们只有部分答案。首先，信息复杂性发生变化，是由于主导企业希望从其供应基地获得更加复杂的产品和服务，这会降低供应商能力的实际水平，因为原有的能力可能无法满足新的要求（表 2 中的趋势线 1）。相反地，信息复杂性下降可能增加交易规范化的能力(表 2 中的趋势线 2)。第二,在产业内部,规范化和创新之间持续存在紧张关系(表 2 中的趋势线 3 和趋势线 4)。正如斯托珀(Storper, 1995)和戴维(David, 1995)所指出的,新的技术能够重启规范化进程。第三,供应商能力随着时间推移发生变化:如果供应商学习,能力就增加,但如果采购商在价值链中引入新的供应商,或新的技术投入使用,或主导企业提高了对现有供应商的要求,那么供应商的能力就会下降。(表 2 中的趋势线 5 和趋势线 6)。

当我们以更广阔的视角来分析不同产业和不同历史时期全球价值链研究所提供的证据时,就会不自觉地试图概括全球经济中的一般趋势。本章案例所涉及的产业以及很多其他产业中,供应方能力的增加有助于推动全球价值链的结构远离等级型和从属型网络,朝着关系型、模块型和市场型的方向发展。当供应商向主导企业提供更高水平的价值链打包业务时(例如成套项目和全包服务),价值链就尤其可能成为模块型,因为具有隐性知识内部化和产能利用积累的优势,从而实现更高程度的规模经济。然而,如果规范化极端困难,那么组织分散化并不会带来价值链的模块化。如美国汽车业的生产组织在 20 世纪 80 年代中期向分散化转型,但结果是价值链具有明显的关系型特征。难以对复杂机械系统进行规范化能够部分解释这一现象(Fine, 1998),因为规范化困难抑制了整个产业标准的兴起,同时未能改变主导企业和供应商之间高度复杂的交易关系,尽管供应商能力在一级供应商整合的推动下已经显著提高(Humphrey, 2003; Sturgeon and Florida, 2004)。

随着标准、信息技术和供应商能力的持续改进,模块化方式在全球经济中开始扮演越来越核心的角色。①此外,外包在成本和风险方面的优势推动了价值链朝着分散化进行一般性转型(假设资产专用性问题能够得到妥善解

① 这一过程不仅仅得益于供应商的努力,价值链中的行为体显然是共同发展的。领军企业奉行在增加外包的同时整合供应链的战略,从而催生了一批高水平的供应商。这些供应商提供的商品和服务,又反过来使外包对领军企业更有吸引力(Sturgeon and Lee, 2001)。同时,全球价值链在一国或地区的发展,尤其是在取得成功的情况下,会为其他地方的价值链树立榜样并刺激其作出反应。

决)。当我们将关系型网络作为讨论起点时,我们发现随着标准和规范化机制的进步,价值链将朝着模块型——可能最终是市场型——的方向转变,因为更多流动性的价值链进一步减少了成本和风险。当然,我们仍然反对过于简单化地认为全球价值链将沿着单一轨迹向前发展。首先,产品规范化和加工规格的标准在不同产业间存在差异,且是不停发展的。其次,在技术发生变化或价值链活动以新的方式进行集成打包时,产品规范化和加工规格的原有标准会被废弃,这会导致市场型或模块型关系倒退回关系型治理,正如今天的电子产业,甚至在资产专用性问题足够严重时,会倒退回等级型。再次,对于产业中的所有参与者而言,并不能径直、低成本或立即了解标准和应用协议,而且实践中不同的标准相互竞争,导致做出选择和投资都变得困难且存在风险。因为标准和协议是动态的,积极参与规则制定过程的行为体将更具优势,这一过程往往会偏爱规则创始国和诞生地(Sturgeon, 2003)。最后,组织全球价值链显然没有某一条最佳途径。对于有些种类的产品,一体化的生产结构使其价值链难以分解,而垂直一体化可能是价值链治理最有竞争力的路径。索尼和三星在电子消费品领域的成功,也许就是因为高度的垂直一体化。在服装业,ZARA 极其短暂的产品周期——有时仅仅是两周——带来的成功,源自于公司自身的纺织制造子公司和从属缝纫车间的支持(Bonnen, 2002)。

## 结论

在本章中,我们提出了全球价值链治理的分类,并就这些治理类型可能出现的原因提供了一些理论解释。我们认为,全球价值链的结构主要取决于 3 个重要变量:交易复杂性、交易规范化能力和供给能力。这些变量有时取决于产品和生产过程的技术特性(如有些交易天然比其他交易更复杂并难以规范化),往往与产业行为体的效能以及开发、扩散和应用标准等规范化机制所处的社会进程密切相关。而后一组的决定因素为政策干预和企业战略创造了空间。

全球价值链的理论框架关注公司间关系的性质和内容，也关注规范价值链协调——主要是采购商和一级供应商之间的协调——的权力。当然，我们也不能忽视供应链两端的行为体。在上游端，零部件和设备供应商拥有很大的权力。如个人电脑业中的两家企业 Intel 和 Microsoft 设定的参数，价值链上其他行为体基本上都需要与之相适应。这些“参数设定”企业，比如自行车业中的 Shimano 和半导体业中的 Applied Materials，并非通过非市场的外部协调来发挥影响力，而是通过它们在关键部件和技术方面的市场主导地位来行使权力。在价值链下游端，知识丰富的用户在决定全球价值链催生的产品和服务的特质与创新轨迹方面能够发挥重要作用，诸如企业计算等很多复杂的服务业就是例证。正如莱斯利和莱墨(Leslie and Reimer，1999)指出的，即便是普通消费者在这一过程中也不仅仅是被动的。不管是家里和街头，还是学校和公园的消费者文化，都有可能通过改变或赋予产品不同的意义来颠覆生产者的最初目标，而设计者和营销者显然做不到这一点。

尽管本地和国家的组织结构和制度也很重要，但我们在本章中主要关注的是跨越国家边界特别是布局全球的组织结构。地理学家和规划者已经深刻认识到并说明了，本地产业群的空间邻近和社会关系相近如何激励组织性分散化、催生高度创新的经济活动(如 Storper and Scott，1988；Storper and Walker，1989)。这一研究工作有效地强调了隐性知识的空间嵌入和地理集群企业相互依存的重要性(Maskell and Malmberg，1999；Storper，1995)。我们认可这些观点，并在其他文章中已经指出，这些集群板块正是全球价值链中相关环节可能存在的地方(Sturgeon，2003)。很多来自政治科学的关于资本主义多样性的文献(如 Berger and Dore，1996；Soskice，1999；Streeck，1992)持类似的观点，认为国家层面的规则和制度(例如金融、公司治理、教育和培训等领域)深刻影响产业特征。而另一些研究(Borrus et al. 2000；Florida and Kenney，1993；Lynch，1998)表明，很多植根于地理区位的特征也被带到国外，因为外国直接投资将本地或一国的模式投射到了全球舞台上。这些变量都能够且确实对价值链治理产生了重大的影响。比如，即便是已经充分具备生成某种组织形式(诸如价值链模块化)的基础条件,正如日本个人电脑业,大规模的外包仍然可能与公司已有的长期战略和制度相抵触,比如大企业的终身雇佣制,使根本性的产业重组非常困难和缓慢。

此外,全球范围的规则,也就是所谓的"游戏规则",对全球价值链变化的形态和方向都具有深刻影响。在电子业、服装业和日用商品等很多产业中,特定地点的增值税豁免,比如美国针对加勒比海的807条款和最惠国地位与欧盟的外地加工措施,促进了全球价值链在地理上的分散化,我们在服装业的案例研究中已经看到了这一点。一方面,发达国家和发展中国家都有保留(或获取)服装业就业机会的政治压力;但另一方面企业又有通过地域多元化来分散风险的管理需求,这可能使服装价值链的分布比仅仅基于经济考虑来决策生产分布还要更加分散。

尽管影响全球经济发展的因素很多,但我们相信本章所提出模式中的变量对全球价值链的形态和治理具有重要影响,无论其所处的制度环境如何。我们提出的治理结构让我们更为系统地理解全球价值链,但仍然还有很多工作要做。①其中一个紧迫的领域是与整体框架相一致的产业升级政策工具的发展。价值链研究的一项重要发现是,能否进入发达国家的市场越来越取决于是否参加了由发达国家企业主导的全球生产网络,因此,全球价值链的治理对于理解今天发展中国家如何进入全球市场以及进入的收益和被排除在外的风险,对于增加参与全球价值链的净收益,都十分重要。尽管在全球经济中寻求可持续发展的路径是一项天然困难且难以把控的目标,但更加清晰地理解全球价值链不同的治理方式及其决定因素,将有助于我们完成这一任务。

## 参考文献

1. Arndt, S. and Kierzkowski, H. (2001). "Introduction." In S. Arndt, and H. Kierzkowski (eds.) *Fragmentation: New Production Patterns in the World Economy*.

① 未来研究的一项优先任务将是提出衡量本章模型中关键变量的方法。必须界定交易复杂性、编码能力和供给方能力的有效代理指标并在实际中进行检验。

Oxford: Oxford University Press.

2. Baldwin, C. and Clark, K.(2000). *Design Rules*, Cambridge, MA: MIT Press. Berger, S. and Dore, R.(eds.) (1996). *National Diversity and Global Capitalism*. Ithaca, NY: Cornell University Press.

3. Bonacich, E., Cheng, L., Chinchilla, N., Hamilton, N. and Ong, P. (eds.) (1994). *Global Production: The Apparel Industry in the Pacific Rim*. Philadelphia, PA: Temple University Press.

4. Bonnen, A.R.(2002). "The Fashion Industry in Galicia; Understanding the 'Zara' Phenomena". *European Planning Studies*, 10(4):519-527.

5. Borrus, M., Ernst, D. and Haggard, S.(eds.) (2000). *International Production Networks in Asia*. London and New York: Routledge.

6. Clemons, E., Reddi, S. and Row, M. (1993). "The Impact of Information Technology on the Organization of Economic Activity: The 'Move to the Middle' Hypothesis." *Journal of Management Information Systems*, 10(2):9-35.

7. David, P.A.(1995). "Standardization Policies for Network Technologies: The Flux between Freedom and Order Revisited." In R. Hawkins, R. Mansell, and J. Skea (eds.) *Standards, Innovation and Competitiveness: The Politics and Economics of Standards in National and Technical Environments*. Aldershot, UK: Edward Elgar.

8. Dicken, P.(2003). *Global Shift: Reshaping the Global Economic Map in the 21st Century*, 4th edition. London: Sage.

9. Dicken, P., Kelly, P., Olds, K. and Yung, H. W.-C. (2001). "Chains and Networks, Territories and Scales: Towards a Relational Framework for Analysing the Global Economy." *Global Networks*, 1(2):89-112.

10. Dolan, C. and Humphrey, J.(2000). "Governance and Trade in Fresh Vegetables: The Impact of UK Supermarkets on the African Horticulture Industry." *Journal of Development Studies*, 37(2):147-176.

11. Dolan, C. and Humphrey, J.(2004). "Changing Governance Patterns in the Trade in Fresh Vegetables between Africa and the United Kingdom." *Environment and Planning A*, 36(3):491-509.

12. Feenstra, R.(1998). "Integration of Trade and Disintegration of Production in the Global Economy." *Journal of Economic Perspectives*, 12(4):31-50.

13. Fine, C. H. (1998). *Clockspeed: Winning Industry Control in the Age of Temporary Advantage*. Reading, MA: Perseus.

14. Florida, R. and Kenney, M. (1993). *Beyond Mass Production: The Japanese*

*System and its Transfer to the U.S.*. New York: Oxford University Press.

15. Galvin, P. and Morkel, A.(2001). "The Effect of Product Modularity on Industry Structure: The Case of the World Bicycle Industry." *Industry and Innovation*. 8(1):31-47.

16. Gereffi, G.(1994). "The Organization of Buyer-Driven Global Commodity Chains: How U. S. Retailers Shape Overseas Production Networks." In G. Gereffi and M. Korzeniewicz(eds.) *Commodity Chains and Global Capitalism*, Westport: Praeger.

17. Gereffi, G.(1999). "International Trade and Industrial Upgrading in the Apparel Commodity Chain." *Journal of International Economics*, 48:37-70.

18. Gereffi, G. and Kaplinsky, R.(eds.) (2001). "The Value of Value Chains." *IDS Bulletin*, 32(3), special issue.

19. Gereffi, G. and Korzeniewicz, M.(eds.) (1994). *Commodity Chains and Global Capitalism*. Westport: Praeger.

20. Gereffi, G. and Memodovic, O.(2003). "The Global Apparel Value Chain: What Prospects for Upgrading by Developing Countries?" United Nations Industrial Development Organization(UNIDO), Sectoral Studies Series, available for downloading at http://www.unido.org/doc/12218.

21. Gibbon, P. (2001). "Upgrading Primary Products: A Global Value Chain Approach." *World Development*, 29(2):345-363.

22. Granovetter, M.(1985). "Economic Action and Social Structure: The Problem of Embeddedness." *American Journal of Sociology*, 91:481-510.

23. Henderson, J., Dicken, P., Hess, M., Coe, N. and Yeung H. W.-C. (2002). "Global Production Networks and the Analysis of Economic Development." *Review of International Political Economy*, 9(3):436-464.

24. Hughes, A.(2000). "Retailers, Knowledges and Changing commodity Networks: The Case of the Cut Flower Trade." *Geoforum*, 31:175-190.

25. Hummels, D., Rapoport, D. and Yi, K.-M.(1998). "Vertical Specialisation and the Changing Nature of World Trade." *Federal Reserve Bank of New York Economic Policy Review*, 79-99.

26. Humphrey, J.(2003). "Globalisation and Supply Chain Networks: The Auto Industry in Brazil and India." *Global Networks*, 3(2):121-141.

27. Humphrey, J. and Schmitz, H.(2000). "Governance and Upgrading: Linking Industrial Cluster and Global Value Chain Research." *IDS Working Paper*, 120.

28. Brighton: Institute of Development Studies, University of Sussex.

29. Humphrey, J. and Schmitz, H.(2002). "How Does Insertion in Global Value

Chains Affect Upgrading in Industrial Clusters?"*Regional Studies*, 36(9):1017-1027.

30. Jarillo, J.(1988). "On Strategic Networks." *Strategic Management Journal*, 9(1):31-41.

31. Keesing, D. and Lall, S. (1992). "Marketing Manufactured Exports from Developing Countries: Learning Sequences and Public Support." In G. Helleiner (ed.), *Trade Policy*, *Industrialisation and Development*, Oxford: Oxford University Press.

32. Kogut, B.(1985). "Designing global Strategies: Comparative and Competitive Value-Added Chains." *Sloan Management Review*, 26(4):15-28.

33. Langlois, R. and Robertson, P.(1995). *Firms*, *Markets and Economic Change*, London: Routledge.

34. Leslie, D. and Reimer, S.(1999). "Spatializing Commodity Chains." *Progress in Human Geography*, 23(3):401-420.

35. Lorenz, E. (1988). "Neither Friends nor Strangers: Informal Networks of Subcontracting in French Industry."In D. Gambetta(ed.), *Trust—Making and Breaking Cooperative Relations*, Oxford: Basil Blackwell.

36. Lynch, T.(1998). "Leaving Home: Three Decades of Internationalization by U.S. Automotive Firms." *IPC Working Paper*, 98-007, Cambridge, MA: MIT Industrial Performance Center.

37. Magretta, J. (1998). "House, Global and Entrepreneurial: Supply Chain Management, Hong Kong Style—An Interview with Victor Fung." *Harvard Business Review*, 76(5):103-140.

38. Maskell, P. and Malmberg, A. (1999). "Localised Learning and Industrial Competitiveness." *Cambridge Journal of Economics*, 23(2):167-185.

39. Menkhoff, T.(1992). "Xinyong or How to Trust Trust? Chinese Non-Contractual Business Relations and Social Structure: The Singapore Case." *Internationales Asienforum*, 23(1-2):261-288.

40. Nadvi, K. and Wältring, F.(2002). "Making Sense of Global Standards." *INEF Report* 58, Duisburg: Institut für Entwicklung und Frieden, Gerhard-Mercator University.

41. Palpacuer, F. (2000). "Competence-Based Strategies and Global Production Networks: A Discussion of Current Changes and Their Implications for Employment." *Competition and Change*, 4(4):353-400.

42. Penrose, E.(1959). *The Theory of the Growth of the Firm*, Oxford: Basil Blackwell.

43. Powell, W. (1990). "Neither Market nor Hierarchy: Network Forms of

Organization." *Research in Organizational Behaviour*, 12: 295-336.

44. Prahalad, C. and G. Hamel(1990). "The Core Competence of the Corporation." *Harvard Business Review*, 68(3):79-91.

45. Reardon, T., Codron, J.-M., Busch, L., Bingen, J. and Harris, C.(2001). "Global Change in Agrifood Grades and Standards: Agribusiness Strategic Responses in Developing Countries." *International Food and Agribusiness Management Review*, 2(3): 421-435.

46. Schilling, M.A. and Steensma, H.K.(2001). "The Use of Modular Organizational Forms: An Industry-Level Analysis." *Academy of Management Journal*, 44(6): 1149-1168.

47. Schmitz, H. and Knorringa, P.(2000). "Learning from Global Buyers." *Journal of Development Studies*, 37(2):177-205.

48. Soskice, D.(1999). "Divergent Production Regimes: Coordinated and Uncoordinated Market Economies in the 1980s and 1990s." In H.Kitschelt, P.Lange, G.Marks, and J.D. Stephens (eds.) *Continuity and Change in Contemporary Capitalism*, Cambridge: Cambridge University Press.

49. Storper, M.(1995). "The Resurgence of Regional Economies, Ten Years Later." *European Urban and Regional Studies*, 2(3):191-221.

50. Storper, M. and Scott, A.(1988). "The Geographical Foundations and Social Regulation of Flexible Production Complexes." In J.Wolch, and M.Dear(eds.) *The Power of Geography*, Boston: Allen and Unwin.

51. Storper, M. and Walker, R.(1989). *The Capitalist Imperative: Territory, Technology and Industrial Growth*, Oxford: Basil Blackwell.

52. Streeck, W.(1992). *Social Institutions and Economic Performance*, London: Sage.

53. Sturgeon, T.(2002). "Modular Production Networks: A New American Model of Industrial Organization." *Industrial and Corporate Change*, 11(3):451-496.

54. Sturgeon, T.(2003). "What Really Goes on in Silicon Valley? Spatial Clustering Dispersal in Modular Production Networks." *Journal of Economic Geography*, 3:199-225.

55. Sturgeon, T. and Florida, R.(2004). "Globalization, Deverticalization and Employment in the Motor Vehicle Industry." In M.Kenney, and B.Kogut(eds.) *Creating Global Advantage*, Stanford, CA: Stanford University Press.

56. Sturgeon, T. and Lee, J.-R.(2001). "Industry Co-Evolution and the Rise of a Shared Supply-Base for Electronics Manufacturing." Paper Presented at Nelson and Winter

Conference, Aalborg, June.

57. Sturgeon, T. and Lester, R.(2004). "The New Global Supply-base: Challenges for Local Suppliers in East Asia."In S.Yusuf, A.Altaf, and K.Nabeshima(eds.) *Global Production Networking and Technological Change in East Asia*, New York: Oxford University Press.

58. Thorelli, H.(1986). "Networks: Between Markets and Hierarchies." *Strategic Management Journal*, 7:37-51.

59. Ulrich, K.T.(1995). "The Role of Product Architecture in the Manufacturing Firm." *Research Policy*, 24:419-440.

60. Williamson, O.(1975). *Markets and Hierarchies*, New York: Free Press.

61. Williamson, O.(1983). "Credible Commitments: Using Hostages to Support Exchange." *American Economic Review*, 73(4):519-540.

62. Yeats, A.(2001). "Just How Big is Global Production Sharing?" In S.Arndt and H.Kierzkowski(eds.) *Fragmentation: New Production Patterns in the World Economy*, Oxford: Oxford University Press.

# 第四章　中国和墨西哥的发展模型和产业升级[①]

加里·杰里菲

## 引言

全球经济正在发生根本性的变化，对希望改善或维持发展水平的国家而言并没有一个简单的答案。最近几十年，国家和区域发展模式受到了越来越多的检验，一些国家也试图找出何种政策和体制能提供长期发展繁荣的最佳机会。

本章将通过比较分析的方式对这些问题进行研究，主要讨论国际贸易和外国直接投资如何影响了中国和墨西哥这两个全世界最具活力的新兴经济体的发展轨迹。本章第一部分对拉丁美洲和中国的发展模式进行广泛对比，重点关注其各自在最近几十年中的变化情况。第二部分则利用国际贸易数据分析墨西哥和中国的产业升级模式，重点关注两国在美国市场的竞争地位以及中国为何在一些不同行业中占据领先位置。第三部分也是最后一部分，则对所谓的中国“供应链城市”的产业升级模式新特征进行更为深入的分析。中国独特的经济发展模式本身独具吸引力，但中国作为供应商、市场和新晋对外直接投资来源地的重要性也在不断扩大，世界上很多国家和地区高度依

① 本章原发表于 *European Sociological Review*（《欧洲社会学评论》2009 年 2 月），其中图 1、图 2 和表 1、表 2 中的数据及相应文字部分已更新至 2014 年。

赖其未来经济表现。

## 一、发展模式比较

自20世纪80年代中期起，全球化一直与新自由主义模式紧密相连。在一些地区特别是东亚，该模式实现了经济快速增长和人民生活水平的提高。然而在其他地区，例如拉丁美洲，新自由主义则代表缓慢的经济增长、大规模的失业、社会状况恶化和政治抗议。在此期间，拉美和东亚的发展模式均发生了巨大变化。

在这些地区中，中国和墨西哥的案例值得注意，两国发展政策和经济轨迹的差异性和相似性均十分显著。墨西哥是拉美最多元化的出口导向型经济体，重视对美国市场制成品的出口。中国则是全世界发展最快的经济体之一，向全世界出口的产品种类繁多且数量不断增长。墨西哥和中国在美国市场上就多种产品进行激烈的竞争。本节我们将对拉美和中国发展的主要特征进行回顾，并以此作为对墨西哥和中国产业升级轨迹更为深入分析的引言。

### (一) 拉美发展模式

有观点认为存在一种共同的拉美发展模式，这种想法具有一定误导性，主要包括两个原因:第一，拉美地区在地理、人口、基础建设、文化等方面极为多样，该地区的个体经济在战后也产生分化。墨西哥等国家处于该地区发展前沿，其他国家则严重落后。第二，在本地区内，拉美的发展仍是极具争议的话题，各方对其未来发展道路的意见存在冲突(IADB, 2006)。尽管存在上述差异，我们仍可找出拉美政策发展过程中一些明显的趋势。

1. 进口替代工业化

在第二次世界大战至20世纪80年代初，多数拉美国家追求进口替代模式，即制定有利于国家主导的工业化和保护国内产业的政策，并采取综合措施支持国有企业和大规模外资流入(Thorp and Lowden, 1996)。这种方式源于这样的观念,即拉美地区的一些特点——包括文化价值观和体制结构——造成市场主导的机制在该地区失灵,同时还认为市场将使未来经济控制权落入外资之手。

在进口替代工业化政策下,国家在经济控制方面发挥核心作用。政府将经济自足和国内工业发展作为最优先事项。拉美地区政府对工业发展的重视程度超越了该地区传统依靠农业和初级资源贸易的发展方式,许多国家认为,进口替代工业化将促进工业产能不断积累,从而提升拉美在世界经济中的地位。

随着进口替代工业化政策在20世纪50年代和60年代的发展,它们呈现了一系列共同特征:对外国产品特别是工业产品实施高关税壁垒,对货币进行高估值,以及在20世纪50年代后不断制定吸引外资的相关规定。20世纪60年代和70年代,领先的拉美经济体从以基本消费品(如纺织品、服装、鞋类和食品加工)为主的进口替代工业化的初级阶段转向第二阶段,即以国内生产替代多种高级产品,例如耐用消费品(如汽车)、中间产品(如石化产品和钢铁)和资本商品(如重型机械)等的进口(Gereffi, 1994)。

与其他拉美国家相同,墨西哥的进口替代工业化经验包括一系列措施:实施高关税壁垒,在石油、电力等行业成立国营垄断企业,政府对商业融资进行干预等。墨西哥以革命制度党为主导的政治背景使这些政策得以持续发展。在该党领导下,墨西哥在20世纪50年代至70年代保持了年均6%的稳定增长,并维持了较低通胀水平(Fourcade-Gourinchas & Babb, 2002; Portes, 1997)。

拉丁美洲在20世纪70年代严重依赖国际资本市场,向迅速发展的国营部门提供融资,然而这个债务泡沫逐渐破裂。20世纪80年代,进口替代工业化在整个拉美地区陷入困境。1982年8月,墨西哥首先公开宣布无法满足债务要求,引发了后续一系列的政府违约,从而结束了进口替代工业化政策并导致该地区经济结构发生重要变化。

2. 新自由主义

20世纪80年代,低增长率、不断扩大的经济失调、政府收支平衡危机以及周期性极度通胀等一系列的经济问题导致了一种更为市场化方式的形成,即美国所谓的"华盛顿共识"(Gore，2000)。该方式随着智利、乌拉圭、巴西等国右翼独裁统治的兴起而不断发展。起初，新自由主义政策旨在改革经常账户和资本账户的资本流动，并控制该地区剧烈波动的通胀率。随后，这种改革逐渐发展为提出并重塑国家在经济中的作用(Weyland，2004；Huber and Solt，2004)。

在墨西哥，这些改革分为不同阶段推进。第一阶段从1982年持续到1985年，此时墨西哥正处于债务危机后与国际货币机构进行谈判阶段，其货币和财政政策受到新的控制，包括大幅降低国家开支等措施。第二阶段从1985年开始，更为剧烈的改革得以实施，包括大规模私有化、降低贸易壁垒和放松外国投资限制等。第三阶段自1994年伴随《北美自由贸易协定》(NAFTA)生效开始，导致了进一步的结构改革以及贸易和投资壁垒的持续减少(Fourcade-Gourinchas & Babb，2002)。

拉美经济新自由主义的主要政策可总结为7个基本方面(Portes，1997:238)：

- 开放对外贸易；
- 国有企业私有化；
- 放松货物、服务和劳动力市场管制；
- 资本市场自由化，包括养老金私有化；
- 在大幅减少公共开支的基础上推进财政纪律；
- 取消或减少国家支持的社会计划；
- 结束进口替代工业化产业政策。

新自由主义改革以不同的速度蔓延至中南美洲地区。然而，几乎每个国家的改革者都强调加强市场机制的运用。此外，各国政府均试图调整本国货币估值，并大幅削减自由贸易(关税)和外国私人资本管制(外国直接投资限制)壁垒。在新自由主义模式下，20世纪90年代初期拉美出现了适度的经济增长。然而，20世纪90年代后期和21世纪初期增长放缓则引发对拉美发展模式的新批评，这种争议延续至今(Dussel Peters，2000；Lora et al.，2004)。

3. 现状

针对拉美发展的广泛争论源自简单的事实,即该地区在新自由主义政策下的经济表现低于预期且远低于承诺。尽管“合理的经济增长”和“经济正义”是多数拉美国家的首要任务,但自1990年以来经济不平等在明显加重,而经济增长却远远滞后(Thorp and Lowden, 1996; Dussel Peters, 2000; Ellner, 2006)。很多人批评政府的新自由主义政策是经济精英牺牲全体人民利益获取财富的幌子,正如巴尔加斯·略萨(Vargas Llosa, 2005:23)所写:

> 国家通过对穷人征收新税、对区域内的贸易集团征收高关税,特别是通过发展国有垄断和政府认可的私人垄断的方式取代通胀。法庭则听命于当权者的肆意而为,进一步扩大了官方机构和普通民众之间的分裂……

在学术界和政策界,对新自由主义模式成功——或失败——的争论依然存在。韦兰德(Weyland, 2004)对学术界的争论进行了梳理,指出休伯和索尔特(Huber and Solt, 2004)批评新自由主义改革造成了拉美经济问题,而沃尔顿(Walton, 2004)则认为缺陷来自改革执行不力和配套体制框架的缺陷。在政府内部,相关议程范围从调整现有政策到提出新的地区发展模式(IADB, 2006)。

从政治方面而言,新自由主义的趋势十分清晰。随着阿根廷、乌拉圭、委内瑞拉、智利、玻利维亚和巴西等国选举出一群更为激进的领导人,拉美的政策在过去几年中急剧左倾。很多学者也注意到,这种“左倾”的转变并不一致。例如,智利在社会党人里卡多·拉戈斯和米歇尔·巴切莱特的领导下,虽然在社会问题上采取自由态度,但依旧重视自由市场政策。相反,阿根廷的内斯托尔·基什内尔则对国际金融体系和经济新自由主义政策持更为批判的态度(Shifter, 2005; Vargas Llosa, 2005; Carlsen, 2004)。

近些年来,经济浪潮不断上涨。2007年,拉美对世界出口增长了11%,连续5年实现增长，其中，拉美区域内贸易占其对世界贸易总额的17.3%(IADB,2007)。该地区近年来的强劲经济表现主要有两个因素：美国经济的振兴和中国对拉美初级产品出口的特殊需求。尽管各方对美国经济活动低迷的担忧不断上升(EIU, 2008)，但却期望中国近期需求依然保持强劲。

### (二) 中国的发展模式

中国改革始于1978年中共十一届三中全会，改革进程在1992年邓小平视察南方和2001年中国加入世界贸易组织后开始加速(Wang and Meng, 2004; Branstetter and Lardy, 2005)。这些变化发生在第二次经济全球化的浪潮中，在这个过程中数十亿人参与到全球经济中来，经济学家、政治家、社会活动家进行了广泛的对话，对市场的作用以及如何利用其力量促进健康发展进行讨论。

高柏(2006)列出了中国发展模式的一些重要特征：

- 政府依赖市场并将其作为经济增长的驱动机制；
- 政府积极吸引外资；
- 政府对外开放国内市场；
- 政府利用低成本劳动力参与全球经济；
- 政府强调本地经济和谐，更重视“软性”监管而非监督、控制；
- 政府重视经济增长和升级，甚至不惜牺牲社会稳定。

自1978年以来，中国经济以惊人速度不断扩张。国内生产总值实现了9%的年增长率，出口则在20世纪90年代实现了12.4%的年均增长，在21世纪初期实现了20%的年均增长(IADB, 2005)。中国发展模式主要依赖于利用其国内优势，包括市场潜在体量、低成本要素投入——以劳动力为主，但也包括土地、电、原材料等。随着时间的推移，中国试图通过减少劣势(官僚主义、低素质劳动力)，提升物流水平和技术价值链水平来增强自身优势。

当然，中国的发展模式还与其令人瞩目的吸引外资能力相关。中国的外资流入从2000年的400亿美元跃升至2006年的690亿美元，由此也使中国位列美国、英国、法国和比利时之后，成为世界第五大外资净流入国(UNCTAD,

2007, Annex Table B.1)。2006 年中国的外资存量超过 2 900 亿美元,而同年墨西哥的外资存量为 2 300 亿美元,外资流入为 190 亿美元(见表 1)。外资将资本货物和高技术同时带入中国,帮助其出口结构实现了从“非熟练”向“熟练”劳动力密集型转变,还促进了中国资本和技术密集行业产品的出口(Brandt and Rawski, 2005:23)。

**表 1　1999—2006 年中国和墨西哥的外国直接投资(FDI)**

| FDI 流量(百万美元) | 1990—2000(年均) | 2004 | 2005 | 2006 | |
|---|---|---|---|---|---|
| 中　国 | 30 104 | 60 630 | 72 406 | 69 468 | |
| 墨西哥 | 9 328 | 22 396 | 19 736 | 19 037 | |
| FDI 流量占固定资产投资总额比重 | 1990—2000(年均) | 2004 | 2005 | 2006 | |
| 中　国 | 11.3% | 8% | 8.8% | 8% | |
| 墨西哥 | 12.1% | 16.7% | 13.3% | 11.1% | |
| FDI 存量(百万美元) | 1980 | 1990 | 2000 | 2005 | 2006 |
| 中　国 | 1 074 | 20 691 | 193 348 | 272 094 | 292 559 |
| 墨西哥 | … | 22 424 | 97 190 | 209 564 | 228 601 |
| FDI 存量占 GDP 比重 | 1980 | 1990 | 2000 | 2005 | 2006 |
| 中　国 | … | 5.4% | 17.9% | 13.7% | 11.1% |
| 墨西哥 | … | 8.5% | 16.7% | 27.3% | 27.2% |

资料来源:UNCTAD, World investment Report 2007。

从产业升级角度来看,中国的开放已经开始取得成功。得益于大批高素质、低成本的工程师和潜在的市场容量,中国已经成为研究开发业的首选目的地(Hu and Jefferson, 2004)。中国研发中心的增长尤为引人注目:1997 年全国注册的跨国研发中心不到 50 个,而截至 2004 年中国政府注册了 600 多个跨国研发机构,其中很多来自美国大型跨国公司(MNGs)(Freeman,

2005:8)。从 2003 年 6 月到 2004 年 6 月仅一年时间,跨国公司在中国设立了 200 个研发中心(Asia Times Online, 2005)。

这种对外国直接投资和私有经济的依赖,引发了中国国内就社会主义与资本主义的优点、中国发展模式未来方向等意识形态的激烈辩论(Kahn, 2006)。对中国现行模式持批判态度的一方强调大规模腐败、不断扩大的收入失衡、地域分化、农村移民困境以及环境等问题,并将这些视为新自由主义和对外开放破坏近年中国经济增长的证据(Nolan, 2005)。同时,还有一种担忧认为外资公司正主导中国市场,特别是在汽车等部分关键产品领域,这削减了中国公司的竞争力及其获取利润的空间。然而,另一部分人则认为,这些问题的解决需通过进一步深化并切实落实现行改革来实现。他们批评僵化的市场和墨守成规的政治精英,认为这是造成许多繁杂社会问题的原因所在,他们还认为放弃改革将是错误的决定(Huang, 2006)。尽管这种观点维护了现行政策,但批评的声音越来越响亮,相关的争论也愈发激烈。

观察家通过对印度——亚洲另一个新兴经济强国——的研究认为,印度的经济增长依赖于本土企业家的成长,而中国则因外资公司占其出口比例超过 60%,其出口导向型制造业的繁荣与外资联系过于紧密(Huang and Khanna, 2003)。考虑到中国发展模式面临的"外部矛盾",对新的"国内需求导向发展战略"的呼声应运而生(Palley, 2006)。

任何针对拉美和中国发展路径的比较评估都需严重依赖制度和历史因素。这两种模式在实践中的表现如何?在过去 20 年中,墨西哥和中国等国家的出口导向型发展是否实现了产业升级?我们将在以下部分通过国际贸易数据对这些问题进行分析。

## 二、中国和墨西哥的产业升级——国际贸易视角

产业升级被定义为"经济行为者——国家、公司和工人——在全球生产网络中从低增值活动转向相对高增值经济活动的过程"(Gereffi, 2005:171)。

我们评估中国和墨西哥等出口导向型经济体产业升级的方式之一,便是关注两国出口产品中技术含量随着时间推移的变化情况。我们将每个国家的出口分为 5 个产品类别,按照科技含量水平递增排序:初级产品,资源加工品,以及低技术含量、中等技术含量和高技术含量产品。①

在图 1 中,我们可看到在 20 世纪 90 年代,墨西哥出口产品中近乎 50% 的产品为初级产品,其中最重要的是石油。直到 1993 年,也就是《北美自由贸易协定》签订前一年,墨西哥出口产品结构中,中等技术含量产品(主要为汽车产品)和高技术含量产品(主要为电子元件)占比才超过了原材料。2014 年,墨西哥对美市场 3 980 亿美元的出口中,约三分之二为高技术含量(44%)和中等技术含量(22%)产品,之后为初级产品(14%)和低技术含量产品(例如纺织品、服装和鞋类产品)(9.4%)。因此,墨西哥的出口结构在 25 年中实现了以原材料为基础向以中等技术含量和高技术含量产品为主的转变。

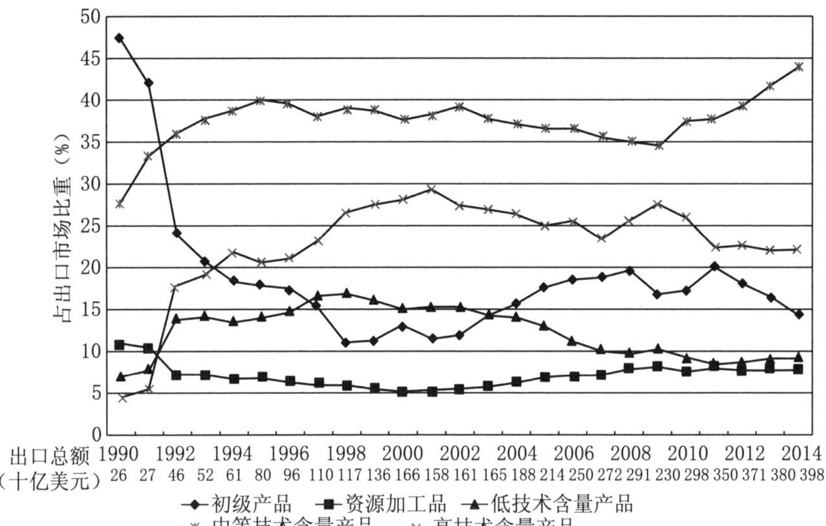


来源:UN Comtrade(http://comtrade.un.org/db/dqBasicQuery.aspx)。

**图 1　1990—2014 年墨西哥出口产品构成**

① 沙加亚·劳尔(Sanjaya Lall, 2000)以"标准国际贸易分类"(SITC)的 3 位数分类为基础,提出了出口科技含量分类法。他在文章中提供了各类别的详细产品清单。

在图 2 中,我们可以看到 1990—2014 年中国的出口构成。与墨西哥不同,20 世纪 90 年代和 21 世纪初,中国出口的主要产品种类为低技术含量产品。它们主要包括各类轻工消费品——服装、鞋类、玩具、体育产品、家居用品等。在 20 世纪 90 年代早期,这些产品占据了中国出口总额过半的份额。然而,到 2004 年,中国的高技术含量产品出口与低技术含量产品的占比持平,分别占出口总额的 32%,随后高技术含量产品出口超过低技术含量产品出口,占据出口的最大比重。直到 2014 年,他们又再次持平,共占总出口的三分之二弱。

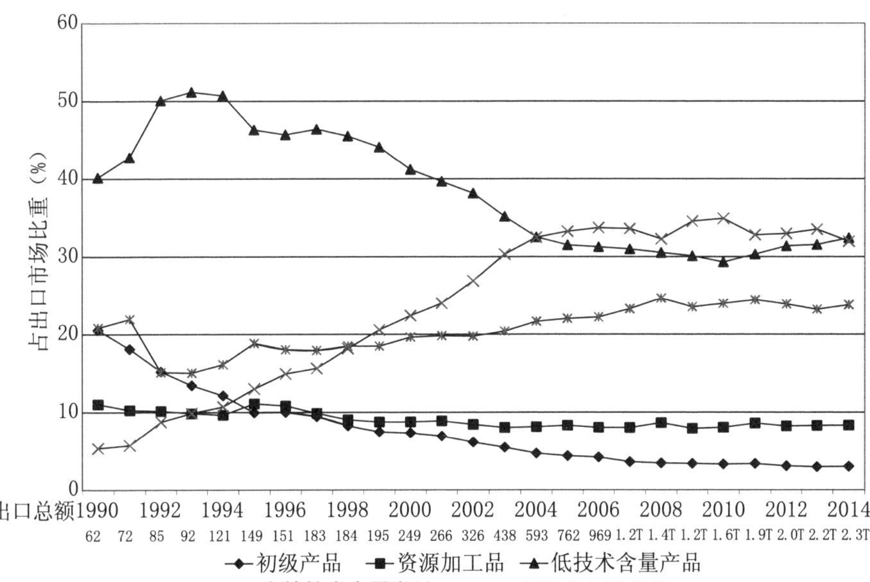


来源:UN Comtrade(http://comtrade.un.org/db/dqBasicQuery.aspx)。

**图 2　1990—2014 年中国出口产品构成**

过去 20 年中,墨西哥和中国在各自出口轨迹中均对美国市场出口一些产品。这两国均为多样化的经济体,拥有不同类型的出口产品。在这两个案例中,制成品的出口比初级产品或资源加工品的出口更为重要;而在制成品出口中,高技术含量和中等含量技术产品则取代了低技术含量产品出口。虽然将这些出口数据视为产业升级指标具有一定局限性,①但从这些数据来看,两个经济体的出口结构复杂性正在不断上升。

通过对国际贸易数据进行详细分析,我们可以看到自 2000 年起,中国在美国市场的激烈竞争中超越了墨西哥。表 2 列明了 6 种主要制成品,在美国市场上中国和墨西哥同为这些产品的重要供应商。2000 年,在其中 5 种产品中,墨西哥在美国市场的份额超过中国;到 2007 年,除 1 种产品外,中国从墨西哥手中夺回其他所有产品的领先位置;到 2014 年,在美国市场份额中,中国在美国市场上 5 个产品类别中的 4 个的份额得到了提升。例如,在自动数据处理器(SITC752)上,中国占美国进口额的比重从 2000 年的 11.3%提升至 2014 年的 65.7%,增长几乎 5 倍。在电信设备(SITC 764)部分,中国的市场份额同样大幅增长近 5 倍,从 10.3%增至 58%;在电子机械(SITC784)部分则增长 2 倍,从 11.9%增至 33.2%。墨西哥仅在汽车零配件(SITC784)部分超过中国,保持了在美市场的实质性领先。

表 3 显示了 2014 年美国主要进口产品中,墨西哥或中国占比为 40%及以上的产品。墨西哥有 5 种产品符合此标准,而中国有 17 种。例如,美国进口的鞋类产品近 2/3 来自中国,中国还占据了玩具、游戏和体育用品 82%的份额,占据进口办公机器、自动数据处理机 65%以上的份额,以及进口纺织品和服装过半的份额。

为何中国在美国市场份额中如此迅速且显著地超过墨西哥? 主要有几方面的因素:第一,中国的劳动成本远低于墨西哥。2002 年,美国劳工统计局数据显示,中国制造业平均工资为 0.64 美元/时,②墨西哥则为 2.48 美元(Business Week, 2004)。这种差距将扩大、缩小或保持现状? 这个问题仍需

---

① 这些出口数据的主要问题在于未能详细说明相关产品的制造过程。例如,汽车零部件或电子元件仍可使用相对不熟练的工人通过劳动密集型方式生产。因此,仅靠向中等或高技术含量制成品方向发展并不能确保实现产业升级。然而,随着我们从低技术含量向中等和高技术含量出口类别发展,高价值活动的相对份额也将有所增加。

② 中国 3 000 万城市制造业工人的人均时薪数据为 1.06 美元/时,而郊区和农村制造业 7 100 万工人的时薪为 45 美分/时,混合平均数为 64 美分/时(Business Week, 2004)。

**表 2　2000—2014 年墨西哥和中国对美国出口产品构成**

| SITC 类别 | 产品 | | 2000 年 进口额（十亿美元） | 2000 年 美国市场份额 | 2007 年 进口额（十亿美元） | 2007 年 美国市场份额 | 2014 年 进口额（十亿美元） | 2014 年 美国市场份额 | 2000—2007 年市场份额变动 | 2007—2014 年市场份额变动 |
|---|---|---|---|---|---|---|---|---|---|---|
| 752 | 自动数据处理器 | 墨西哥 | 6.4 | 11.5 | 5.6 | 9.6 | 13.5 | 16.6 | —1.9 | 7.0 |
| | | 中国 | 6.3 | 11.3 | 28.6 | 49.3 | 53.5 | 65.7 | 38.0 | 16.4 |
| | | 美国总额 | 55.9 | | 57.9 | | 81.1 | | | |
| 764 | 电信设备 | 墨西哥 | 9.1 | 20.6 | 10.8 | 13.6 | 12.1 | 10.2 | —7.0 | —3.4 |
| | | 中国 | 4.6 | 10.3 | 29.6 | 37.3 | 68.7 | 58.0 | 26.9 | 20.8 |
| | | 美国总额 | 44.3 | | 79.5 | | 118.4 | | | |
| 778 | 电子机械 | 墨西哥 | 3.1 | 18.3 | 5.0 | 21.8 | 7.2 | 21.4 | 3.5 | —0.4 |
| | | 中国 | 2.0 | 11.9 | 6.1 | 26.6 | 11.2 | 33.2 | 14.7 | 6.6 |
| | | 美国总额 | 17.1 | | 23.1 | | 33.7 | | | |
| 784 | 汽车零部件 | 墨西哥 | 4.6 | 16.3 | 10.2 | 22.2 | 19.1 | 30.4 | 5.8 | 8.2 |
| | | 中国 | 0.4 | 1.5 | 3.6 | 7.8 | 8.3 | 13.2 | 6.2 | 5.4 |
| | | 美国总额 | 28.4 | | 46.2 | | 62.9 | | | |
| 821 | 家具 | 墨西哥 | 3.2 | 16.9 | 4.6 | 13.6 | 7.6 | 18.3 | —3.3 | 4.7 |
| | | 中国 | 4.5 | 23.6 | 16.2 | 47.7 | 19.2 | 46.3 | 24.1 | —1.4 |
| | | 美国总额 | 18.9 | | 33.9 | | 41.5 | | | |
| 84 | 服装 | 墨西哥 | 8.7 | 13.6 | 4.7 | 5.8 | 4.0 | 4.4 | —7.8 | —1.4 |
| | | 中国 | 8.5 | 13.2 | 27.1 | 33.4 | 34.2 | 37.9 | 20.2 | 4.5 |
| | | 美国总额 | 64.3 | | 81.2 | | 90.2 | | | |

来源：US Department of Commerce(http://dataweb.usitc.gov)，Downloaded Aug 26，2015。

表3　2014年美国自墨西哥和/或中国高于40%份额的进口产品

| 墨西哥 | | | | | 中国 | | | | |
|---|---|---|---|---|---|---|---|---|---|
| 产品 | (SITC类别) | 进口额(十亿美元) | 美国市场占比(%) | 2000—2014年市场份额绝对值变动 | 产品 | (SITC类别) | 进口额(十亿美元) | 美国市场占比(%) | 2000—2014年市场份额绝对值变动 |
| 783 | 道路机动车,不另说明 | 6 858 | 89.5 | 75.5 | 894 | 婴儿车、玩具、游戏和体育用品 | 23 444 | 81.9 | 17.3 |
| 782 | 货物运输机动车和特殊用途机动车 | 19 005 | 81.0 | 49.4 | 697 | 贱金属制家用设备,不另说明 | 4 608 | 67.2 | 31.5 |
| 54 | 蔬菜、新鲜、冷藏、冷冻或简单加工;根、茎和植物其他可食用部分,不另说明,鲜或干 | 5 126 | 62.0 | 1.1 | 831 | 皮质箱子、手提箱、梳妆箱、双筒望远镜和照相机套、手提包、钱包等;个人清洁、缝纫旅行套装等 | 7 274 | 66.2 | 16.3 |
| 773 | 配电设备,不另说明 | 9 522 | 49.6 | −11.1 | 752 | 自动数据处理机及其组件,磁性或光学阅读器;转录编码媒体及处理此类数据的机器 | 53 339 | 65.8 | 54.5 |
| 761 | 电视接收器(包括视频显示器和投影仪),无论是否包含无线电广播接收器或声音、视频记录或复制设备 | 11 974 | 44.4 | −19.0 | 851 | 鞋 | 17 064 | 65.6 | 3.7 |
| 57 | 水果和坚果(不包括榨油坚果),鲜或干 | 4 282 | 36.0 | 17.8 | 813 | 灯具及配件,不另说明 | 6 104 | 64.3 | 6.0 |
| 741 | 制热和制冷设备及其零部件,不另说明 | 5 158 | 34.3 | 10.0 | 759 | 适合单独使用或主要用于办公机器或自动数据处理机的部件或配件 | 10 842 | 60.7 | 49.2 |

续表

| 墨西哥 | | | | | 中国 | | | | |
|---|---|---|---|---|---|---|---|---|---|
| 产品 | （SITC 类别） | 进口额（十亿美元） | 美国市场占比（%） | 2000—2014 年市场份额绝对值变动 | 产品 | （SITC 类别） | 进口额（十亿美元） | 美国市场占比（%） | 2000—2014 年市场份额绝对值变动 |
| 784 | 拖拉机、汽车和其他机动车、卡车、公共交通车辆和道路机动车零配件，不另说明 | 19 147 | 30.4 | 14.1 | 764 | 电信设备，不另说明；和零件，不另说明；以及属于电信设备的配件等 | 68 724 | 58.1 | 47.7 |
| | | | | | 775 | 家用型电气和非电气设备；不另说明 | 9 778 | 54.9 | 17.7 |
| | | | | | 658 | 全部或主要是纺织材料制作的成品，不另说明 | 7 006 | 53.6 | 29.5 |
| | | | | | 848 | 纺织品外的服装、服装辅料；各种材料的帽子 | 3 689 | 51.5 | 6.7 |
| | | | | | 751 | 办公机器 | 9 182 | 48.4 | 19.2 |
| | | | | | 893 | 塑料制品，不另说明 | 10 218 | 48.1 | 17.2 |
| | | | | | 821 | 家具和配件；床上用品、床垫 | 19 213 | 46.3 | 22.7 |
| | | | | | 842 | 女士或女童的外套、披肩、夹克、西装、裤子、连衣裙、裙子、内衣等编织纺织品（泳衣和涂层衣物等除外） | 6 539 | 43.9 | 28.1 |
| | | | | | 761 | 电视接收器（包括视频显示器和投影仪），无论是否包含无线电广播接收器或声音、视频记录或复制设备 | 11 593 | 43.0 | 40.5 |
| | | | | | 771 | 电力机械（除旋转式电力装置发电机）及其部件 | 5 577 | 40.2 | 18.4 |

1. 标准，2015 年美国从中国或墨西哥进口额超过 30 亿美元。

来源：美国国际贸易委员会及美国商务部（http://dataweb.vsitc.gov），2015 年 8 月下载

继续观察。据报道,中国许多工厂都面临持续性劳动力短缺,这一趋势导致工资上涨,一些主要的制造厂商考虑将工厂转移至越南等低成本国家(Barboza, 2006; Goodman, 2005)。

第二,中国试图利用其巨大的规模经济效益,在基础设施和物流领域进行重点投资以降低运输成本并将其出口产品快速推向市场。中国“供应链城市”的增长——以广东省(包括东莞和虎门)外资驱动的集群和浙江省(例如安吉和大唐)单个产品集群为代表,正是中国政府和企业将规模驱动的分工转化为该国持续的比较优势的良好例证(Wang and Tong, 2002; Sonobe et al., 2002; Zhang et al., 2004)。

第三,为促进产业结构多样化并增加高附加值生产活动,中国实施了连续和全方位的产业升级战略。劳尔和阿巴拉迪欧(Lall and Albaladejo, 2004)针对中国出口表现进行了认真研究,他们认为中国和东亚邻国依赖复杂的出口生产网络,该网络将主要的跨国电子公司、其一级供应商和全球合同制造商连接起来,通过地区一体化方式发展高技术产品出口(另见Sturgeon and Lee, 2005; Gereffi et al., 2005; Gereffi, 1996)。高技术产品出口方式证明,中国和其成熟的东亚伙伴(日本、韩国、中国台湾和新加坡)之间存在着互补而非冲突的关系。然而,随着中国在价值链中位置的提升并接替区域邻国此前的活动,中国作为该地区出口增长发动机的作用也将随之改变。罗德里克(Rodrik, 2006)认为中国已经出口大量的高端产品,并认为中国目前的出口构成已经与人均收入是其当前水平3倍的国家类似。

第四,目前中国正利用外国直接投资促进新产业的“快速学习”,并推动国内市场实现知识溢出效应(Zhang and Felmingham, 2002; Wang and Meng, 2004)。尽管世贸组织对跨国企业当地成分要求有所限制,但中国本土市场对跨国制造商拥有足够的吸引力,虽然存在严格的技术转让要求,这些跨国公司还是愿意顺应当地、地区和中央政府机构的相关意愿。

## 三、关于中国的供应链城市和产业升级

“供应链城市”概念常出现在媒体报道和学术著作中，用来强调中国大规模的生产增长和特定地区针对价值链不同阶段形成的集群对产业成功升级的重要作用。例如在图 3 中，巴博萨(Barboza, 2004)列出了中国服装产业惊人的分工和规模，正是这些因素促使中国在该行业成功实现了出口多样化，即便是在 2005 年 1 月 1 日世贸组织废止《多种纤维协定》和服装配额前。

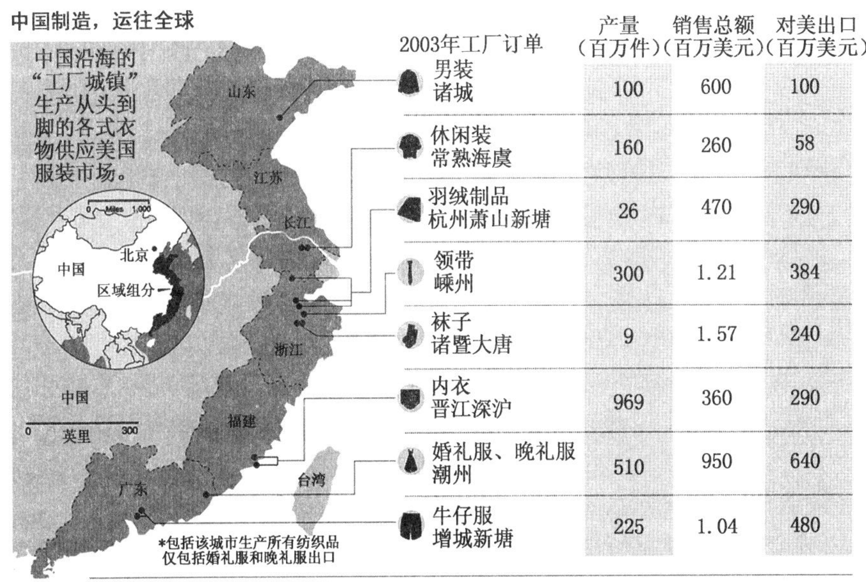


来源：David Barboza, “In roaring China, sweaters are west of socks city”, *New York Times*, Dec.24, 2004。

**图 3　中国服装产业的供应链城市**

“供应链城市”这一术语包含于发生在中国的两种不同但互相关联的现象中。一种指巨大的、垂直一体化的“公司工厂”。阿佩尔鲍姆(Appelbaum, 2005)和多个纺织品期刊以及香港联泰(Luen Thai, 2004)等大型纺织品/服装公司使用“供应链城市”指代各公司在中国和其他亚洲地区建造的新型“超

级工厂”(Kahn，2004；Pang，2004)。这些工厂针对特定公司，旨在整合该公司供应链的不同环节，例如设计师、供应商和制造商等，由此缩减交易成本并利用规模经济效应推动更为灵活的供应链管理。联泰在广东省(东莞、清远和番禺)的工厂便是此方式的范本。①这些积极建立巨型工厂的企业大多来自香港和台湾。

该术语还被用来指代所谓的“集群城市”。巴博萨(2004)等人在探讨中国沿海地区迅速兴起并不断成长的单一产品产业集群时，使用了“供应链城市”这一术语。这些地区某类产品的生产迅速增加且产量巨大，但又不局限于制造类企业。随着这些集群的发展，相关的配套商业，包括纱线经销商、裁缝、熨烫、包装和货运代理等也被吸引过来。通常这些集群的工厂面积庞大，配有厂区建筑、宿舍和一定的工人生活设施，但企业集群整体才是重点。典型的例子包括大唐(袜子)和嵊州(领带)(Wang and Tong，2002；Wang et al.，2005；Kusterbeck，2005；Zhang et al.，2004)。

是什么因素促使中国供应链城市的形成？在回答这一问题的过程中，自下而上和自上而下这两种观点对中国而言是具有误导性的二分法，因为这两种特征分析均过于简单化。“自上而下”意味着发展模型受到中央政府的密切指导，而“自下而上”则意味着发展模型单纯由市场力量决定。中国的实际情况则处于两者之间。

(1)“供应链城市”的超级工厂似乎更为自下而上，而非自上而下，这是因为它们主要取决于私人公司的单独采购决策，并不受中央政府政策约束。尽管地方和省级政府在提供有利的政策环境方面(税收刺激、简化繁琐的官僚体制等)发挥了重要作用，但现有的制造活动与低成本的投入因素(土地、电、劳动力)以及工厂位置的联系更为紧密。

---

① 服装制造商联泰控股在中国南部东莞市拥有一座引以为豪的“供应链城市”，该“城市”约200万平方英尺，包括工厂、4 000名工人的宿舍和一座300个房间的宾馆(Kahn，2004)。根据阿佩尔鲍姆(2005:7-8)的描述，世界最大的鞋类供应商香港裕元集团每年生产并出口近1.6亿双鞋，占世界品牌运动鞋和休闲鞋总额的1/6。该集团在东莞拥有4个工厂，其中1个便已雇用约7万名工人。

(2) 集群形成的相关情况更为复杂,包括区域、技术和工业等因素。针对该课题研究的数量不断增加,其中大多数为中国学者,这些研究旨在探明集群形成背后的经济、政策、文化和历史原因。[①]冒着过于笼统化中国现状的风险,我们可将集群的相关分析分为两类:一类认为集群的形成主要受外国资本驱动;另一类则认为集群的形成由国内企业发起。

外资主导的集群主要在中国南部(广东省、福建省),最初于 20 世纪 70 年代和 80 年代作为出口导向生产平台成立。它们发源于纺织、服装等低成本制造行业,目前已经扩展到电子等较新的行业。外国投资发挥着特殊的重要作用,大量的投资来自香港、台湾和澳门;中央政府在制定外国直接投资政策方面的作用也十分重要。这些集群在中国南部形成,主要因当地劳动力成本较低且处于相对靠近投资者和主要交通中心的位置。广东(靠近香港)和福建(位于中国台湾对岸)是此类集群的先驱地,长三角较大的城市(绍兴、杭州)则发展较晚(Zhang et al., 2004; Wang and Tong, 2005)。

中国企业主导的集群主要集中在浙江省和江苏省,并在 20 世纪 90 年代开始迅速增长。这些集群的形成主要依靠乡镇企业,此类企业通常位于传统的农村地区,是 20 世纪 80 年代和 90 年代政府推动经济发展的主要内容。在浙江省,这种集群的出现很多出于偶然,是历史知识、单个企业、关系网和纯运气的交汇,但它们在当地政府刻意制定政策的支持下持续增长。因此,私营企业至关重要,但政府也发挥了重要的推动作用(Wang et al., 2005:12; Zhang et al., 2004:7-8; Sonobe et al., 2002)。

另一个问题是这些集群是否寻求升级并提升在产业链中的位置。我们将这些集群分为两组进行分析。

● 中国南部:广东省、福建省由外资主导的集群似乎更倾向新的、高技术产业并与国际品牌建立公司,这些集群在传统产业的出口结构更广泛。电子业的成长便是很好的例子(Lüthje, 2004)。

---

① 在此感谢瑞安・王(Ryan Ong)对本章提出的见解。

● 中国东部：这里的城市发展较早，王缉慈等中国学者认为这些地区仍在科技价值链底端进行生产。即便如此，公司和政府官员逐渐意识到培育新竞争优势的必要性，特别是面临不断攀升的劳动力成本和来自其他地区日趋激烈的竞争（Wang and Tong，2002；Wang et al.，2005）。

## 结论

在过去几十年中，中国和拉美追寻着不同的经济发展轨迹。中国的发展模式已被证明行之有效，自1978年以来保持了稳定的增长水平并推动中国在世界舞台上实现了经济崛起。相比之下，拉美的增长模式十分坎坷，政治观察家们也注意到拉美正逐渐向更激进的领袖和左派言论转移。然而，在两个案例中，国际贸易和外国直接投资均在推动产业升级中发挥了重要作用。

这两个地区仍有许多值得相互学习之处。中国和墨西哥当前均面临腐败、环境恶化、收入不均等一系列的社会和经济问题，并主动对新自由主义出口导向增长模式的优势提出质疑（Nolan，2005）。每个地区都面临这样的批评：此前的发展模式造成了经济某些部分在面临外资控制和外国压力时较为脆弱。在这两个国家，改革家均呼吁通过新的社会福利计划解决其关注的问题，但他们也面临只有彻底推行新自由主义才能解决发展问题这样的观点。

此外，中国与墨西哥和拉美日益紧密的经济联系使这种研究更具价值。对中国而言，拉美在过去十年中成为越来越重要的原材料来源地，也已成为其外交政策的优先区域，时任主席胡锦涛和副主席曾庆红当时对该地区进行的重要访问便证明了这一点。此外，墨西哥和中国在美国市场上相互竞争的产品线不断扩大，产品范围从纺织品/服装和家具到汽车和电子产品。

为更好理解中国的发展模式和产业升级经验，必须将中国置于东亚新兴的区域贸易和生产网络中，并对中国在全球经济中发挥的更大作用进行分析。外国直接投资推动了中国出口多样化，但中国也开拓了供应链城市这种国内产业组织新模式。中国模式以明确的价值链战略为基础，给予高附加值活动高度关注，并由此逐渐重视研发、设计、科学和工程教育、品牌等。

中国和墨西哥都试图超越简单的以成本为基础的方式来增强竞争力(Farrell et al.，2005)。利益逐渐不再通过逐底竞争实现，而是通过推动产业升级模式超越原材料、廉价劳动力、制造生产等比较优势，从而转向全球各行业中高附加值市场定位实现。中国当前的优势是巨大的国内市场，以及为满足快速工业增长对外国进口原材料和中间投入商品的旺盛需求。然而，大规模的农村人口向城市迁移、恶劣的工作环境、劳动力急剧短缺以及恶化的环境威胁等问题如不能改善，中国模式将受到损害。尽管中国和墨西哥近几十年均取得了显著的经济进步，但它们发展面临挑战的增长速度并不低于其取得成就的速度。

## 参考文献


1. Appelbaum，Richard P.(2005). "The emergence of giant transnational contractors in East Asia：Emergent trends in global supply chains." Paper presented at the conference on "Global Networks：Interdisciplinary Perspectives on Commodity Chains." Yale University，May 13-14.

2. *Asia Times Online* (2005). "China bucks global foreign investment trend." February 15.

3. Barboza，David(2004). "In roaring China，sweaters are west of sock city." *New York Times*，December 24.

4. ____.(2006). "Labor shortage in China may lead to trade shift." *New York Times*，April 3.

5. Brandt，Loren，and Thomas G.Rawski(2005). "Chinese industry after 25 years of reform." In Loren Brandt，Thomas G. Rawski，and Gang Lin(eds.) China's Economy：Retrospect and Prospect，Asia Program Special Report，No. 129. Washington，DC：Woodrow Wilson International Institute for Scholars.

6. Branstetter，Lee，and Nicholas Lardy(2005). "China's embrace of globalization." pp.6-12 in Loren Brandt，Thomas G. Rawski，and Gang Lin(eds.) China's Economy：Retrospect and Prospect，Asia Program Special Report，No. 129. Washington，DC：Woodrow Wilson International Institute for Scholars.

7. *Business Week*(2004). "Just how cheap is Chinese labor?" December 2.

8. Carlsen, Laura (2004). "Protest and populism in Latin America." Americas Program, Interhemispheric Resource Center, October 5. http://americas.irc-online.org/am/836.

9. Dussel Peters, Enrique(2000). *Polarizing Mexico: The Impact of Liberalization Strategy*. Boulder: Lynne Rienner.

10. Economist Intelligence Unit(2008). "Business Latin America." January 7.

11. Ellner, Steve(2006). "Globalization, macroeconomic policies, and Latin American democracy." *Latin American Politics and Society*, 48, 1:175-187.

12. Farrell, Diana, Antonio Puron, and Jaana K. Remes (2005). "Beyond Cheap Labor: Lessons for Developing Economies." *The McKinsey Quarterly*, No.1:99-109.

13. Fourcade-Gourinchas, Marion, and Sarah L. Babb (2002). "The Rebirth of the Liberal Creed: Paths to Neoliberalism in Four Countries." *American Journal of Sociology*, 108, 3:533-579.

14. Freeman, Richard B. (2005). "Does globalization of the scientific/engineering workforce threaten U. S. economic leadership?" National Bureau of Economic Research (NBER) Working Paper 11457, http://www.nber.org/papers/w11457.

15. Gao, Bai(2006). "Neoliberal versus classical: Chinese and Japanese developmentalisms in comparison." *Sociological Research* (She hui xue yan jiu), Vol.1(Jan.):116-141.

16. Gereffi, Gary(1994). "Rethinking development theory: Insights from East Asia and Latin America." In A. Douglas Kincaid and Alejandro Portes (eds.) *Comparative National Development: Society and Economy in the New Global Order*. Chapel Hill: University of North Carolina Press.

17. ____.(1996). "Commodity chains and regional divisions of labor in East Asia." *Journal of Asian Business*, 12, 1:75-112.

18. ____.(2005). "The global economy: Organization, governance, and development." In Neil J.Smelser and Richard Swedberg(eds.) *The Handbook of Economic Sociology*, 2nd ed. Princeton, NJ: Princeton University Press and Russell Sage Foundation.

19. Gereffi, Gary, John Humphrey, and Timothy Sturgeon(2005). "The governance of global value chains." *Review of International Political Economy*, 12, 1(February): 78-104.

20. Goodman, Peter S. (2005). "China ventures southward: In search of cheaper labor, firms invest in Vietnam." *Washington Post*, December 6.

21. Gore, Charles (2000). "The rise and fall of the Washington Consensus as a paradigm for developing countries." *World Development*, 28, 5:789-804.

22. Hu, Albert G. Z., and Gary H. Jefferson (2004). "Science and technology in China." Paper presented at the conference on "China's Economic Transition: Origins, Mechanisms, and Consequences." University of Pittsburgh, November 5-7.

23. Huang, Fuping (2006). "Only Progress in Reform Can Solve the New Problems Faced in Reform" ("Gaigezhong mianlin de xin wenti, zhi neng yong jinyibu gaige lai jiejue") *Finance* (Beijing), Vol.151, 23 January 2006.

24. Huang, Yasheng, and Tarun Khanna (2003). "Can India overtake China?" *Foreign Policy*, July-August: 74-81.

25. Huber, Evelyne, and Fred Solt (2004). "Success and failures of neoliberalism." *Latin American Research Review*, 39, 3 (October): 150-164.

26. Inter-American Development Bank (IADB) (2005). *The Emergence of China: Opportunities and Challenges for Latin America and the Caribbean Basin.* Washington, DC: IADB.

27. ____. (2006). The Politics of Policies: Social and Economic Progress in Latin America, 2006 Report. Washington, DC: IADB.

28. ____. (2007). "Integration and Trade Sector Briefs: Latin American Annual Trade Estimates for 2007." December. Washington, DC: IADB.

29. Kahn, Gabriel (2004). "Making labels for less: Supply-chain city transforms far-flung apparel industry." *Wall Street Journal Online*, August 13.

30. Kahn, Joseph (2006). "In Beijing, new debate on socialism." *New York Times*, March 12.

31. Kusterbeck, Staci (2005). "China appeals to U. S. buyers with 'supply chain cities'." *Apparel Magazine*, August 1.

32. Lall, Sanjaya (2000). "The technological structure and performance of developing country manufactured exports, 1985-98." *Oxford Development Studies*, 28, 3: 337-369.

33. Lall, Sanjaya, and Manuel Albaladejo (2004). "China's competitive performance: A threat to East Asian manufactured exports?" *World Development*, 32, 9: 1441-1466.

34. Lora, Eduardo, Carmen Pagés, Ugo Panizza, and Ernesto Stein (2004). "A decade of development thinking." Inter-American Development Bank, Research Department. Washington, DC: IADB.

35. Luen Thai (2004). Luen Thai Holdings Limited: Corporate Presentation, Interim Results 2004.

36. Lüthje, Boy (2004). "Global Production Networks and Industrial Upgrading in China: The Case of Electronics Contract Manufacturing." East-West Center Working Paper

No.74. http://www.eastwestcenter.org/stored/pdfs/ECONwp074.pdf.

37. Nolan, Peter Hugh (2005). "China at the crossroads." *Journal of Chinese Economic and Business Studies*, 3, 1(January):1-22.

38. Palley, Thomas I. (2006). "External contradictions of the Chinese development model: Export-led growth and the dangers of global economic contraction." *Journal of Contemporary China*, 15, 46(Forthcoming).

39. Pang, Carmen(2004). "Chain reaction." *Textile World Asia*, Summer.

40. Portes, Alejandro (1997). "Neoliberalism and the sociology of development: Emerging trends and unanticipated facts." *Population and Development Review*, 23, 2: 229-259.

41. Rodrik, Dani (2006). "What's so special about China's exports?" Harvard University. Unpublished manuscript.

42. Shifter, Michael(2005). "Don't buy those Latin American labels." *Los Angeles Time*, December 24.

43. Sonobe, Tetsushi, Dinghuan Hu, and Keijiro Otsuka(2002). "Process of cluster formation in China: A case study of a garment town." *Journal of Development Studies*, 39, 1(October):118-139.

44. Sturgeon, Timothy and Ji-Ren Lee(2005). "Industry co-evolution: A comparison of Taiwan and North American electronics contract manufacturers." In Suzanne Berger and Richard K. Lester (eds.) *Global Taiwan: Building Competitive Strengths in a New International Economy*. Armonk, NY: M.E.Sharpe.

45. Thorp, Rosemary, and Pamela Lowden(1996). "Latin America's development models: A political economy perspective." *Oxford Development Studies*, 24, 2(June).

46. UNCTAD(United Nations Conference on Trade and Development) (2007). World Investment Report 2007: Transnational Corporations, Extractive Industries, and Development. Geneva: UNCTAD.

47. Vargas Llosa, Alvaro(2005). "The return of Latin America's left." *New York Times*, March 22.

48. Walton, Michael (2004). "Neoliberalism in Latin America: Good, bad or incomplete?" *Latin American Research Review*, 39, 3(October):165-183.

49. Wang, Jici, and Xin Tong(2002). "Clustering in China: Alternative pathways towards global-local linkages." In S. Gu (ed.) *Technological Innovation in China*. Maastricht, The Netherlands: United Nations University, Institute for New Technology.

50. Wang, Jici, Huasheng Zhu, and Xin Tong(2005). "Industrial districts in a

transitional economy: The case of Datang sock and stocking industry in Zhejiang, China." In Arnoud Lagendijk and Päivi Oinas(eds.) *Proximity, Distance, and Diversity: Issues on Economic Interaction and Local Development*. Burlington, Vermont: Ashgate.

51. Wang, Mark Yaolin, and Xiaochen Meng(2004). "Global-local initiatives in FDI: The experience of Shenzhen, China." *Asia Pacific Viewpoint*, 45, 2(August):181-196.

52. Weyland, Kurt(2004). "Assessing Latin American neoliberalism: Introduction to a debate." *Latin American Research Review*, 39, 3:143-149.

53. Zhang, Qing, and Bruce Felmingham(2002). "The role of FDI, exports and spillover effects in the regional development of China." *Journal of Development Studies*, 38, 4(April):157-178.

54. Zhang, Zhiming, Chester To, and Ning Cao(2004). "How do industry clusters succeed? A case study in China's textiles and apparel industries." *Journal of Textile and Apparel Technology and Management*, 4, 2(Fall):1-10.

# 第五章　全球商品链、市场创造者及需求响应经济的兴起①

加里·G·汉密尔顿、加里·杰里菲

本章中，我们重点从宏观分析层面讨论经济社会学的分裂并就其中一个方面进行分析，即注重结构和制度的传统方式与注重组织流程的全球商品链方式之间的分裂。②我们认为这两种方式可以调和，唯一的前提是认真考量全球化的历史动态并将其纳入经济社会学中。

“目之所望，足之所向”，这句格言很有道理。经济社会学家是一个多样化的群体。他们研究的方向不同，经常得出相反的结论。有些人注重结构，尤其是网络结构；有些人注重制度，主要是政治和社会制度；还有些人注重组织流程。那些采用结构主义和制度视角的人，也就是经济社会学传统核心，找到了足够的论据来支撑他们的论点，即中观层次现象，如社会网络和国家的经济政策，是形成地区和国家经济组织的决定性因素。这些理论家经常弱化甚至无视全球经济过程给地区和国家经济活动带来的影响。因此，理查德·斯威德伯格(Richard Swedberg)在其对本领域的纲领性评价中总结道：

---

① 作者在此感谢珍妮佛·贝尔(Jenifer Bair)和马克·密苏奇(Mark Mizruchi)对本章提出的宝贵意见。同时感谢洛克菲勒基金会(Lockefeller Foundation)对该研究报告的部分资助。

② 本章中，我们不对全球商品链和全球价值链之间的联系进行讨论。相关讨论在其他文献中有所涉及，特别是可参考珍妮佛·贝尔(Jenifer Bair)所编 *Frontiers of Commodity Chain Research*(《商品链研究前沿》)一书中珍妮佛·贝尔(Jenifer Bair)所著的第一章和蒂莫·斯特金(Timothy Sturgeon)所著的第六章。

经济社会学的传统方式对“与其他分析国际经济的研究传统产生联系毫无兴趣……这种趋势代表了当代经济社会学的一个缺陷，正如它并未参与全球化的讨论一样”(2003:69)。

当然，用全球商品链的方法来分析经济社会学也有其局限性。全球商品链理论家找到很多或至少找到部分全球经济组织生产和分配的动力，用以支撑其理论。根据以上观点，珍妮佛·贝尔(Jennifer Bair)在对本章的评价中提到，全球商品链理论学家的“研究分析越来越对中观层面的产业动态和/或微观层面的企业升级感兴趣”。她认为，应进一步关注商品链所处的制度及结构环境，以便更全面地理解全球—地方联结环境下全球资本的社会和发展动力。

的确，许多传统以及全球商品链理论家都在淡化其各自主题的历史动态。虽然他们通过不同的分析方法得出了不同的结论，但都侧重于研究经济组织的某些特征，特别是企业内部或企业间的关系，同时他们还将“中观层面”变量作为近因(proximate causes)来分析经济组织的本质或变化。对于大多数传统理论家来说，影响经济组织的近因是社会学变量，一般来说是网络结构、社会关系、经济政策以及政府效率等因素的组合。而对于全球商品链理论家来说，近因是产业因素：产品特性、技术水平、企业间联系、准入壁垒以及治理结构等。尽管两种观点都给予企业间联系类似的关注，但它们对近因的分析存在差异，从而导致了结论上的明显分歧。然而，我们认为一旦一个较长时段的制高点被采纳，上述分歧将不再存在。

## 一、经济社会学的分裂

在过去几十年里，大多数经济社会学家主要通过不同的方式研究企业间网络的重要性及其制度环境，从而了解和认识经济活动组织形式。在本节中，我们将对传统方式进行描述，并与后续章节中的全球商品链模式进行对比。

经济社会学中的网络研究源于对赖特·米尔斯(C.Wright Mills)的《权力精英》(1956)一文中的观点进行论证和实践,但提出相关理论体系及方法论的努力(如 Domhoff, 1967; Mintz and Schwartz, 1985)直到20世纪90年代才逐渐消失(Scott, 1991)。在那段时间,社会学家从社会学角度提出了一系列的方法来研究网络和经济组织之间的关系。上述观点中最著名的研究来自马克·格兰诺维特(Mark Granovetter, 1973, 1974),特别是其最有影响力的论文"Economic Action and Social Structure: The Problem of Embeddeness"(《经济行为与社会结构:嵌入性问题》)(1985),该文从理论上阐述了建立经济组织过程中社会关系的重要性。自从这篇文章发表后,格兰诺维特的嵌入性理论为经济社会学提供了最受赞誉的纲领性观点。

这篇文章的重要性还在于,格兰诺维特关于嵌入性理论成为社会学中与奥利弗·威廉姆森(Oliver Williamson)微观经济交易成本理论相对应的理论。威廉姆森(1975, 1985)认为经济组织(即公司内部组织)产生于单个公司有效解决交易成本的商业过程中。针对威廉姆森的经济个人主义,格兰诺维特在该文中提出了所有经济行为均处于运行的社会网络之中的观点。格兰诺维特认为"社会关系比制度安排以及普世道德都重要,这也是经济生活中产生信任的主要因素"(1985:491)。社会关系网络构成的基础是信任,而信任反过来也组织了经济生活。

在该理论形成过程中,格兰诺维特清楚地认识到其中观层面性质,"嵌入性理论采用的因果分析只是一种近似(proximate)分析。我并未对历史或宏观结构环境导致体制表现出其自身社会结构的情况进行更多研究,因此,我在该分析中并未回答关于现代社会的本质或者经济、政治的变革进程等广泛性问题"(1985:506)。但这并不意味着格兰诺维特的嵌入性理论与经济和社会的宏观结构毫无联系。恰恰相反,格兰诺维特通过中观层面的研究建立起了"宏观和微观的理论体系的充分连接"。因此,他认为,"市场和层级问题很好地说明了用来解释宏观层面利益格局近似关系的嵌入性理论。垂直一体化的程度和小企业持续运营的原因不仅被产业组织所关注,这也是所有研究发达资本主义制度学者的兴趣所在"(1985:507)。

## 二、传统方法中的中观导向

通过中观层次变量来理解和研究高级现代经济是经济社会学的标志。贯穿该文献最突出的主题是强调嵌入性理论和组织性结果之间的因果关系。根据经济活动嵌入概念,该主题分为两个层面:嵌入网络自身结构;或最终嵌入国家社会、经济及政治制度中。

很多学者通过先进的网络研究法,将网络形式结构特性与各种经济结果相联(如 Burt, 1992, 2004; Podolny, 1993, 2005; Uzzi and Spiro, 2005; Wasserman and Faust, 1994)。其中,多数理论认为网络的直接结构特点(而非网络的长期根源)导致了可观察到的结果,例如更高的利润、更大的上升流动性、更多的权力及影响力。[①]尽管这些理论强调的是网络内个体行为的结果,而非网络自身起源,但仍有一个前提假设,即个体行为者可对宏观层面产生影响,也就是说,宏观层面的结构是不同结构构造中个体行为路径依赖(path-dependent)积累的体现。

另一部分研究人员则关注于经济网络的关系和制度基础。在 1985 年格兰诺维特的论文发表之前已有一些研究,这些研究在该论文发表后更具理论意义。上述研究人员分别研究了商业集团网络(Hamilton and Biggart, 1988; Gerlach, 1992; Granovertter, 1994, 2005; Stark, 1996; Stark and Bruszt, 1998; Biggart and Guillen, 1999; Guillen, 2001)、民族商业网络(Waldinger, 1986; Waldinger, Aldrich and Ward, 1990; Light and Bonacich, 1988; Light, 2005),以及性别网络(Biggart, 1990; Brinton, 2001)。与结构主义者的观点不同,以上这些网络研究表明社会制度中经济网络的嵌入能够产生经济成果。但是,根据结构主义学者的分析,这些研究

---

① 同时,多数在商学院任职的研究人员,或多或少都只针对企业内部或企业间数据进行专门研究,而忽略国家和全球等其他层面的研究。

人员通常并不分析网络自身的长期或潜在原因,只对以某种形式产生影响的短期制度性因素、而非产生实质影响的最主要因素进行分析。例如,一些理论家通过引用上述针对社会关系影响经济活动的研究,便默认这些社会关系引发了经济活动,而不去考虑这些社会关系在被掩盖甚至不存在的情况下所发生的情形。

虽然,许多传统理论家都对社会制度与经济组织之间的联系进行研究,但制度方法中更常见的关注重点是国家。制度方法对这种变量的研究,受格兰诺维特社会学论文的影响较小,更多受到产业组织新关注的影响,这种关注在相关领域多个文献中出现,主要包括威廉姆森(Williamson, 1975)、钱德勒(Chandler, 1977, 1990)、皮奥里和萨贝尔(Piore and Sabel, 1984)、纽法默(Newfarmer, 1985)、哈维(Harvery, 1989)、斯各特(Scott, 1988b),以及波特(Porter, 1990)等人的论文和著作。社会学家们开始重新分析上述研究结论。针对钱德勒(1977)关于美国企业结构的效率理论(efficiency explanation),许多社会学家(Perrow, 1981, 2002; Roy, 1997; Fligstein, 1985, 1990; Prechel, 1990, 2000)提出自己的观点进行反驳。虽然彼此观点有所不同,然而这些社会学家均反对效率理论,但对国家政治权力影响企业效益的制度理论则予以支持。

这种解释最初与一些社会学家开始推行的国家相对自治和行政管理能力理论(Skocpol, 1979; Evens, Rueschemeyer and Skocpol, 1985; Evans, 1995)共存,但随后与之合并。基于对传统马克思主义理论中国家概念的重新解读,国家官僚机构的政治制度不同于且部分独立于统治阶层的利益。一些亚洲研究学者采纳了这一观点和其他新马克思主义研究诸多文献中的观点,对东亚工业化进程进行实证分析。

查尔莫斯·约翰逊(Chalmers Johnson, 1982)是首位从事此类研究的亚洲学派学者。他在关于日本通产省一书中提出了“发展型国家”(developmental state)的概念,他认为日本的工业化进程很大程度上可被视为政府积极干预经济的结果。根据约翰逊的理论,一群训练有素的日本官员制定并实施了合理的计划，为日本建立了具有全球竞争力的工业体系。许多其他亚洲研究学者（如 Cumings，1984；Gold，1986；Amsden，1989；Wade，1990；Woo，1991）也很快依照约翰逊的理论成因对其他亚洲国家，尤其是韩国和中国台湾地区工业化的快速发展进行分析。彼得・埃文斯（Peter Evans）首先提出了国家制度在巴西经济发展中的重要性（1979b），他认为东亚国家比拉美国家更“强大”，因此也能比拉美国家更快、更成功地实现工业化进程。此外，他还指出“韦伯式官僚制度”在亚洲国家实现“嵌入式自治”（embedded autonomy）过程中发挥了重要作用（Evans，1995；Evans and Rauch，1999）。

该文献主要强调政治制度对经济组织的重要影响，这一观点从其他学者对欧洲（Boyer，1990；Hollingsworth，Schmitter and Streeck，1994；Hollingsworth and Boyer，1997；Dobbins，1994；Fligstein，1996；Berger and Dore，1996；Whitley，1999；Quack，Morgan and Whitley，2000；Hall and Soskice，2001）、亚洲（Whitley，1992）以及美国（Nelson，1994）经济进行的诸多研究中也获得印证。此类研究文献种类多样，包括调节理论（regulation theory，如 Boyer，1990）、商业系统理论（business system，如 Whitley，1992，1999）以及资本主义多样性理论（varieties of capitalism，Hollingsworth and Boyer，1997；Hall and Soskice，2001），但总的来说，这些理论认为，国家和地方政治及社会制度相互交织的性质不可避免地导致资本主义行为本地化。大多数（并非所有）理论家都会支持布洛克和埃文斯（Block and Evans，2005：505-506）最新研究的结论：“国家和经济并非相互独立自治的领域，而是共同构成了活动的范围……我们的观点是，市场经济嵌入公民社会中，既受到国家的影响，反之又对国家产生影响。”

传统方法通常认为制度是一种优先、近似的外部力量，单独或共同对经济组织产生影响。从这一理论推断，许多制度理论学家得出结论认为，全球经济只不过是各国经济的总和。对他们而言，全球化主要是指国家经济相互交织的过程。一些国家经济体量大，在全球范围更具重要性，例如美国；其他一些国家经济体量较小，相对而言并不重要，例如尼泊尔，但将其叠加到一起,便形成了全球经济。

根据这一逻辑,尼尔·弗雷格斯坦(Neil Fligstein)等著名经济社会学家发现全球化相关论述并不能令人信服,他认为世界贸易的扩张“既未引起生产组织的广泛变化,也未削弱政府权力”(2001:222)。他指出,大政府和大公司有利于国家经济的稳定,并通过国际协定来稳定全球经济(Fligstein, 2001, 2005)。弗雷格斯坦并未引用全球商品链的相关论述,其关于21世纪资本主义分析中很少关注具体的行业,也忽略了20世纪下半叶亚洲的情况,而我们相信上述内容对当今全球资本主义具有十分重要的意义。

经济社会学和全球化研究的另一分歧来自理查德·斯威德伯格。正如之前所引述,斯威德伯格(2003)认为新经济社会学几乎不关注全球化。然而在同一书中,尽管斯威德伯格呼吁在经济社会学研究中更多关注全球化,但在其《经济社会学原理》这一纲领性著作中并未包含针对全球化的章节,甚至在参考书目中未包括全球商品链相关文献——尽管他对杰里菲的研究十分熟悉,且在两版与他人合编的《经济社会学手册》中均收录了杰里菲的文章。

事实上,也许有人认为,大多数理论学家对全球商品链保持沉默,表明其选择支持以国家或其他制度为中心的解释,并否认全球化进程在阐释经济组织中的作用。著名的中国问题专家和经济社会学家倪志伟,则明确反对考虑外部因素对当代中国社会和经济影响。他表示:“我并没有像其他人一样重视中国企业在国际层面的活动。我更关注中国企业在国内市场的表现而非全球化本身……重点研究中国资本主义在国内发展的内生解释……因此如果我忽视了外部因素,那也是有意为之(Nee, 2007:5)。”根据倪志伟的理论,经济社会学家面临的根本性挑战是“建立内生制度变迁理论”(2007:6),这导致他忽略了全球或者跨国因素在分析中国和很多其他发展中经济体经济高速增长中的作用。

在阐述国家和经济“共同构成了活动范围”这一观点时(Block and Evans, 2005),以国家为中心的经济社会学家实际上只对他们提出假设的辩证法的一半感兴趣。为了从社会学角度明确地解释经济组织,除了能支持其理论的经济行为，他们选择忽略其他所有经济行为。这一立场可被视为一种社会学帝国主义，或许也是为了平衡经济学家的帝国主义态度。然而这种做法，不但使他们忽略了许多体现利润、价格以及效率等对实际从商人员十分重要的经济活动，还忽略了许多具有全球导向并导致上世纪后半叶发生巨变的活动。

## 三、利用全球商品链分析，超越传统经济社会学

正如珍妮佛·贝尔(Jennifer Bair)在本书序言中所述，[①]很多不同的跨学科学者都采用全球商品链方式分析过去50年经济活动全球化情况。其中很多学者十分关注全球生产网络中企业间关系以及这些网络对所在国当地、国内以及区域的影响。正如贝尔在本书序言和其他场合所述(Bair，2005)，这些研究大多数是"针对微观(单个公司)或者中观(部门)层面进行分析，而非从宏观和整体(层面)来分析"。

此前针对全球商品链的研究得出了几点一般性结论：首先，国家经济通过企业间的商业行为相互联系，且该联系在全球范围传播；其次，无论何种社会和政治关系形成这种相互联系，企业也通过制造、分销、销售、零售等经济过程实现联接；第三，企业之间的相互联系并非直接由政府或者族群团体组织和控制，而是由在全球商品链中占优势地位的公司组织和控制。

在本章中，我们将超越上述结论，就全球商品链扩张在宏观层面形成的影响予以讨论。我们特别要说明全球商品链在全球范围内扩张与被芬斯特拉和汉密尔顿(Feenstra and Hamilton，2006)称作"需求响应经济"之间的联系。

### (一) 追踪全球商品链：国际贸易和产业组织

全球商品链的实证分析主要关注产业和产品。通过分析国际贸易来说明商品链在全球范围的重要性是个很好的开端。在全球化研究文献中，因与

---

① 本章最初收录于珍妮佛·贝尔所编的 *Frontiers of Commodity Chain Research*(《商品链研究前沿》)一书第7章。——译者注

就业、工资水平以及世界自由贸易协定的扩大直接相关，世界贸易增长受到了高度关注。然而，很多经济学家，特别是在贸易领域，认为国际贸易体现了全球经济的重要新特征，这些新特征强调了全球商品链方式的卓越性。例如，保罗·克鲁格曼(Paul Krugman, 1995)和萨克斯(Sachs, 1998)及罗德里克(Rodrik, 1997)持相似观点，他们认为，大规模制成品从低工资国家向高工资国家出口的快速增长是一种新的、十分重要的现象。结构层面发生的最大变化是产业内零部件贸易的增长，特别是那些作为中间品在其他国家进行最后组装的产品。

为实现上述中间品的国际贸易，生产商需具备“对价值链进行细分、将生产过程拆分成分散在各个不同地区的生产环节的能力”(Krugman, 1995: 132)。芬斯特拉(1998)在该观点上更进一步，他明确地将全球经济中的“贸易一体化”(integration of trade)和“生产非一体化”(disintegration of production)联系起来。借助贸易实现的世界市场一体化导致跨国公司生产过程分解，因为公司发现通过外包(国内或国外)更大比例的非核心制造及服务活动能带来更丰厚的利润。

从当代中美关系可看出由“产业组织”角度对国际贸易进行观察的重要性。2007年，在美中双边贸易中，美国逆差达到创纪录的2 563亿美元，其中美国自华进口3 215亿美元，对华出口653亿美元(U.S. Bureau of the Census, Fereign Trade Statistics)。然而这些数字具有欺骗性，实际上中国的消费品出口严重依赖从美国及其他东亚国家进口的产品。中国出口的制成品超过2/3来自外国投资企业(Gereffi, 2007)，而亚洲4个主要经济体(日本、韩国、中国台湾和中国香港)的外国直接投资占中国吸引外资总额的70%(Lardy, 2003)。

中国是世界工厂，而美国是其超市。在许多出口导向型产业中，中国的作用是将其他地方生产的零部件组装成产品。以苹果最受欢迎的产品iPod为例，加州大学欧文分校的研究人员对售价299美元的30G iPod的价值如何在苹果公司和生产iPod的450个零部件——这些零部件最终在中国组装——的公司之间分配进行计算。关于谁在全球生产中获取了大部分利润的研究结果相当惊人。苹果公司才是最大的赢家(获得零售价中的80美元,来自产品概念、设计以及品牌价值),日本东芝公司的硬盘则是最贵的组件(63美元)。美国公司和工人共获得163美元(约占零售价的55%),而中国最终组装成本仅为4美元/件。因此,"虽然中国工人仅贡献了iPod价值的1%,但每台直接向美国出口组装完成的iPod却为双边贸易带来了150美元的逆差"(Varian, 2007)。

采用全球商品链框架对类似中美贸易等当代问题进行研究的主要优势在于,这种方式将增值链和全球产业组织直接联系起来(见Gereffi and Korzeniewicz, 1994; Gereffi, 1999, 2005)。这种观点也将全球采购商(主要为零售商和品牌营销商,或"没有工厂的制造商")视为形成全球分散的生产和分销网的关键驱动力,这种方式被称为"采购商驱动链"。然而,该方式同样适用于对全球商品链的崛起进行追踪,我们将在后续章节中进行讨论。

## (二) 全球历史轨迹和国家经济组织

许多国际贸易领域的经济学家都在分析影响世界贸易平衡的因素。然而,他们通常使用综合水平分析法,但这种方法不太可能描述细节和因果关系。事实上,他们使用贸易数据只是作为一种分析快速增长的综合度量,或者是作为一项宽松指标来检验国家计划制定者期望得到的结果。

芬斯特拉和汉密尔顿(2006)对传统方法进行了创新突破,他们提出使用历史贸易数据来跟踪20世纪70年代以来全球商业链的形成和扩张。他们使用的贸易数据来源于芬斯特拉为美国国家经济研究局做的国际贸易和投资研究项目,包括1972年至2001年美国较为全面的进口数据。这是可得到的最细分的贸易数据。①这个数据库也展示了"(东亚国家)工业化道路上的足

① 以上美国进口产品原产地的数据由美国海关收集统计,在1972年至1988年间美国海关采用七位数的美国海关税则号编码进行区分,而从1989年至今,美国海关改用国际商品统一分类和编码对货物进行区分。上述两种编码规则,都可区分上百种的鞋、服装以及各种零件和最终产品。这些数据都可以在位于加州戴维斯的国际数据中心进行查询,请参考www.internationaldata.org。

迹”(Feenstra and Hamilton，2006:239)。这些数据从产品层面反映了经济增长和经济转型,同时也是相关产品推动全球商业链形成和第三世界国家工业化进程的最佳既有证据。这些数据不仅让学者能追踪出口产品的变化,还为其提供了研究这些产品生产国经济的可能。

为说明如何使用这些数据,我们首先确立消费品的两种发展趋势。我们强调关注非耐用消费品的原因十分简单,因为除石油产品外,消费品占美国进口份额最大。图 1 中显示出从 1965 年至 1995 年的 10 年间,美国主要种类消费品(汽车除外)中进口产品占比。1965 年,任一消费品类别的进口占美国同类产品消费总额均未超过 10%。实际上,1965 年美国进口产品中唯一超过同类产品消费总额 10%的为中间品,即从日本进口的钢铁,当时美国本土钢铁厂面临混乱的劳工问题,这些进口钢铁多用于满足当时蓬勃发展的汽车行业的需求。从上述低点开始,进口的消费品在所有主要消费品类别中所占比例迅速增长。另一个趋势为:从图 2 可以看出,以上这些进口产品主要来自少数几个东亚经济体:日本、韩国、中国台湾、中国香港以及 1985 年以后的中国大陆。

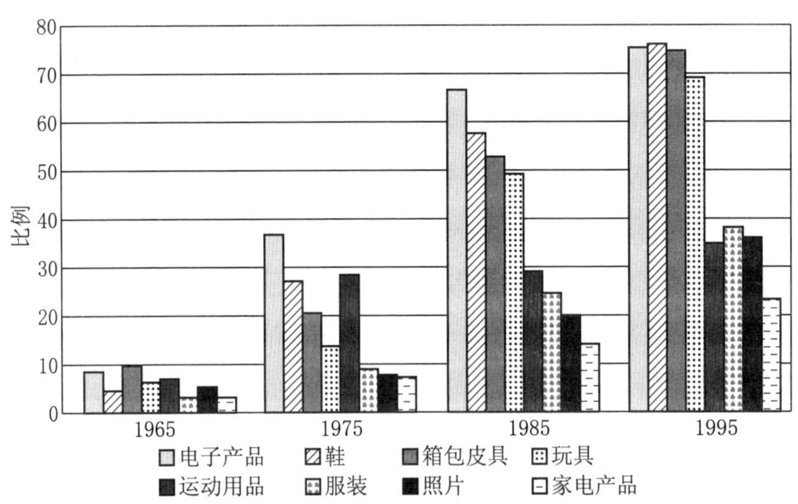


来源:Robert C.Feenstra (2001). “U.S. Imports and Exports: Data and Concordances.” Nber Working Paper #9387. http://www.internationaldata.org。

**图 1　进口产品占美国消费品份额**

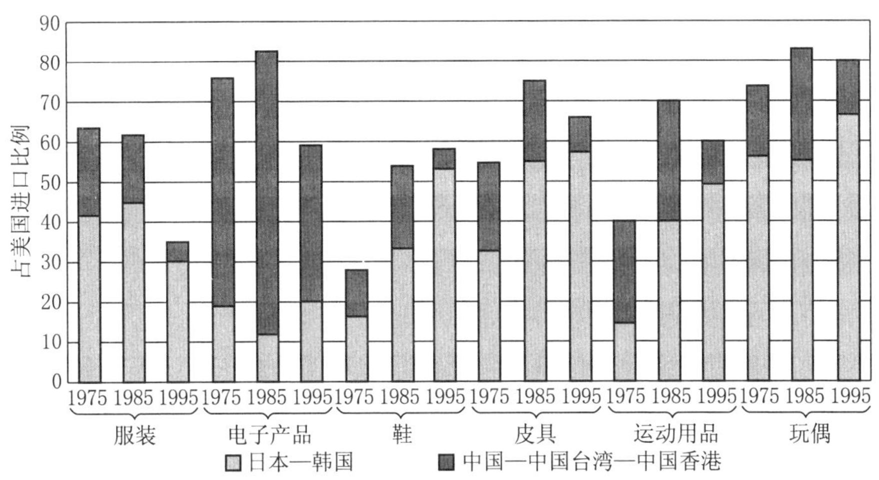


来源：Robert C. Feenstra (2001). "U.S. Imports and Exports: Data and Concordances." Nber Working Paper ＃9387. http://www.internationaldata.org。

**图2　源自亚洲的一般进口产品**

这两种趋势表明，全球商品链的快速发展出现在1965年后，主要集中在东亚地区。当然，考虑到这两个推论仅仅基于美国进口数据的数据库，其合理性尚需进一步验证。尽管如此，上述研究仍使我们了解了过去几十年中，世界最大的消费品市场的全球商品链情况。

芬斯特拉和汉密尔顿(2006)根据美国海关的相关数据，详细研究了东亚地区全球商品链较为活跃的两个经济体——韩国和中国台湾的发展情况。研究结果表明，在1965年至1985年工业化初期，这两个经济体主要出口商品大多来自采购商驱动商品链和合同制造(contract manufacturing)。

通过对上述研究结果进行总结，我们很容易注意到以下两个事实。首先，在经济快速增长初期(大约从1965年至1975年)，两个经济体的增长主要来自出口部门。这一特点在中国台湾地区更为显著，其人口和经济总量约为韩国一半，但从1965年至2000年间中国台湾地区每年对美出口额均高于韩国。其次，在20世纪60年代末，对美出口实现跳跃式发展，美国成为韩国和中国台湾地区迄今最大的单一出口市场。此外，与韩国和中国台湾地区向其他市场出口商品不同——例如,对日出口产品中包括大量农产品,对美出口的产品绝大多数为各类制成品。事实上,从1965年至1985年的20年间,美国市场占中国台湾地区制成品出口近50%和韩国制成品出口近40%的份额。简言之,这一时期韩国和中国台湾的经济增长的动力主要来自对美制成品出口。

芬斯特拉和汉密尔顿(2006)还利用美国进口数据来研究进口经济体和出口经济体的经济组织情况。他们提出了两个问题,针对主要进口国美国,他们提出"如何从组织层面解释消费品进口的快速增长"?同时,对两个主要出口经济体——韩国和中国台湾,他们提出"如何从组织层面解释消费品出口的快速增长"?

在回答第一个问题时,他们发现美国进口的快速增长是美国经济转型的结果,这一转型被布卢斯通(Bluestone)及其同事(1981)称为"零售革命"。虽然,一些学者(Petrovic, 2005; Hamilton, Petrovic, and Feenstra, 2006; Hamilton, Senauer, and Petrovic, Forthcoming)正对该零售革命的范围进行详细研究,但其大致框架是很明确的。在20世纪下半叶,随着美国全国大型购物中心井喷式发展,美国经济中的零售部门实现了大幅扩张并发生了形式上的改变。连锁店成为零售业多数部门的主导形式。这些部门高度集中,几个最大的连锁店占据了各部门巨大的市场份额。这一变化的主要标志是,1955年全美只有500家购物中心,大多数规模有限。但到了2000年,这一数字变成了50 000家,其中很多规模巨大。在1970年以前,购物中心和商场主要位于美国,少量分布在欧洲。但到2000年,购物中心和商场成为了全球性的现象。

为应对购物中心初期增长,新型的连锁店应运而生,即专业零售商(如the Limited和GAP)和折扣零售商(如Walmart和Target)。实际上,Walmart、Kmart、Target及Kohl's等不约而同地在1962年启动打折零售业务。同样,所有的专业零售商,包括Home Depot、Office Max、Best Buy、Circut City、the Limited、Gap等都在20世纪60—70年代启动其现有业务。

零售革命另一个重要部分是Nike和Dell以及一些其他品牌采购商的崛起，[①]这些采购商主要对品牌进行营销，仅拥有很少零售店或工厂。到20世纪80年代，品牌店及专业零售商占据了越来越多的消费品市场的主导地位，包括鞋类、服装、玩具、自行车以及非日本产消费电子品等。

在回答第二个问题时，菲斯特拉和汉密尔顿发现，零售革命不仅是由组织采购商的快速发展所造成的，也是由新型离岸制造业兴起所导致的，换言之，即采购商驱动型商品链（见Gereffi，1994）。新的零售形式和新的制造来源是同一现象的两个方面。第三个相关的因素是全球物流业的转型，该因素增强了美国和欧洲零售商与亚洲制造商之间的联系（Bonacich and Wilson，2007）。贸易数据显示，在短短几年中，这种采购商驱动链已成为亚洲经济兴起并产生差别的主要原因，这种潜在的经济过程形成了被芬斯特拉和汉密尔顿（2006）称为“需求响应经济”的现象。

### （三）需求响应经济的兴起[②]

需求响应经济是为直接响应全球商品链中间参与者的需求而发展并通过经济化方式组织起来的经济形式。杰里菲（1994）认为，这种需求是由零售商和品牌采购商，即“大采购商”的订单创造的。学者们将多数经济定义为生产商驱动型。从这个角度来讲，制造商负责获取生产所需的初级和中间投入，并自行组织产品销售渠道。零售商和最终消费者是这一商品链的最后阶段。

相反，需求响应经济是从最终需求进行“反向”组织，由零售商和采购商根据销售点或其他渠道的信息——如焦点群体等——预估出来的。零售商和采购商根据获取的信息设计产品并寻找能满足大采购商数量和质量要求的生产商。反之，生产商则负责获取生产订单商品所需的投入。如果大采购

---

① 有关美国“大买家”出现的其他案例和日期，请参考杰里菲的其他相关文献（Gereffi，2001：32-34）。

② 以下部分是针对本篇文章论点的总结，相关细节可以参考菲斯特拉和汉密尔顿的文献（Feenstra and Hanmilton，2006）。

商和亚洲生产商建立了长期合作关系，中间环节和配套服务市场将进一步发展，形成围绕合同制造的经济形式。

几乎所有关于东亚工业化的传统分析都从供给侧进行讨论。我们知道，大采购商自20世纪60年代后期起在亚洲已非常活跃，但很少有研究将这一事实与东亚工业化相联系。相反，亚洲资本主义发展的相关研究，仍停留在对早在70年代和80年代就已出现的供给侧老三套原因进行讨论：(1)宏观经济环境（市场原教旨主义，“价格正确”）；(2)发展型国家（“价格错误”）；(3)非国家体系，如家庭和权力体系及相关文化因素。这场关于亚洲工业化起因辩论的利弊直至今天仍十分重要，学者们需要对其起因作出均衡评价，进而制定出表面上能使发展中国家“实现可持续高速增长”（Ito，2001：91）的政策，而不必重复之前的错误——如亚洲金融危机中发生的情形。

在这场辩论中，有一个观点从未被审视，即亚洲奇迹以及亚洲经济持续变化的起因只能在亚洲被找到，亚洲工业化应严格从供给侧进行讨论（World Bank，1993）。这场辩论各方几乎都认同一个潜在的假设，即亚洲奇迹是亚洲产物。他们的理论以国家为中心，从生产商驱动角度讨论了这一亚洲产物在当地如何产生。

在各种解读中，假定的起因（如市场失灵、宏观经济管理、国家政策、制度环境）都形成了包含限制、诱因和“组织逻辑”等因素的结构（Biggart and Guillen，1999），这种结构存在于经济行为外部且暂时先于经济行为，进而也催生经济内部形成一套特定的组织和表现结果。虽然此类标准解释很多都承认了“全球化”、“全球资本主义”或“世界经济”的重要性，但相关描述十分模糊。很少有理论家将全球重要的经济或组织因素纳入对地区和国家经济发展的因果分析中。

这些分析都有一个特点，那就是极少提到亚洲出口导向的需求侧。当然，理论家们经常将出口贸易称为“东亚增长的引擎”，并强调对美双边贸易对亚洲经济增长的特殊重要性（如Chow and Kellman，1993）。但在对这种现象进行因果分析时，他们主要对商品生产商，特别是生产环境进行分析，而不是商品购买者和消费环境。即使那些对市场分析持批判态度的强势国家(strong-state)理论家，如阿姆斯登(Amsten，1989，2001)、韦德(Wade，1990)、埃文斯(Evans，1995)、科利(Kohli，2004)，也简单地认为需求侧市场过程才是重要的：所有这些生产、出口的商品设法找到了海外采购商。罗伯特·韦德(Robert Wade，1990：48)对台湾当局的经济政策进行了深入细致的分析，他支持多数理论家的观点并表示"台湾出口增长的市场侧……仍然是个谜"(1990：148)。

我们认为，在当代世界，地区和国家层面经济发展的核心理论问题不仅仅是从供给侧或需求侧视角是否能得出一个更精确的解释，而是生产商驱动、供给侧分析的视角不能解释全球市场的崛起和运行。这些分析始终植根于地区和国家经济、政治和社会制度，导致个体经济在概念上与其他经济体以及全球资本主义相隔离。相反，需求侧视角不仅将全球市场视为研究的核心题目，学者们还可假设包含全球零售商在内的"做市"(market-making)过程是亚洲工业化的动因(Petrovic and Hamilton，2006；Gereffi，1999)。

全球商品链方式有助于理解这些做市过程。在理想型的生产商驱动商品价值链中，制造商不仅控制生产过程，也为他们生产的产品"创造消费者市场"。这类生产商做市能力的经典例子是汽车代理商和特定制造商的附属信用机构，两者都是为了吸引并方便消费者购买。在美国制造商的全盛时期，许多工业企业通过直属零售商(如授权经销商)积极地向最终用户推销自己的产品(Petrovic，2005)。

在理想的采购商驱动商品链中，做市过程与生产商驱动商品链在组织方式上有很大区别。采购商驱动商品链中，零售商和采购商在消费市场和供给市场拥有更强的影响力。不仅如此，他们也有动力保持两种市场相互区分、相互隔离。从消费者角度看，同一部门的零售商通过竞争，吸引并留住消费者。为进行有效竞争，零售商和采购商需将商店(甚至是网上的虚拟商店)开设在方便消费者的地方，需开发或采购畅销产品，需有效地宣传和展示产品，需建立促进销售和盈利的价格结构，需提供产品保修保证等。

在产品供应方面，零售商和采购商要寻找或发展一个（通常是一组）制造商按照订单要求的数量、质量和价格供应商品。零售商和采购商通常会积极参与到研发新产品和制定新生产规范中。零售商和采购商在销售一系列产品的过程中，通常会与很多供应商打交道，实际上是形成了特定的最终商品及其零部件的市场以及价格结构。全球商品链研究者（Gereffi，Humphrey，and Sturgeon，2005）已经证明，随着时间的推移，供应商市场已经从组织松散的关系网进化为全球性组织的公司，独立参与合同制造生产，并积极争取大采购商的合同。

美国、欧洲和日本的采购商在为韩国和中国台湾各类消费品创立供应商市场方面发挥了基础性作用（Feenstra and Hamilton，2006；Hamilton and Kao，2007）。这些供应商市场因大采购商的中间需求而壮大，并成为各经济体的重要组成部分，进而影响了整个经济组织。两经济体的崛起和同期产生的组织差异可从其制造业原始数据和美国进口细分数据的图表上得以体现。

图3说明韩国和中国台湾供应商的崛起情况。在工业化初期，截至1985年，这两个经济体对美出口货物种类大幅增加（7位海关税目），服装和鞋类

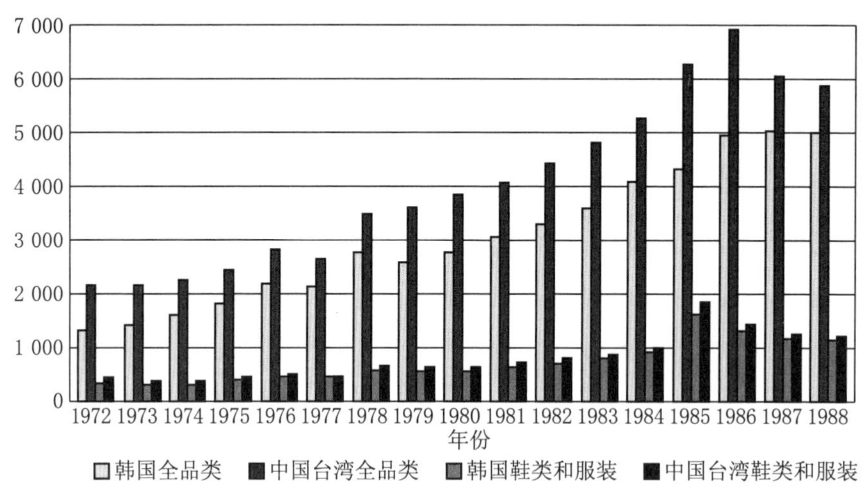


来源：Robert C. Feenstra (2001). "U. S. Imports and Exports: Data and Concordances." Nber Working Paper ＃9387. http://www.internationaldata.org。

**图3 1972—1988年七位海关税目进口品种类：总量，鞋类和服装**

产品的增幅稍弱但仍实现实质性增长。这一数据体现了这两个经济体的生产实现快速多样化的过程。虽然随后几年对美出口产品总量大幅增加，但芬斯特拉和汉密尔顿(2006：241-243)发现，对美出口总额集中在几种重要商品上。

如图4所示，在初期阶段两经济体的集中度最高，韩国对美出口额的近50%和中国台湾对美出口额的25%集中在10种商品上。随着20世纪70、80年代商品种类迅速丰富，集中度有所下降，但在80年代末期和整个90年代，随着企业将劳动密集型生产转移到中国、东南亚和其他地区，这种集中度又开始恢复增长。

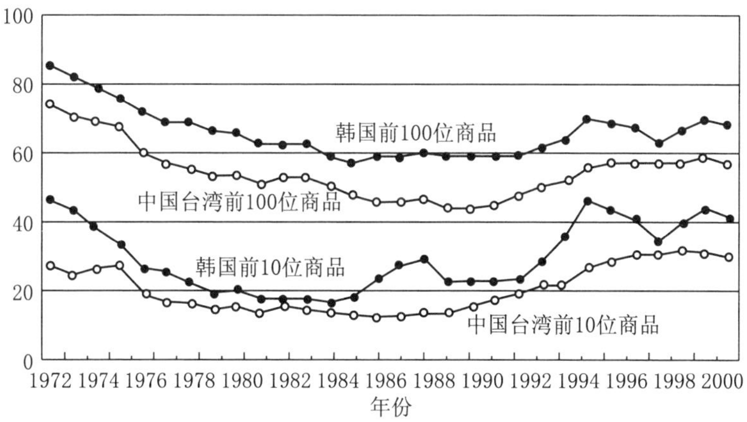


注：1972—1988年的数据基于TSUSA7位编码；1989—2001年的数据基于10位海关税目。

来源：Robert C. Feenstra(2001). "U.S. Imports and Exports: Data and Concordances," Nber Working Paper #9387. http://www.internationaldata.org。

**图4　1972—2001年韩国和中国台湾地区出口额前10位和前100位的产品**

这些贸易数据表明，两经济体在同期迅速发展的同时，经济组织形式也发生分化(Feenstra and Hamilton，2006：245-251)。这种分化自工业化初期便已开始，随着工业化的推进愈发明显和强烈并贯穿所有商品种类中。

比如，韩国和中国台湾均生产鞋类产品，但细分贸易数据显示两经济体生产鞋的种类存在很大区别。韩国企业大量生产少数几类男式或男童皮质运动鞋;而台湾企业则批量生产多种橡胶和塑料鞋,以女鞋或女童鞋为主。经过如此分工,两经济体生产的鞋类产品占到美国 1985 年鞋类产品进口的 50%。

类似情况也出现在其他工业领域。两个经济体都生产橡胶和塑料制品(非鞋类),但韩国很快集中在大量生产汽车和卡车轮胎;而中国台湾则生产多种类产品:玩具、厨房用品、管子、门把手、家用装饰品,甚至圣诞树装饰物。两经济体都出口多种家用电器,韩国公司专注于微波炉生产;而台湾制造商则出口吸尘器、吹风机、卷发器以及电熨斗等多种产品。1985 年后,两经济体的出口产品均集中在"交通设备"领域,韩国大量生产汽车;台湾则成为主要零部件供应商,主要生产汽车零配件。同样,1985 年后,两经济体还生产大量高科技产品,韩国出口额集中在少数几个产品类别,主要为特定种类的动态随机存储芯片(DRAM);台湾高科技企业则生产各类产品,在高科技产业的半导体领域主要生产大采购商定制的代工芯片。

芬斯特拉和汉密尔顿(2006:253-298)认为,这两个东亚经济体的崛起和分化都可通过全球商品链不断重复的过程予以解释。零售商和采购商如何发展出一套系统化的方法订购商品?他们如何确保签约生产企业的产品符合其要求?需要强调的是,对以合同制造为主的出口导向型经济体来说,其核心工作是制造商与产品的匹配过程。正如这些经济体的资深观察者们所知,此类工作是普遍存在的(但却常被研究人员忽略),其存在形式包括全球贸易中心、贸易展会、商业联盟以及每个酒店房间的广告和每个工厂的展厅。这一过程包括中间采购商和亚洲制造商之间反复进行的具体匹配工作:订单接订单,年复一年。

正如谢林(Schelling, 1978)、莫特森(Mortensen, 1988)和克鲁格曼(Krugman, 1996)的理论探讨,个体层面不断重复的匹配可影响宏观层面结果,而这一结果无法提前预知。芬斯特拉和汉密尔顿假设,在竞争环境中,中间采购商和制造商之间反复匹配形成了反馈环,通过奖励成功的竞争者以及成功企业和网络的治理结构可强化生产体系的特性。相关匹配也导致了一些背景过程的兴起，最主要的是地域聚集和经济利基（economic niches）对企业家的开放，进而形成了更系统且有序的经济形式。

在本章有限的篇幅中对需求响应过程进行详细描述是不可能的，但其逻辑可概括如下：中间采购商和亚洲制造商很快成为做市游戏中的熟练玩家。零售商和采购商通过不断学习、了解，根据特定产品逐渐选择合适的制造商。专注于生产特定产品的制造商则通过发展自身生产网络来满足甚至超越买方预期。由于制度原因，在工业化迅速发展的初始阶段，相比中国台湾企业，韩国企业规模更大、垂直一体化程度更高（Feenstra and Hamilton，2006：169-211）。因此，当采购商想长期采购单一产品时，韩国的大公司更容易拿到订单，而如需订购少量或数量不定的时尚化产品，台湾的中小企业制造网络更容易获得订单。

例如，当 Nike 向中国台湾和韩国的制造商订制鞋类产品时，他们从台湾订制小批量、高质量且价格相对更高的批次，而从韩国订制大批量、低质量的批次来供应广大经销商（Levy，1991）。需要迅速转型的专业零售商，如 the Limited，选择从台湾订购 100％的产品（Gereffi and Pan，1994）。Kmart 和 Walmart 希望货架上堆满廉价、量产的微波炉，因此向韩国制造商订购大量同类产品。各经济体在初始阶段形成的竞争特性随着不断重复的订单得以强化，反之也引导本地制造商建立生产网络来满足现有订单，并争取获得符合该生产网络特性的新订单。

我们在过去 20 年的研究表明，迅速增长的合同制造业是东亚经济转型的首要动力。然而，这种需求也为东亚各经济体带来截然不同的发展轨迹。正如芬斯特拉和汉密尔顿（2006）指出，导致这些不同发展轨迹的机制，来源于亚洲本地制造商为响应快速增长的中间需求进行的激烈竞争。采购商与制造商之间不断重复、蓬勃发展的匹配过程也与出口贸易数据中反映出的发展模式相吻合。

采购商与制造商之间的实际匹配过程不仅包括采购的产品，也包括产品生产体系。无论订购何种产品，同类产品的大订单通常流向进行批量生产的地区。同样,小批量订单通常流向无需大订单支撑,且足够灵活、能有效且高效生产多种小批量产品的企业。这一反复匹配过程引导各经济体在自身特有生产风格上更专业化,它们生产的产品也更为专业。

不仅如此,在需求快速增长的情况下,订单响应活动(维持已有采购商订单、争取新采购商,以及可能接到新型产品订单)意味着企业所有者需不断扩大、升级或提高企业的产能。对于韩国“财阀”企业来说,一些积极的内化战略来源于与其他寡头财阀企业的激烈竞争:扩大已有企业生产规模的战略、建立新公司、建立内部融资机制、扩大内部自给率。以上战略均使对手无从介入内部资源。这些内化战略始于快速发展初期,并促使企业主通过“最小阻力渠道”建立其能控制的企业内部网络,即财阀领袖个人及其家庭所有的企业网,由可靠并效忠于企业主的人进行管理。

通过这种世袭的控制体系(Feenstra and Hamilton, 2006; Biggart, 1990),一些企业主及其私人助理对各自团体内的大量资源进行控制,并决定团体发展方向。财阀的集中控制和相对少的企业竞争,促使韩国经济在相对较短的时间内走上了寡头垄断的发展轨道。这种发展轨道在20世纪80年代早期逐渐成型,由于现实的原因难以改变并险些酿成巨大灾难,这主要体现在1997年的亚洲金融危机中,前50大财阀企业中约有半数破产或解散,其中包括前四大企业之一的大宇。

在中国台湾地区,订单需求响应的活动也促使生产网络迅速建立。即便在发展初期这些网络也遍布农村和城市,其中包括很多中小型企业。为扩大产能,企业主同样选择了最小阻力渠道。他们扩大分包网络而不是扩大自有企业规模。这种路径与向僵化的公有银行寻求大企业所需的大量资金,或是单打独斗、在和其他私人企业的竞争中胜出相比,要容易得多。建立合作“关系”网是一个屡试不爽的办法,不仅有助于完成艰巨的任务,还具有较强的可预见性。这些生产网一旦成功获取并维持住订单便迅速进行扩张。加入这些生产网意味着踏上致富的康庄大道,因此有惊人比例的台湾家庭汇集资源建立自有企业,并通过关系加入一个或多个生产网。

上述活动产生的结果是，企业家疯狂寻找具有相对优势的生产和服务领域，随后与同僚共同建立网络并获得一定的经济地位，令其他同行不敢贸然进入这一领域。在这种竞争环境中，几乎所有想要把家庭企业（无论规模多大）升级为自给自足的出口制成品生产体系的尝试注定失败。这种出口战略，即便暂时取得成功，很快也会遭到更具攻击性和更低成本结构的外围生产体系的破坏。

通过这些根据新数据取得的证据，我们得出以下结论：亚洲奇迹不仅仅是关于亚洲及其赶超西方的过程，而是关乎全球消费品市场及全球消费品产业链的崛起。对亚洲工业化进行均衡的分析需把需求侧因素纳入考虑，但可以确定的是，一旦这些因素被纳入考虑，相关分析也将发生实质性改变。

## 结论

在本章中，我们尝试在主流经济社会学中的制度性、内生、中观层面导向，以及主要关注全球经济活动组织及其对发达和发展中社会制度影响的宏观研究传统之间架起桥梁。在对这一新范式进行理论和实证方面的阐述时，我们重点以对美国与东亚关系研究为基础。我们的论点如下：第一，所谓的亚洲奇迹只是差异化消费品市场全球化的一个方面，该市场全球化由最早起源于美国，发展于欧洲，进而扩散到其他地区的零售业革命所驱动。第二，需求驱动的“反向联系”使制造成为零售和采购活动的组织延展——即采购商驱动商品链——进而引发了全球市场的崛起。第三，在不同地区，全球中间商和当地制造商之间的反向联系以十分不同的方式实现组织化和制度化，由此在亚洲各个先驱经济体中形成了迥然各异的结果。

我们相信，这种关于亚洲经济崛起和分化市场形成的解释是一种范式变迁理论。这一理论不仅涵盖了亚洲单个经济体，也涵盖了全球一体化和经济体随时间所发生的改变。如果这种假设成立，那么“通力协作”的组织动力学（Becker，1995）就是对一般经济组织，特别是韩国和中国台湾地区经济组织的最好诠释。在这种诠释中,国家、宏观经济条件和交易成本均不完全独立发挥因果作用。

这一观点激励我们去重新衡量以往多数研究亚洲经济发展的学者的答案。我们做不到面面俱到,但我们能够提供一个初步的重新评估,为未来的研究打下基础。

我们认为,经济体官员通常致力于发展经济并持续地实施相应政策。多数情况下,他们默默且想当然地接受了社会和经济的文化及组织特点,而其自身也是其中的一部分。经济体规划者将经济理解为一个动态的复杂课题,他们花费大量时间研究正在发生什么。他们收集数据、咨询专家,并通过观察世界经济走向判断应支持或不支持哪些产业。他们还听取当地商人的意见,有时通过公开方式,有时则通过亲朋好友或同事的圈子。虽然其工作领域的复杂和困惑程度不亚于其他社会领域,但他们还需额外进行计划并付诸行动。他们要做具有可能性的事,而如果政治是具有这种可能性的艺术,则意味着对现有领域进行改进,并对发展中的领域进行深耕。

很多关于发展型经济体的文献夸大了政府官员的理性和专业程度,以及他们制定政策的准确性和产生实际影响的程度。虽然政府的政策和项目能提升经济增长及变化的能力,但发展型经济体政府行为的效果通常比文献描述更具局限性。关于亚洲工业化,很明显,涉及经济的决定实际上通常是为解决已出现的一些非经济问题(如军事管制期间的民族主义)。而且,很显然这些政策无需真正实施,制定它们的目的便能实现。韩国和中国台湾的五年发展规划便是如此。

这并非说经济体在经济发展中不起作用。恰恰相反,尽管经济体行为通常会拖经济增长的后腿(并非主要原因),但其仍有助于维持现有趋势或使其更合理化。资本主义经济组织包含复杂、相互依赖、跨市场的活动,这些活动产生的内部动力导致无论多具优势的个体参与者,都难凭一己之力改变它。霍华德·贝克尔(Howard Becker, 1995)将这种动力称为“惯性的力量”。这种活动的细节是一体化和互相倚赖的方式:产品标准、进出口要求、会计准则、货运船的集装箱规格、几乎所有部件上的条形码、交流方式——所有这些以及成千上万其他重要和不重要的细节,共同串起各种经济活动,并使任何想要改变整体发展方向的尝试——即使可能成功——变得非常困难。

如果政治家和经济体规划者制定补充现有组织的政策,例如韩国的工业目标政策,则政府的作用变为推动经济朝既定方向继续发展。这种政策往往效果显著。以韩国为例,与其他企业相比,经济体政策无疑更偏向一些财阀企业,这种做法加快了前四大或前五大财阀企业获得对其他经济团体主导权的步伐。以中国台湾地区为例,当局通过支持向计算机产业工厂提供融资的计划——如支持台湾积体电路制造公司——为下游小公司提供中间环节投入。这种方式不仅帮助台湾成功地建立了充满活力的高科技产业,还有意巩固了现有模式,即通过小公司的制造和出口扩大对上游大公司生产中间产品的需求。

经济体的政策通常难以实现预期目标,部分原因是大范围制度背景下所有活动造成的纯粹复杂性。对于与东亚各国和地区类似,又处于本章讨论的、全球中间商在采购商和供应商反复匹配过程中发挥关键作用时期的出口导向型经济体,我们应超越市场驱动或以国家为中心的简单模型所得出的结论。一旦新兴全球经济组织继续发展,经济体经济政策的可行选项将逐渐减少。对经济体官员和企业家们来说,当经济组织发展出自身的内在动力,它将如那句成语一般"骑虎难下"。

## 参考文献

1. Amsden, Alice(1989). *Asia's next giant: South Korea and Late Industrialization*. New York: Oxford University Press.

2. Amsden, Alice(2001). *The rise of "the rest": Challeges to the West from later-industrializing economies*. New York: Oxford University Press.

3. Appelbaum, Richard P., and Gary Gereffi(1994). "Power and profits in the apparel commodity chain." In Edna Bonachich, Lucie Cheng, Norma Chinchilla, Nora Hamilton, and Paul Ong (ed.) *Global production: The apparel industry in the Pacific rim*.

Philadelphia: Temple University Press.

4. Bair, Jennifer.(2005). "Global Capitalism and Commodity Chains: Looking back, going forward." *Competition and Change*, 9(2):153-180.

5. Berger, Suzanne, and Ronald Dore(eds.) (1996). *National diversity and global capitalism*, Ithaca, NY: Cornell University Press.

6. Biggart, Nicole Woolsey (1990). "Institutionalized Patrimonialism in Korean Business." *Comparative Social Research*, 12:113-133.

7. Biggart, Nicole Woolsey, and Mauro F. Guillén(1999). "Developing difference: Social organization and the rise of the auto industries of South Korea, Taiwan, Spain, and Argentina." *American Sociological Review*, 64:722-747.

8. Block, Fred(1987). *Revising state theory: Essay in politics and postindustrialism*. Philadelphia: Temple University Press.

9. Block, Fred, and Peter Evans(2005). "The state and the economy." In Neil Smelser and Richard Swedberg(ed.) *Handbook of economic Sociology*, 2nd edition. Princeton, NJ: Princeton University Press.

10. Bonacich, Edna, and Jake B. Wilson(2007). *Getting the Goods: The Logistics Revolution and the ports of Southern California*. Ithaca, NY: Cornell University Press.

11. Boyer, Robert(1990). *The regulation school*. New York: Columbia University Press.

12. Brinton, Mary.(ed.) (2001). *Women's working lives in East Asia*. Stanford, CA: Stanford University Press.

13. Burt, Ronald S(1992). *Structural holes: The social structure of competition*. Cambridge, MA: Harvard University Press.

14. Burt, Ronald S(2004). "Structural holes and good ideas." *American Journal of Sociology*, 110(2):349-399.

15. Chandler, Alfred D., Jr.(1977). *The visible hand: The managerial revolution in American business*. Cambridge, MA: Harvard University Press.

16. Chandler, Alfred D., Jr.(1990). *Scale and scope: The dynamics of industrial capitalism*. Cambridge, MA: Harvard University Press.

17. Chow, Peter C. Y., and Mitchell H. Kellman(1993). *Trade—The engine of growth in East Asia*. Oxford: Oxford University Press.

18. Cumings, Bruce(1984). "The origins and development of the Northeast Asian political economy: Industrial Sectors, product cycles, and political consequences." *International Organization*, 38:1-40.

19. Dobbins, Frank(1994). *Forging industrial policy: The United States, Britain, and France in the Railway Age*. Cambridge, UK: Cambridge University Press.

20. Domhoff, C.William. 1967. *Who rules America*? Englewood Cliffs, NJ: Prentice-Hall.

21. Evans Peter B.(1979). *Dependent Development: The alliance of multinational, state, and local capital in Brazil*. Princeton, NJ: Princeton University Press.

22. Evans Peter B.(1987) "Class, state, and dependence in East Asia: Lessons for Latin Americanists." In Frederic C.Deyo(ed.) *The political economy of the new Asian industrialism*. Ithaca, NY: Cornell University Press.

23. Evans Peter B. (1995). *Embedded autonomy: States and industrial transformation*. Princeton, NJ: Princeton University Press.

24. Evans, Peter B., and James E.Rauch(1999). "Bureaucracy and growth: A cross-national analysis of the effects of 'Weberian' state structures on economic growth." *American Sociological Review*, 64:748-765.

25. Evans, Peter B., Dietrich Rueschemeyer, and Theda Skocpol(eds.) (1985). *Bringing the state back in*. Cambridge, UK: Cambridge University Press.

26. Feenstra, Robert C(1998). "Integration of trade and disintegration of production in the global economy." *Journal of Economic Perspectives*, 12(4):31-50.

27. Feenstra, Robert C. and Gary Hamilton(2006). *Emergent economies, divergent paths: Economic organization and international trade in South Korea and Taiwan*. Cambridge, UK: Cambridge University Press.

28. Fligstein, Neil(1985). "The spread of the multidivisional firm." *American Sociological Review*, 50:337-391.

29. Fligstein, Neil(1990). *The transformation of corporate control*. Cambridge, MA: Harvard University Press.

30. Fligstein, Neil(1996). "Markets as politics: A political-cultural approach to market institutions." *American Sociological Review*, 61(4):656-673.

31. Fligstein, Neil(2001). *The architecture of markets: An economic sociology of twenty-first-century capitalist societies*. Princeton, NJ: Princeton University Press.

32. Fligstein, Neil(2005). "States, markets, and economic growth." In Victor Nee and Richard Swedberg(ed.), *The Economic Sociology of Capitalism*, Princeton, NJ: Princeton University Press.

33. Gereffi, Gary(1994). "The organization of buyer-driven global commodity chains: How U.S. retailers shape overseas production networks." In Gary Gereffi and Migeul

Korzeniewicz(ed.) *Commodity chains and global capitalism*. Westport, CT: Praeger.

34. Gereffi, Gary(1999). "International trade and industrial upgrading in the apparel commodity Chain." *Journal of International Economics*, 48(1):37-70.

35. Gereffi, Gary (2001). "Beyond the producer-driven/buyer-driven dichotomy: The evolution of global value chains in the Internet era." *IDS Bulletin*, 32(3):30-40.

36. Gereffi, Gary (2005). "The global economy: Organization, governance and development." In Neil J. Smelser and Richard Swedberg(ed.) *The handbook of economic sociology*, 2nd ed. Princeton, NJ: Princeton University Press and Russell Sage Foundation.

37. Gereffi, Gary(2007). "American consumers to blame for huge deficit with China." *Baltimore Sun*, February 8.

38. Gereffi, Gary, John Humphrey, and Timothy Sturgeon(2005). "The governance of global value chains." *Review of International Political Economy*, 12(1):78-104.

39. Gereffi, Gary, and Miguel Korzeniewicz(eds.) (1994). *Commodity chains and global capitalism*. Westport, CT: Preager.

40. Gereffi, Gary, and Mei-Lin, Pan(1994). "The Globalization of Taiwan's Apparel Industry." In Edna Bonacich et al.(ed.) *Global Production: The apparel industry in the Pacific Rim*. Philadelphia: Temple University Press.

41. Gerlach, Michael(1992). *Alliance Capitalism: The strategic organization of Japanese business*. Berkeley: University of California Press.

42. Gold, Thomas B.(1986). *State and Society in the Taiwan Miracle*. Armonk, New York: M.E.Sharpe.

43. Granovetter, Mark(1973). "The strength of weak ties." *American Journal of Sociology*, 78:1360-1380.

44. Granovetter, Mark(1974). *Getting A Job: A study of contacts and career*. Cambridge, MA: Harvard University Press.

45. Granovetter, Mark(1985). "Economic action and social structure: The problem of embeddedness." *American Journal of Sociology* 91(3):481-510.

46. Granovetter, Mark(1994). "Business groups." In Neil Smelser and Richard Swedberg(ed.) *Handbook of economic sociolog*. Princeton, NJ: Princeton University Press.

47. Granovetter, Mark(2005). "Business groups and social organization." In Neil Smelser and Richard Swedberg(ed.) *Handbook of economic sociology*. Princeton, NJ: Princeton University Press.

48. Guillen, Mauro F. (2001). *The limits of convergence: globalization and*

*organizational change in Argentina, South Korea, and Spain*. Princeton, NJ: Princeton University Press.

49. Hall, Peter and David Soskice(eds.) (2001). *Varieties of Capitalism*. Oxford: Oxford University Press.

50. Hamilton, Gary G., and Nicole Woolsey Biggart(1988). "Market, culture, and authority: A comparative analysis of management and organization in the Far East." *American Journal of Sociology*, 94(Supplement): S52-S94.

51. Hamilton, Gary G., and Cheng-shu Kao(2007). "Taiwan's industrialization: The rise of a demand-responsive economy." In *Social Transformation in Chinese Societies*, vol. 3, 91-128. Boston: Brill.

52. Hamilton, Gary G., Misha Petrovic, and Robert C.Feenstra(2006). "Remarking the global economy: U.S. retailer and Asian manufacturers." In Gary G. Hamilton(ed.) *Commerce and capitalism in Chinese societies*. London: Routledge.

53. Hamilton, Gary G., Benjamin Senaner, and Misha Petrovic. Forthcoming. *The market makers: How retailers are reshaping the global economy*.

54. Harvey, David (1989). *The condition of postmodernity*. Cambridge, MA: Blackwell.

55. Harvey, David(1990). "Between space and time: Reflections on the geographical imagination." *Annals of the Association of American Geographers*, 80(3):418-434.

56. Hollingsworth, J. Rogers, and Robert Boyer (eds.) (1997). *Contemporary capitalism: The embedded ness of institution*. Cambridge, UK: Cambridge University Press.

57. Hollingsworth, J. Rogers, Philippe Schmitter, and Wolfgang Streeck (eds.) (1994). *Governing capitalist economies*. New York, Oxford University Press.

58. Ito, Takatoshi(2001). "Growth, Crisis and the future of economic recovery in East Asia." In Joseph E.Stiglitz and Shahid Yusuf(ed.) *Rethinking the East Asian Miracl*. New York: Oxford University Press.

59. Jessop, Bob(1982). *The Capitalist State*. New York: New York University Press.

60. Johnson, Chalmers(1982). *MITI and the Japanese miracle: The growth of industrial policy, 1925-1975*. Stanford, CA: Stanford University Press.

61. Kohli, Atul (2004). *State-directed development: Political power and industrialization in the global periphery*. New York: Cambridge University Press.

62. Krugman, Paul R.(1995). "Growing world trade." *Brookings Papers on Economic*

Activity, 1:327-377.

63. Krugman, Paul R.(1996). *The self-organizing economy*. Oxford: Blackwell.

64. Lardy, Nicholas(2003). United States-China Ties: Reassessing the Economic Relationship. Testimony Before the House Committee on International Relations, U.S. House of Representatives, Washington DC, October, 21.

65. Levy, Brian(1991). "Transactions costs, the size of firms, and industrial policy: Lessons from a comparative case study of the footwear industry in Korea and Taiwan." *Journal of Development Economics*, 34:151-178.

66. Light, Ivan(2005). "The ethic economy." In Nell J.Smelser and Richard Swedberg (ed.) *The Handbook of Economic Sociology*, 2nd ed. Princeton, NJ: Princeton University Press.

67. Light, Ivan, and Edna Bonacich(1988). *Immigrant entrepreneurs: Koreans in Los Angeles, 1965-1982*. Berkeley: University of California Press.

68. Mills, C.Wright(1956). *The power elite*. New York, Oxford University Press.

69. Mintz, Beth, and Michael Schwartz(1985). *The power structure of American business*. Chicago: Chicago University Press.

70. Mortensen, Dale T.(1988). "Matching: Finding a partner for life or otherwise." *American Journal of Sociology*, 94(Supplement): S215-S240.

71. Nee, Victor(2007). "China in Transition: An interview with Victor Nee." *Accounts*(ASA Economic Sociology Section Newsletter), 7(1):2-6.

72. Nelson, Richard(1994). Evolutionary theorizing about economic change. In Neil Smesler and Richard Swedberg(ed.) *The Handbook of Economic Sociology*. Princeton, NJ: Princeton University Press.

73. Newfarmer, Richard(ed.) (1985). *Profits, progress and poverty: Case studies of international industries in Latin America*. Notre Dame, IN: University of Notre Dame Press.

74. Perrow, Charles(1981). "Markets, hierarchies, and hegemony: A critique of Chandler and Williamson." In Andrew, H. Van de Ven and William F. Joyce(ed.) *Perspectives on organizational design and behavior*. New York: Wiley.

75. Perrow, Charles(2002). *Organizing America: Wealth, power and the origins of corporate capitalism*. Princeton, NJ: Princeton University Press.

76. Petrovic, Misha(2005). *Market makers and market making: The evolution of consumer goods markets in United States, 1870-2000*. Ph.D. dissertation, University of Washington.

77. Petrovic, Misha, and Gary Hamilton(2006). "Making the global markets: Wal-Mart and its suppliers." In Nelson Lichtenstein (ed.) *Wal-Mart: Template for 21st Century Capitalism*. New York: New Press.

78. Piore, Michael, and Charles Sabel(1984). *The Second Industrial Divide*. New York: Basic Books.

79. Podolny, Joel M. (1993). "A status-based model of market competition." *American Journal of Sociology*, 98(4):829-872.

80. Podolny, Joel M. (2005). *Status signals: A sociological study of market competition*. Princeton, NJ: Princeton University Press.

81. Porter Michael(1990). *The competitive advantage of nations*. New York: Free Press.

82. Poulantzas, Nicos (1969). "The problem of the state." *New Left Review*, 58:67-78.

83. Prechel, Harland(1990). "Steel and the state." *American Sociological Review*, 55:648-668.

84. Prechel, Harland(2000). *Big Business and the state: Historical transitions and corporate transformation, 1880-1990s*. Albany: State University of New York Press.

85. Quack, sigrid, Glen Morgan, and Richard Whitley (eds.) (2000). *National Capitalisms, global competition and economic performance*. Amsterdam: John Benjamins.

86. Rodrik, Dani(1997). *Has globalization gone too far*? Washington, DC: Institute of International Economics.

87. Roy, William G(1997). *Socializing capital: The rise of the large industrial corporation in America*. Princeton, NJ: Princeton University Press.

88. Sachs, Jeffery (1998). "International economics: Unlocking the mysteries of globalization." *Foreign Policy*, 110:97-111.

89. Schelling, Thomas C.(1978). *Micromotives and macrobehavior*. New York: W. W.Norton.

90. Scott, Allen (1988). "Flexible production system and regional development." *International Journal of Urban and Regional Research*, 12:171-186.

91. Scott, John(1991). "Network of corporation power: A comparative assessment." *Annual Review of Sociology*, 17:181-203.

92. Skocpol, Theda R. (1979). *States and social revolutions*. Cambridge, UK: Cambridge University Press.

93. Stark, David (1996). "Recombinant property in East European capitalism." *American Journal of Sociology*, 101(4):993-1027.

94. Stark, David, and Lasló Burst(1998). *Postsocialist pathways: Transforming politics and property in East Central Europe*. New York: Cambridge University Press.

95. Swedberg, Richard(2003). *Principles of economic sociology*. Princeton, NJ: Princeton University Press.

96. Uzzi, Brian, and Jarrett Spiro(2005). "Collaboration and creativity: The small world problem." *American Journal of Sociology*, 111(2):447-504.

97. Varian, Hal R(2007). "An iPod has global value. Ask the(many) countries that make it." *New York Times*, June 28.

98. Wade, Robert(1990). *Governing the market: Economic theory and the role of government in East Asian industrialization*. Princeton, NJ: Princeton University Press.

99. Waldinger, Roger(1986). *Through the eye of the needle*. New York: New York University Press.

100. Waldinger, Roger, Howard Aldrich, and Robin Ward(eds.) (1990). *Ethnic entrepreneurs: Immigrant and ethnic business in Western industrial societies*. Beverly Hills, CA: Sage.

101. Wasserman, Stanley, and Katherine Faust(1994). *Social network analysis: Methods and applications*. Cambridge, UK: Cambridge University Press.

102. Whitley, Richard D.(1992). *Business Systems in East Asia*. London: Sage.

103. Whitley, Richard D.(1999). *Divergent capitalisms: The social structuring and change of business systems*. New York: Oxford University Press.

104. Williamson, Oliver(1975). *Markets and Hierarchies*. New York: Free Press.

105. Woo, J. E. (1991). *Race to the swift: State and finance in Korean industrialization*. New York: Columbia University Press.

106. World Bank(1993). *The East Asian Miracle: Economic growth and public policy*. New York: Oxford University Press.

# 第六章　全球价值链、经济发展和新兴经济体

加里·杰里菲

## 一、全球价值链和国际竞争

全球化促进了国际竞争新时代的到来，通过观察不同产业的全球性组织以及不同国家在这些产业中的起伏可对其进行更好的理解（Gereffi，2011）。通过"治理"、"升级"等核心概念，全球价值链强调了以新型国际贸易、生产、就业打造的发展和竞争前景的方式。全球价值链的相关分析证明了现代生产网络的国际扩张及其地域碎片化，并重点关注价值链中的产业组织（重组）、协调、治理及权力分布等相关情况（Gereffi & Lee，2012）。它主要对全球产业中发生组织性重构的原因及结果进行分析，①并就全球价值链方式对贸易政策、法规和标准等连接因素更广泛的制度背景进行研究。

在过去20年中，全球经济结构发生的深远变化重塑了全球生产和贸易格局，并改变了产业组织和国家经济结构（Gereffi，2014）。随着全球价值链在全球范围的扩大，更多的中间产品进行跨境交易，越来越多的进口零部件成为出口的一部分（Krugman，1995；Feenstra，1998）。2009年，全球中间产品

① 该影响深远的著作为 *Commodity Chains and Global Capitalism*（《商品链和全球资本主义》），该书首次将全球商品链概念应用于更大范围的全球产业中（Gereffi and Korzeniewicz，1994）。21世纪初期，全球商品链的研究议程促进了全球价值链和全球生产网络这两种联系紧密研究方式的产生（更多文献综述请见 Gereffi，1994b，2005；Bair，2005，2009，ch.1；Lee，2010）。

的出口首次超过了制成品和资本产品的出口总值,占非燃料商品出口的51%(WTO and IDE-JETRO, 2011:81)。全球价值链在对特定行业中国际供应链如何连接全球、区域、国家和当地不同层面的经济活动进行诠释时具有一定优势,因此联合国贸易和发展会议、经济合作与发展组织、世界银行、世界经济论坛等国际组织均采取全球价值链方式就全球贸易和发展制定新的捐赠倡议和数据收集计划(UNCTAD, 2013; OECD, 2013; Cattaneo et al., 2010; World Economic Forum, 2013)。

新兴经济体在全球价值链中发挥着重要且多样化的作用(Gereffi and Sturgeon, 2013)。在21世纪初期,它们同时成为中间品和制成品的主要出口商(中国、韩国和墨西哥)以及初级品的出口商(巴西、俄罗斯和南非)。然而,新兴经济体的市场增长也带来了全球价值链终端市场的转移,特别是2008—2009年全球经济衰退以来,更多的贸易发生在发展中国家之间(在文献中通常被称为"南南贸易")(Staritz et al., 2011:1-12)。中国是两种趋势的中心:它既是世界领先的制成品出口商,又是多种原材料的世界最大进口商,由此促进了初级产品出口的繁荣。

## 二、全球价值链的兴起

20世纪70、80年代,美国零售商和一些全球品牌加入了制造商的步伐,为多数消费产品寻找境外供应商。这导致了"生产商驱动商品链"向"消费者驱动商品链"的转变,前者包括汽车、电子产品等资本、技术密集型工业,而后者则主要包括服装、鞋、玩具、运动产品等各种消费产品(Gereffi, 1994a)。这些商品链的分布逐渐由区域性生产共享安排发展为成熟的全球供应链,东亚地区在该过程中的重要性不断增强(Gereffi, 1996)。20世纪60、70年代,大型、垂直一体化的跨国集团在多数国际性产业中发挥主导作用(Vernon, 1971),其中主流的发展战略为进口替代工业化。进口替代工业化于20世纪)年代在拉美、东欧及部分亚洲国家取得了良好发展,这种方式主要由国家引导、通过要求外国生产商使用当地生产的产品代替进口产品从而建立国内产业，这种方式最初为最终产品组装，后发展至关键零部件，同时政府许以市场准入作为回报(Gereffi，1994b)。这种国内产业政策试图在关键部门建立一套成熟的国内产业，以大幅减少(如不能全部消除)从工业化国家的进口(Baldwin，2011)。

20世纪70年代后期的石油危机以及紧随其后的严重债务危机敲响了进口替代工业化模式的丧钟，这点在拉美地区尤为突出(Urquidi，1991)。进口替代工业化模式形成了大量、持续的贸易赤字，这主要是因为采用进口替代工业化模式国家的制造业部门只进口中间产品，并非总体减少进口，同时不断增加的债务偿还压力导致外资净流出并对80年代经济增长造成破坏。

在国际货币基金组织和世界银行的压力下，很多发展中国家在20世纪80年代由进口替代工业化模式转向出口导向工业化模式(Gereffi and Wyman，1990；Haggard，1990)。这种外向型发展模式注重本地公司对全球市场的出口，同时取消了政府对外国公司依照受保护的国内市场进行生产的要求，较大的发展中国家成为这种方式的主要受益者。跨国公司的战略同样进行了深刻的调整(Grunwald and Flamm，1985)。在亚洲和拉美等新兴经济体中，不断扩张的产业能力和出口倾向促使跨国公司加快步伐，在世界范围内将相对标准化的生产活动向低成本地区分包。正是跨国公司这种战略上的变化，导致了发展中经济体从进口替代工业化向出口导向工业化战略的转变，这也与全球产业中商品链由生产商驱动向采购商驱动的转变相一致(Gereffi，1994a:97-100)。

全球价值链的兴起出现在贸易壁垒减少、世界贸易组织崛起与“华盛顿共识”相关的政策方案实施——例如，政府只提供一套强有力的“水平”政策(如教育、基础设施和宏观经济稳定)以及开放性的贸易政策——这一时期(Gore，2000)。当然，很多观察者注意到，充满活力的新兴经济体不仅仅在经济范围内建立了一套促进增长的制度。在拉美和东亚国家轮番推行的进口替代工业化或出口导向工业化政策下，它们也经常为国内关键产业提供支持

(Gereffi and Wyman, 1990; Haggard, 1990)。

如今，产业政策正处于上升期(OECD Development Centre, 2013; Crespi et al., 2014; Salazar-Xirinachs et al., 2014)。加入世贸组织后，选择性产业政策(如贸易促进，当地含量规则，税收、关税以及更多刺激当地生产的非直接计划)通常只被准许在一定时期内有效。双边贸易协定可以替代世贸组织规则下的这种准许，一些对全球治理制度有较大影响力、较发达的大型新兴经济体(如G20成员)，利用这种双边协定为设计和实施激进的产业政策创造政策空间。

全球产业组织向跨越多国、多地区的生产贸易网的全球价值链的转变，引发了各方对产业政策的辩论(Baldwin, 2011)。然而这并非旧的进口替代工业化或出口导向工业化政策的回归。发达国家和发展中国家的国内产业不再相互独立，它们主要通过公平贸易(arm's length trade)进行竞争。相反，通过周期性外国直接投资和全球采购浪潮构建的复杂、重叠的商务网，它们深深交织在一起。公司、地区和整个国家都开始在全球价值链的细分专业中占据一席之地。正因如此，与之前相比，当前的产业政策具有不同的特征并产生了不同的结果。无论是否有意为之，政府在追求关键部门的增长之时便参与到全球价值链导向的工业化之中(Gereffi and Sturgeon, 2013)。

新的治理结构强化了全球价值链中的组织整合，以及伴随着新兴经济体成为愈发重要的经济和政治参与者而产生的地域集中(Gereffi, 2014:15-17)。1989年后，苏联解体、中国对国际投资和贸易的开放以及印度的自由化将一些巨大的经济体推上了国际舞台，这些国家最初被称为“金砖四国”(即巴西、俄罗斯、印度和中国)。[①]这导致全球劳动力储备从15亿劳动者增长至30亿，理查德·弗里曼称之为“大翻倍”(Freeman, 2008)。金砖国家的崛起刺激了全球化进程，全球价值链开始关注在大型、充满活力的新兴经济体中的投资

① 吉姆·奥尼尔(Jim O'Neill, 2011)，高盛领导层成员，20世纪90年代早期创造了“金砖四国”一词，目前认为有更大量的“成长经济体”(金砖四国+11)属于这一范畴，包括韩国、墨西哥、土耳其、印度尼西亚等国家。

和外包工作，这些国家提供了丰富的原材料、大量的低工资劳动力储备、高度胜任的生产者和快速增长的国内市场。

因国内增长缓慢，全球价值链中大型主导跨国公司纷纷在金砖国家，特别是在中国设立分支机构，以实现品牌认同并占据快速增长的消费者市场份额，同时降低出口回本国市场商品的成本(Naughton, 1997; Ross, 2006)。在生产商驱动链中，界定产业结构的主导公司很大程度上是大型的全球生产商，如 General Motors、Ford、IBM 和 HP。在采购商驱动链中，这些主导公司则是零售商(如 Walmart, JCPenne 和 Carrefour)、全球品牌营销商(如 Nike, Liz Claiborne 和 Polo Ralph Lauren)以及超市和食品跨国公司(如 Tesco, Sainsbury's, Kraft Foods 和 Nestlé)的组合(Gereffi, 1994a)。消费者驱动链中的主导公司在全球化进程中具有特别的影响力，它们加快了以发达国家订单为基础的"全球采购"进程，而这些订单则几乎全部依赖发展中国家的生产(Gereffi, 1999; Dicken, 2011)。

随着富裕国家的零售商和品牌制造商在全球采购领域的经验愈加丰富，发展中国家也随之加强了基础设施，这些国家的供应商则不断提高能力以应对更大、更复杂商品的订单。①20 世纪 90 年代，很多美国和欧洲的生产商依靠世界各地的工厂，快速成长为巨大的全球参与者(如 Siemens, Valeo, Flextronics 等)(Sturgeon, 2002; Sturgeon and Lester, 2004)。一些优秀的东亚供应商(例如宝成、广达电脑、富士康等)和贸易公司(如利丰集团②)承担了跨国公司子公司和全球采购商的更多任务(Appelbaum, 2008)。这些公司不断在亚洲扩大生产，近期则侧重于非洲、东欧和拉美地区(Morris et al., 2011; Pickles and Smith, 2011; Smith et al., 2014; Hernández et al., 2014)。

---

① 参见 Hamilton and Gereffi, 2009:153-159。该文介绍了美国、欧洲、日本的买家如何与韩国和中国台湾的供应商合作，在两国或地区创造必要条件，不断扩大并丰富多种消费品的出口。

② 利丰集团(Li&Fung)是世界最大的贸易公司，拥有 30 000 多名员工，在全世界 40 多个国家设有分支机构(Fung, 2011)。

这些主导企业在自身扩张的同时,还通过兼并、收购和竞争对手衰落等方式增加市场份额(Gereffi, 2014:16)。伴随这一过程,这些企业对全球供应链战略性弱点有更为深刻的认识,主要包括单一来源关系风险和主导企业失去关键投入产品和原材料供应渠道的威胁(Lynn, 2005)。这点在农产食品领域尤为明显,Cadbury, Coca-Cola 和 Unilever 等消费品公司不断扩大在价值链中采购以及原材料可持续供应方面的直接参与——例如可可、咖啡以及糖等产品(Barrientos and Asenso-Okyere, 2008; Oxfam, 2011)。这一现象在汽车和电子业同样明显,对锂和钶钽铁矿等(Nathan and Sarkar, 2011)原材料供应的担忧则分别刺激着全球价值链中主导企业、东道国供应商以及政府更深入的参与(Sturgeon and Van Biesebroeck, 2011; Sturgeon and Kawakami, 2011)。这些例子表明,一些价值链,特别是以自然资源为基础的行业,更加关注将战略合作作为平衡供应链分工专业化和碎片化长期趋势的措施。

## 三、全球价值链的治理和升级

全球价值链框架关注重点为供应链的全球扩张和在此过程中价值如何被创造并获取(Gereffi and Lee, 2012)。通过对特定产品从概念到最终使用等过程中企业和工人的全部活动进行分析,全球价值链从两种不同视角对全球产业的全局进行观察:自上而下和自下而上(Gereffi and Fernandez-Stark, 2011)。全球价值链自上而下观点的核心在于“治理”,主要关注主导企业和全球产业组织;自下而上观点的主要概念是“升级”,重点关注国家、地区和其他经济利益相关方采取的维护并提升其全球经济地位的战略。

全球价值链的核心是治理的概念。它对企业力量如何影响行业内利润和风险分配,以及通过自身活动行使这种权力的参与者进行分析。全球价值链中的权力由主导企业行使。在图 1 所列的治理类型中,位于全球价值链治理区间两端的市场型治理和等级型治理,分别受到价格和纵向一体化企业内的所有权两个因素的影响。其余 3 类是治理网络中较为稳定的形式(模块型、

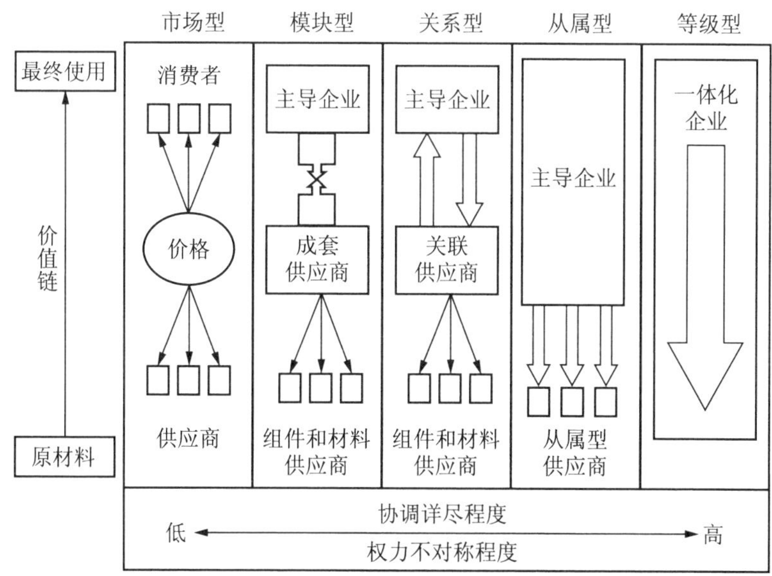


来源:Gereffi, Humphrey and Sturgeon(2005:89)。

**图 1 全球价值链治理模式类型**

关系型和从属型),在这些类型中,不同全球价值链的主导企业很大程度上控制了全球供应链的运作方式并决定了这些链条中主要受益方和损失方(Gereffi et al., 2005)。

虽然治理问题吸引了很多全球价值链领域学者的注意,但很多采用全球价值链框架方法的学者十分关注发展问题,因此对经济升级的研究同等重要。"经济升级"是指企业和工人等经济活动参与者从低价值向相对高价值活动移动的过程(Gereffi, 2005:171)。全球价值链中经济升级面临的挑战在于明确发展中国家和发达国家以及企业实现"价值链攀升"的相关条件,即从使用低成本、不熟练工人的基础组装到更高级的"一揽子"供应和整合制造。

## 四、全球价值链与经济发展的联系

全球价值链从以下方面影响经济发展,一个国家的繁荣发展取决于在全球经济中的参与程度,而这又与该国在全球价值链中发挥的作用密切相关

(Gereffi and Lee, 2012)。国家与全球价值链的连接方式包括投资和贸易,这两种方式在促进经济增长时均严重依赖高效的全球供应链。[①]实现这种高效的一个关键因素是基础设施的发展,即通过建设和改善各国物理设施的联通,如港口和运河、机场、道路以及大范围的信息通信技术来促进全球贸易(Dicken, 2011:400-406; WTO and IDE-JETRO, 2011:28, 30)。边境内的基础设施投资可促进边境贸易流的提升(如投资连接偏远地区、小公司与更大国内市场之间的道路和设施);边境外投资亦有此效果,特别是对连接本国和区域供应链中其他邻国基础设施的投资(Mayer and Milberg, 2013)。20世纪90年代和21世纪初期,发达国家市场受到重点关注,这些区域性市场往往被忽视,然而在当前阶段,区域价值链已成为发展银行及国际组织投资计划的新重点(Gereffi and Lee, 2012:28-29)。

在大量分析全球产业的学术著作中,针对全球价值链的研究非常普遍。[②]世贸组织、联合国贸发组织、经合组织、世界银行以及世界经济论坛等经济发展领域最重要的国际组织也采用这一框架。[③]构成华盛顿共识基础的国际机构(如世界银行、国际货币基金组织和世贸组织)以及主要的双边捐助方[如美国国际发展署和英国国际发展部,现使用"英国援助"(UK AID)标识]均采取新的发展思维模式,重点对紧密连接国际贸易与投资等宏观问题和就业、性别动态、可持续生计等微观发展问题的领域进行分析(M4P, 2008; Staritz and Reis, 2013; Milberg and Winkler, 2013)。此外,联合国和众多其他国际组织(如世界银行、国际劳工组织)之间也出现了新

---

① 根据最近的一项研究,消除贸易的供应链壁垒比削减关税能多增加6倍的国内生产总值(World Economic Forum, 2013:13)。

② 杜克大学全球价值链网站(http://www.globalvaluechains.org)列有超过925篇有关全球价值链的著作和超过1 300名研究人员(2015年4月1日数据)。

③ 相关著作的例子包括:World Bank-IDE-JETRO, 2011; UNCTAD, 2013; OECD, 2013; Cattaneo et al., 2010; World Economic Forum, 2013。更多著作和对采用全球价值链框架的国际组织成员的采访请见杜克大学全球峰会网站(https://dukegvcsummit.org/)。该峰会于2014年10月29日—11月1日在杜克大学举行,共有30个组织机构和来自学术和业界的30余位与会者参加,上述与会者均积极参与和全球发展机构相关的全球价值链项目及相关研究,主要议题包括发展、全球价值链经济和社会升级、与价值创造和价值获取相关的全球价值链核算研究进展以及未来全球治理。

同盟，它们共同推动联合研究计划，并明确采用全球价值链框架方式，对经济和社会升级之间的关联进行研究(Cattaneo et al.，2010；Barrientos et al.，2011；Rossi et al.，2014)。

这是全球价值链分析和供应链管理研究互为裨益的领域。根据业务功能对复杂的价值链数据进行细分，可很好地补充现有国别层面贸易数据和产业层面投入—产出数据，从而明确全球价值链中的受益方与损失方(Sturgeon and Gereffi，2009)。这些数据与就业数据相结合，将更好地帮助我们理解全球经济中的经济和社会发展机遇。

如今，事实上所有的双边和多边捐助机构均将价值链分析作为私有部门发展的工具(Gereffi，2014)。阿尔滕堡(Altenburg，2007)认为，20 世纪 90 年代末以来，全球价值链方式在国际捐助领域日益盛行的原因主要有两点：一是越来越多的证据表明，私有部门驱动的经济发展和减少贫困之间存在关联性；二是全球价值链中的全球贸易和生产一体化将全球竞争压力传导至发展中国家的国内市场，从而挤压了本地公司自行设计、生产和营销的空间。考虑到全球价值链的普遍性，很多国家的问题在于，如何以一种平衡的方式融入全球价值链，既能解决竞争和公平性问题，又能在实现更多劳动力参与的同时，提高生产率和产量。

考虑到价值链中公司跨度从跨国企业到微型公司，同时价值链的体制背景和地域范围存在巨大差异，并没有一种简单的方式将全球价值链分析和私有部门相连接。通常而言，捐助国的介入主要有四方面目标：加强最弱部分的联系从而克服潜在瓶颈；通过改善知识和资源的流动性促进价值链中的公司更高产；加强公司之间的特定连接以提高效率；建立价值链中新的或替代性连接以实现结果多样化(Humphrey and Navas-Alemán，2010)。

此类研究和理论性工作大多侧重于特定全球价值链中的主导企业如何通过不同方式推动该进程。毕竟，外包和离岸外包属于管理层的战略决策。但做出这种决定并非毫无依据。各国和多边机构的政策和计划形成了企业决策的背景依据，同时，产业政策的形式和产生的效果也随着全球价值链所在的商业网络的发展而发展。

当前全球经济结构进入了新阶段,一些人称之为“重要拐点”(Fung, 2011),这或将对新兴国家和工业化国家的公司和工人产生剧烈影响。随着世界贸易从2008—2009年的全球经济危机中逐渐复苏,新兴经济体成为了增长的主要驱动力。

## 五、全球价值链中的发展中国家:多部门升级经验

很多案例可用来说明发展中国家如何参与全球价值链。考虑到本章的主旨,我们所选的案例将侧重于全球价值链中与经济升级和包容性发展目标有关的3个方面:(1)出口能力建设——咖啡、服装和汽车的案例;(2)发挥服务优势、增强知识能力建设,进入全球价值链的高附加值环节——乌拉圭畜牧业可追溯体系和哥斯达黎加环境服务案例;(3)公私合营对印度和拉美缩小人力资源差距的作用以及对墨西哥航空产业发展的作用。

### (一) 推动出口导向型全球价值链中的经济增长和升级

1. 中美洲和东非咖啡价值链

全世界拥有巨大的咖啡市场,年零售额达700亿美元,需求量保持年均约2.5%的稳定增长。[①]巴西和越南是最大的生产商,其次是哥伦比亚和印度尼西亚。美国是最大的消费市场,2009年消费额约为300亿美元。在咖啡全球价值链中,质量的重要差别造成了生产商价格的巨大差异,并形成了咖啡领域大型品牌生产商不同的细分市场。较高质量的阿拉比卡(Arabica)和较低质量的罗布斯塔(Robusta)是两个主要的咖啡品种。这与全球价值链零售端的细分市场相对应:量大价低的商业等级(如Folgers咖啡)以及在特定市场高价销售的特色或高质量的美食咖啡(如星巴克和意利咖啡)。美国特色咖

① 本节材料主要来自世界银行(World Bank, 2012:19-32)。

啡市场增长很快，特别是一些精品和超高质量的咖啡，这为发展中国家的咖啡生产商提供了潜在的巨大增长机会(Ponte，2012)。

中美洲是世界上特色咖啡的主产地之一。该区域许多国家一半以上的咖啡被列为精品咖啡(即高于商业等级)。危地马拉和洪都拉斯或许是中美洲在全球咖啡市场最好的供应商，与此同时，尼加拉瓜和巴拿马也在快速占领精品咖啡市场份额。2010 年，危地马拉的咖啡出口额达 7.18 亿美元，共有超过 17.1 万个生产商；尼加拉瓜咖啡出口额达 3.51 亿美元，共有约 9 万个种植者(World Bank，2012：19)。20 世纪 80 年代，特色咖啡仅占危地马拉咖啡出口的 20%，如今则超过了 80%。

中美洲多数的特色咖啡来自小生产商，由此带来的挑战是如何保持其在特色咖啡全球价值链中的市场位置。特色咖啡带来的潜在经济、社会和环境升级收益毋庸置疑。特色咖啡的小生产商不仅能以远远高出认证咖啡(certified coffee)的价格销售咖啡，还可获得零售价格中更多的份额。如与 2014 年公平贸易组织认证有机咖啡最低 1.9 美元/磅的价格相比，2014 年前 9 个月精品咖啡种植者获得的平均价格为 2.72 美元，最高可达 3.6 美元(Farmers to 40，2014)。消费者通常偏好单一来源咖啡，特别是强调新奇独特品种①和正宗来源的(类似高级红酒)，他们对以社会和环境可持续发展方式种植的咖啡也很重视。

然而，在中美洲获得这些溢价面临种种困难。特色咖啡价值链通常由少数大出口商以及更靠近终端消费者的美国、欧洲和日渐崛起的东亚烘焙商所掌控。为确保精品咖啡的质量，建造水洗处理厂是必需的基础设施投资。但对于小农户而言，在农场建立水洗处理厂通常缺乏经济性，一般通过合作或私有公司建立②。考虑到基础设施的需求和相对较高的投入成本(如化肥)，

---

① 得益于地形多样性，仅危地马拉一国便生产 7 种不同品种的特色咖啡。

② 在危地马拉，对咖啡价值链中大型生产商成本分配的估算情况如下：拥有水洗处理厂的生产商占 15%(他们从没有水洗处理厂的小农户手中收购，从而降低了价值链中的份额)，贸易商占 13%，烘焙商占 72%(World Bank，2012：25)。

短期融资不足以成为中美洲小农户在精品咖啡领域的主要障碍。此外,考虑到质量控制、品牌推介和价值链中相互协调的重要性,建立强有力的国家或区域咖啡协会将有力促进中美洲生厂商的出口。

咖啡价值链在世界其他地区——如南美、亚洲和撒哈拉以南非洲等——被视为提升小农户经济水平的重要领域(Talbot, 2004; Daviron and Ponte, 2005)。在东非地区,咖啡占据了埃塞俄比亚、肯尼亚、乌干达、卢旺达、坦桑尼亚和布隆迪等国农业出口的重要份额。尽管乌干达拥有生产特色咖啡所需的阿拉比卡咖啡豆近乎完美的生长条件,其咖啡生产量自21世纪初以来急剧下降。该国自1994年的种族屠杀以来力争重新实现经济增长,很多小农户放弃了咖啡生产,2002年仅有40万人仍在从事该行业(Abdulsamad et al., 2015:31)。

美国国际开发署于2000年提供了若干项目帮助卢旺达咖啡种植小农户改善咖啡质量以满足特色咖啡要求,该活动实现了利益相关方收入持续增长。为确保上述成果的可持续性,美国国际开发署建立了由美国和卢旺达的大学、企业和非政府组织组成的发展联盟,此举历经10余年后被证明是十分成功的。①小农户取得的积极成果使合作社和清洗站的建立成为必要,由此促进当地加工基础设施建设,从而增强小农户在咖啡价值链中与特色咖啡烘焙商合作。②这有利于实现小农户和国际大型咖啡采购商之间的力量均衡,并促成了特色咖啡烘焙商2008年在卢旺达举行著名的"卓越杯"咖啡比赛,这也是非洲史上首次举行此类比赛(Abdulsamad et al., 2015:36)。和中美洲类似,卢旺达的小农户同样种植特色咖啡市场所需的咖啡,并以比认证咖啡更高的价格销售,他们也获得了零售价中更大比例的收益,且无需昂贵的认证过程

---

① 关于卢旺达咖啡行业各类公私合营案例更为详细的分析,请见 Abdulsamad et al., 2015。

② 在2000—2010年之间,卢旺达咖啡清洗站的数量从2个增加到187个,完全水洗咖啡价值链也从2002年32吨的出口量增加至2010年的5 800吨(Oehmke at al., 2011)。根据2010年审计估算结果,截至2010年,这些合作项目给受益者带来82%的收入增长,并将贫困发生率降低了17%(Abdulsamad, 2015:37)。

(Abdulsamad et al., 2015:39-40)。

2. 服装制造业全球价值链中的尼加拉瓜、莱索托和斯威士兰

尼加拉瓜服装业出口额从2005年的7.16亿美元增加至2011年的13.6亿美元,几乎实现翻番(Bair & Gereffi, 2014:256)。尼加拉瓜在服装价值链中基本只参与附加值较低的"裁剪—制作—修整"环节(见图2)。通过发挥工资水平方面的竞争优势(Portocarrero Lacayo, 2010),2010年该国服装业从业人员超过5.13万人(ILO & IFC, 2010)。[①]2009年,尼加拉瓜约89%的服装出口至美国。虽然该国仍被视为规模较小的区域供应国,但自2004年起,得益于多米尼加共和国—中美洲自由贸易协定带来的优惠贸易地位,尼加拉瓜在梭织裤子和棉质衬衫等产品领域逐步获取了美国市场份额(Bair & Gereffi, 2014)。尼加拉瓜的服装制造商以生产裤子为主,特别是牛仔裤和斜纹裤,与此同时他们还生产T恤衫。

外资公司占据了该行业的绝大多数份额,本土公司数量非常少。在外资公司中,韩国和美国公司占据主导地位,其次为萨尔瓦多、洪都拉斯、墨西哥和中国台湾地区。此类公司多属全球或地区网络的一部分;尤其是在中南美洲,这种结构使全球性公司可通过多国联动为客户提供一揽子服务。针织服装公司主要销售对象为Walmart、Target和Ralph Lauren等采购商。梭织服装公司则更侧重于区域内经营,如在危地马拉、洪都拉斯和墨西哥等邻国,主要的采购商包括Levi Strauss、intas和Kohl's。

2005年至2010年间,尼加拉瓜的服装出口量增长了8.6%,但除此增长外,该国主要通过低成本的服装加工参与竞争,在服装价值链中的地位提升十分有限。该国的服装出口商并未实现重要产品升级;出口总值仅增加了4.5%(ProNicaragua, 2010)。当然,这一时期的增长主要来自低附加值的T恤衫和毛衣类产品。该国梭织裤子类产品出口额曾在经济危机前实现增长,但因美国经济放缓,2009年的出口又降回至2006年水平。

① 该行业2007年的从业人员达到峰值,共约8.87万人。然而,经济危机的压力导致2008年和2009年期间大量裁员和工厂倒闭。

因尼加拉瓜的服装出口主要依赖于美国的贸易政策,即允许尼加拉瓜从东亚进口纺织品享受关税优惠水平(Tarrif Preferencial Level, TPL 或 TPL 例外),其自身经济升级依然十分脆弱。然而,该国在社会升级方面取得了进步,主要原因是由全国自由贸易区委员会将工人、私营部门和政府的利益捆绑在一起。这一举措还成为国际劳工组织"更好工作计划"(Better Work Program)的一部分(Bair & Gereffi, 2014)。

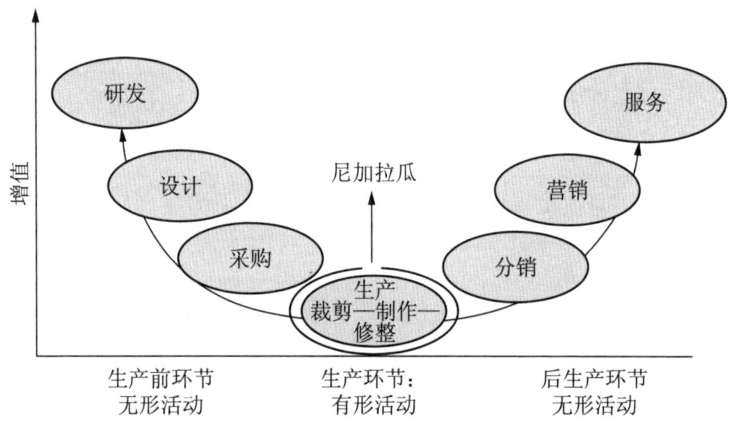


**图 2　服装业全球价值链增值阶段曲线:尼加拉瓜案例**

尼加拉瓜以及其他中美洲自贸协定(CAFTA)成员国对美国市场的政策依赖的情况,同样发生在《非洲增长和机遇方案》(AGOA)中撒哈拉以南非洲的服装出口经济体中,如莱索托和斯威士兰(Morris et al., 2011)。与尼加拉瓜类似,莱索托和斯威士兰的服装出口也主要集中在美国市场,对美出口占两国服装出口总额的 98%。然而,2004 年《多种纤维协定》的失效导致服装配额体系的结束,这一因素与 2008—2009 年的全球经济危机共同导致了两国对美服装出口量急剧下降。很多以供应美国市场为主的台湾公司在经济危机初期便纷纷离开。

然而,撒哈拉以南非洲的情形有所不同,这也使莱索托和斯威士兰在全球经济衰退中得到缓冲。一种新型投资商——南非服装制造商——进入了莱索托和斯威士兰,它们并非将这两国作为享受《非洲增长和机遇方案》对美出口优惠政策的生产基地，而是更看重与作为新出口市场的南非相比，这两国低廉的劳动力成本优势。南部非洲关税联盟为成员国生产的服装产品提供免关税准入（包括莱索托和斯威士兰）待遇，南非的零售商也因此保持低价并不断扩大市场份额（Morris et al.，2011：98）。此外，南非公司与台湾同行不同，他们在莱索托和斯威士兰的服装经营中采用当地生产、监理和管理技术，由此给这些国家带来了更多的经济升级前景。然而，要保持这种优势，两国政府需制定更为积极的政策来刺激当地服装生产商提升技能发展（Morris et al.，2011：115-117）。

3. 墨西哥和巴西汽车制造业

汽车制造业体现了拉美制造业采用不同方式参与全球价值链的强烈对比。①墨西哥汽车制造业自20世纪80年代起开始由进口替代工业化战略转向出口导向型战略，1994年墨西哥加入北美自贸协定后开始加速发展，这主要得益于墨西哥低廉的人工成本和来自美国、欧洲和日本的大量直接投资，这些投资希通过建立强大的汽车生产商和零部件供应商网络，将墨西哥打造为专注美国市场销售的世界级出口枢纽。凭借战略上与美国的亲近以及与40多个国家签署的贸易协定，墨西哥成为世界主要汽车出口国之一。尽管这种方式创造了大量的就业机会，但该国相对较低的工资水平未能与产量同步增长，该行业与当地供应商之间的联系依然较弱。

巴西汽车制造业参与全球价值链的模式则十分不同。巴西更注重国内巨大市场的销售并加强与区域内南方共同市场伙伴（以阿根廷为主，还包括巴拉圭、乌拉圭和委内瑞拉）之间的联系，通过对南方共同市场以外的汽车产品征收高额进口关税，来提升外国汽车制造商在巴西子公司的技术能力。此外，巴西还实施了多种针对出口、提高当地成分水平以及增加对本国新厂投资等方面的激励措施。

---

① 本节吸收了联合国贸发会议（UNCTAD）对两个行业进行讨论的观点（2014：67-69）。

巴西和墨西哥的汽车业均吸引了大量外资。[①]然而,跨国公司所发挥的作用不尽相同。巴西的出口较少,当地供应商更全面地参与跨国公司运营,本地创新和研发的能力也较高。墨西哥汽车业价值链需满足日本、德国和美国汽车制造商在墨西哥和美国市场的需求,其活动范围更为丰富。汽车业全球价值链为墨西哥创造了更多就业,在巴西则实现了更高的技术水平和科技能力。当前两国汽车业的发展政策都是为了填补现行战略形成的缺口。

## (二) 利用当地知识提升资源型全球价值链价值

1. 知识创造:乌拉圭食用牛溯源体系

乌拉圭共有超过 1 200 万头牛,人均拥有量超过 4 头,牛肉是乌拉圭的主要出口产品。2012 年,乌拉圭牛肉产品出口额为 11 亿美元(UN Comtrade, 2012)。然而,健康和食品安全问题使全球的牛肉产业十分脆弱。面对这些困难,乌拉圭未能幸免;2000 年爆发的口蹄疫造成美国、欧盟以及智利、以色列、韩国等多个市场多年禁止进口乌拉圭牛肉。为减少上述挑战对主要出口收入造成的影响,乌拉圭着手开发一套完善的牛肉产品溯源体系,以便该国快速有效地追溯并控制潜在问题,同时维护发达国家消费者和监管部门对其产品的信心。

由多个利益相关方共同发起的食用牛溯源体系,将生产商、地方政府、运输从业者、私营部门、信息技术公司和中央政府(特别是农业部)连接在一起。如今,这是全世界唯一能对全国 100%牛群进行实时监控的系统。每头牛出生时便在耳中植入芯片,从而使系统可集中并准确获取每头牛从出生到销售地和配送点的信息。每年约有 250 万头初生牛犊在该系统进行注册(Crescionini, 2012; SONDA, 2012)。

乌拉圭拥有从这些知识和经验中获益的良好机会,它可以将这些服务出口到存在类似问题的国家。事实上,哥伦比亚已经开始对本国牛群建立类似

① 巴西汽车业(组装和汽车零部件)的外国直接投资从 2007—2010 年的年均 1.16 亿美元激增至 2011—2012 年的 16 亿美元(UNCTAD, 2013:61)。2007—2012 年间,墨西哥汽车业公布的外国直接投资流入为 36 亿美元(PwC Mexico, 2013:i)。

信息系统。这意味着乌拉圭可以参与到牛肉产品价值链的不同环节当中。除继续出口牛肉外，乌拉圭目前还有潜力向牛肉产业以及更大范围的牲畜业出口先进的服务。愈发严格的全球食品安全标准引发诸多担忧，在这种担忧面前，乌拉圭拥有的这种潜力便成为巨大的竞争优势。

2. 环境服务外包：哥斯达黎加的机遇

哥斯达黎加独特的环保方式在全世界范围内获得认可，在发展中国家和发达国家当中均处于领先地位。作为20世纪80年代采取的环保激励措施的成果，热带雨林如今覆盖了该国一半以上的国土。非法耕作率降低到仅15%，农民管理并保护周围的自然环境可获得一定的收入（Conservation International, 2012）。如今，这种方式主要被用来支持国内优先发展领域。然而，该领域的专家主要为国内非政府组织和基金会工作，政府也并未抓住机会将这种积累多年的重要技术商业化。随着气候变化在全球发展议程中的重要性不断增强，这些领域也将对相关服务产生巨大需求。

哥斯达黎加大量合格的人力资本有助于维持其现有地位（Chassot, 2012; Rodriguez, 2012），也使其在需求旺盛的环境服务出口领域，例如自然资源管理、环境影响研究、濒危物种评估、保护区评估、环境教育和培训等具有优势。包括中国在内的超过18个国家曾向哥斯达黎加咨询并学习环保政策（Conservation International, 2012）。然而，和许多发展中国家一样，哥斯达黎加对潜在市场有限的认知和落后的创业能力均削弱了将这种咨询机会转化为服务出口盈利的潜力（Chassot, 2012）。该行业的推广一方面要求当地公司国际化，另一方面需吸引环境领域的外国公司，将哥斯达黎加作为环境服务出口的平台。连接上述两种类型的公司对这一小众领域相关活动的发展至关重要。

## （三）实现升级的技能

1. 印度和拉美通过公私合营方式缩小人力资本差距

在缩小全球价值链对人力资本的需求和国家教育体系提供技能之间的差距方面，国家“进修学校”是一种充满前景的方式。进修学校模式已经在印度和菲律宾得到检验,最近在美洲开发银行的支持下开始在拉美推广。这些学校帮助新近毕业生和劳动者获得高需求的技能,使他们更容易就业。反过来看,通过提升劳动力的就业能力,这些进修学校可以帮助所在国提升在价值链中的地位。

这些进修学校以劳动者从学术机构获得的基本技能为基础,有针对性地填补他们知识和软技能方面的缺口。通过比较特定行业所需技能与劳动者现有技能,这些缺口得以明确。在印度,效果最好的进修学校是通过与公司联合的方式,明确技术需求后针对相关缺口提供培训(Tholons, 2012)。在全球服务行业,这些技术通常包括信息技术技能、英语能力以及人际关系技巧、自信心和演讲技巧等软技能。进修学校针对信息技术服务类职位开设的员工培训课程时长从5周到1年不等(Tholons, 2012:14)。这些学校主要针对刚从高中或大学毕业的年轻人,但他们对成年工人的再培训也发挥了一定作用(IDB, 2012)。

在发展中国家,公私合营方式为进修学校获得有效融资和建立治理机制提供了重要支持。印度的进修学校主要由政府或私人机构运营,但在拉美越来越多的人认识到,通过合作政策和机构联合的方式才能为进修学校计划提供最有效的支持。[①]公私合营方式有两个核心优势:(1)这种合作提供了联合融资的机会,减轻了单一方的成本负担;(2)计划内容由雇主自行决定,确保了技术培训符合行业需求(IDB, 2012)。因此,进修学校模式认识到所有利益相关方——"国家、学术界和产业界——在信息技术和商业流程外包服务领域提升劳动力能力所发挥的作用"(Tholons, 2012:14)。

2. 墨西哥克雷塔罗航空产业[②]

克雷塔罗航空产业的发展十分迅速。总部设在加拿大的 Bombardier 是该产业的主导企业之一,该公司于2006年进入这一地区,这也标志着克雷塔罗进入航空产业全球价值链。法国 Safran 和西班牙的机身制造商 Aernnova

① 美洲发展银行在乌拉圭和哥伦比亚的示范项目便复制了印度的公私合营模式。

② 该案例来自 Fernandez-Stark et al., 2014。

紧随其后，于2007年在该地区设立了分支机构。在可持续发展秘书处的领导下，克雷塔罗的航空产业集群成为了墨西哥的4个领先地区之一。截至2012年，共有超过30家外国公司在该州经营，预计共解决了6 000多人的就业，占该国航空产业劳动力数量的20%。2011年，墨西哥在该产业的出口额由2004年的13亿美元增至45亿美元。

克雷塔罗州政府对航空产业发展作出的明确承诺是实现上述增长的重要支持，2007年创建的克雷塔罗国立航空大学便是承诺之一，该大学通过公私合营方式开展了若干科技项目并创立了全国首个航空工程项目。截至2009年，该州对国立航空大学的投资达到2 100万美元。除了在加拿大和西班牙对教职工进行培训外，该大学还从本地区航空产业的公司中引进教师。截至2012年，该大学共有488名技术专业类学生。该大学在人力资本发展领域的贡献进一步夯实了该州工程培训的基础。2009年，该州工程类专业的毕业生占本科毕业生的41%，65%的硕士项目均为工程领域(Casalet et al., 2011)。

此外，2007年墨西哥国立技术培训学院在克雷塔罗开设了飞机维修项目，每年有90名技术人员毕业。这不仅为该州正在发展的维护和维修运营能力提供支持，还帮助其获得大型投资，其中包括2012年达美航空和墨西哥航空达成的一项交易，即两家公司决定在克雷塔罗建造一个耗资5 000万美元、拥有7条生产线的维护、修理及大修工厂，用来向两家公司全部飞机提供服务。

## 六、新兴经济体的异质性及其出口

通过研究中国、印度、巴西、墨西哥、俄罗斯、韩国和南非等7个当代新兴经济体，我们可大致了解全球价值链和发展政策在发展中国家发挥的作用。这些国家集中参与了农业、采掘(矿产、石油、天然气)、制造和服务等不同领域的价值链(Gereffi and Sturgeon, 2013)。2013年，这7个新兴经济体共占全球人口的45%、出口的25%和GDP的24%，同时它们的GDP增长速度大幅高于世界平均水平(3.2%与2.2%)(见表1)。然而，这些国家的经济和社会具有不同的特征。它们在全球经济中发挥的具体作用取决于其针对贸易和外国投资的开放程度、自然、人力、技术资源禀赋情况、与世界强国的地缘政治关系以及邻国的特点等。

表 1　从比较视角看 7 个新兴经济体(2013)

| 国　家 | 人口(百万)[1] | 出口(十亿美元)[2] | GDP(十亿美元)[1] | 人均 GDP(美元)[1] | 人均 GDP(购买力平价)[1] | GDP 年同比增长率(%)[1] | GDP 占比[3] | | |
|---|---|---|---|---|---|---|---|---|---|
| | | | | | | | 农业 | 工业 | 服务业 |
| 中　国 | 1 357 | $ 2 209 | $ 9 240 | $ 6 807 | $ 11 906 | 7.7 | 10 | 44 | 46 |
| 韩　国 | 50 | $ 560 | $ 1 305 | $ 25 977 | $ 33 140 | 3.0 | 3 | 39 | 58 |
| 俄罗斯 | 143 | $ 527 | $ 2 096 | $ 14 611 | $ 24 114 | 1.3 | 4 | 38 | 58 |
| 墨西哥 | 122 | $ 380 | $ 1 261 | $ 10 307 | $ 16 463 | 1.1 | 4 | 36 | 60 |
| 印　度 | 1 252 | $ 337 | $ 1 877 | $ 1 498 | $ 5 412 | 5.0 | 17 | 26 | 57 |
| 巴　西 | 200 | $ 242 | $ 2 246 | $ 11 208 | $ 15 038 | 2.5 | 6 | 26 | 68 |
| 南　非 | 53 | $ 95 | $ 351 | $ 6 618 | $ 12 507 | 1.9 | 3 | 29 | 68 |
| 小计或平均 | 3 177 | $ 4 350 | $ 18 376 | $ 11 004 | $ 16 940 | 3.2 | 7 | 34 | 59 |
| 世界总和 | 7 125 | $ 17 635 | $ 75 593 | $ 10 610 | $ 14 397 | 2.2 | | | |
| 占世界总和比例(%) | 45% | 25% | 24% | 104% | 118% | 146% | | | |

数据来源：1. World Bank, World Development Indicators: http://data.worldbank.org

2. UN Comtrade, International Trade Center: http://comtrade.un.org/

3. CIA World Factbook, Country Profiles: https://www.cia.gov/library/publications/the-world-factbook/

来源：世界银行：http://data.worldbank.org; UN Comtrade, International Trade Center。

随着全球价值链范围的扩大和复杂性的增加，新兴经济体获益显著，在出口表现方面反超发达工业化国家。在 1995—2007 年间，美国和日本占全球出口市场的份额分别降低了 3.8%和 3.7%，与此同时，中国的市场份额则实现翻番，从 1995 年的 4%增至 2007 年的 10.1%，成为全球出口领跑者(超过德国、美国和日本)。在这一时期，韩国、墨西哥、土耳其、南非和中欧的前转型国家也扩大了出口市场份额。更令人惊讶的是，新兴经济体获益最多的领域是高技术含量和中等技术含量产业，而此前这些领域是经合组织国家的大本营。这种现象主要受到中国出口加工业的驱动，中国技术含量产品出口份额在1995—2007年间实现13.5%的大幅增长，一跃超过美国成为世界最大的电子品出口国(Beltramello et al.，2012：9-10)。

虽然总体上看这7个国家拥有重要的经济影响力，但中国是这一群体中的全球领跑者。中国和印度分别有13.6亿和12.5亿人口，同属全世界人口最多的国家之一，但中国2013年出口额达2.2万亿美元，毫无争议地成为出口领跑者。中国出口额比俄罗斯、韩国、印度、巴西、墨西哥和南非出口额总和(2.14万亿美元)还多，过去30年中，其国内生产总值年增长率超过9%。目前中国是全球第二大经济体(仅次于美国)，并取代了德国成为全球最大的出口国(Beltramello et al.，2012：9)。然而，与经济快速增长不符的是，2013年中国人均国内生产总值(美元计价)在这些新兴经济体中位列倒数第三(6 807美元)，超过印度(1 498美元)并略好于南非(6 618美元)，但仅为巴西(11 208美元)的60%，不足俄罗斯(14 611美元)的一半，略超过韩国的四分之一(25 977美元)。平均来看，以购买力平价计算，这7个新兴经济体2013年的人均国内生产总值比世界平均水平高18%。

这些新兴经济体的出口情况反映了各国在全球价值链中发挥的作用。表2将贸易货物按初级产品和4种出口制成品(资源型、低技术含量、中等技术含量和高技术含量)进行分类(Lall，2000)，体现了这些国家2013年出口情况差别。新兴经济体中有3个国家以初级品或资源型产品出口为主：俄罗斯(84%)、巴西(66%)和南非(56%)。印度超过一半的出口为资源型产品，20%为低技术含量产品(主要为服装产品)。①与上述国家不同，中国、韩国和墨西哥则深度参与了全球价值链中的制造过程。中国约90%的产品为制成品，而韩国(71%)和墨西哥(64%)的多数出口产品为中等技术含量产品(汽

---

① Lall的分类仅涉及货物部分，然而印度还是全球外包服务出口的领导者，占全球总额的45%。见Fernandez-Stark et al.，2011，该文采用价值链方式阐述并分析了服务外包产业的最新趋势。

车、机械）和高技术含量产品（以电子产品为主）。

表 2 2000—2013 年新兴经济体出口情况

| | 2013 年部门出口份额* | | | | | 出口总额（十亿美元） | 2000—2013 年出口总额变动 | 2000—2013 年部门出口份额百分比变动 | | | | |
|---|---|---|---|---|---|---|---|---|---|---|---|---|
| | 初级产品 | 资源型 | 低技术含量 | 中等技术含量 | 高技术含量 | | | 初级产品 | 资源型 | 低技术含量 | 中等技术含量 | 高技术含量 |
| 中　国 | 3% | 8% | 32% | 23% | 34% | 2 209 | 786% | −4 | 0 | −10 | 4 | 11 |
| 韩　国 | 2% | 17% | 9% | 43% | 28% | 560 | 226% | 0 | 6 | −8 | 10 | −8 |
| 俄罗斯 | 55% | 29% | 2% | 8% | 2% | 527 | 412% | 6 | 10 | −3 | −3 | −2 |
| 墨西哥 | 16% | 8% | 9% | 42% | 22% | 380 | 129% | 3 | 3 | −6 | 4 | −6 |
| 印　度 | 14% | 38% | 20% | 18% | 8% | 337 | 702% | 0 | 9 | −19 | 7 | 3 |
| 巴　西 | 33% | 33% | 5% | 21% | 4% | 242 | 340% | 13 | 6 | −7 | −4 | −8 |
| 南　非 | 25% | 31% | 6% | 27% | 3% | 95 | 265% | 8 | 1 | −3 | 1 | −1 |

* 出口总额不包括未分类出口，因此总和或不等于 100%。

说明：$x \leqslant -6$　$-5 \leqslant x < 0$　$0 \leqslant x \leqslant 9$　$x \geqslant 10$

来源：United Nations Comtrade，SITC Rev.2。

中国在出口领域的成功对拉美两个最大的经济体——巴西和墨西哥形成了特殊挑战。2010 年，中国是巴西最大的贸易伙伴，占巴西贸易总额的 15%。2000—2010 年间，巴西对华出口增长了 30 倍，自 2002 年以来进口增长了 16 倍。尽管巴西卢拉政府渴望与中国发展强有力的经济合作关系，但巴西对华出口结构（巴西的主要出口产品见上文）及两国在相对较少部分出口产品和企业类型的集中依然引发了一些担忧。2011 年巴西对全球出口约 70% 的产品为初级品或资源型制成品。此外，2009 年巴西对除中国以外其他国家的出口中，这两类产品占比超过 60%，而对华出口中占比约为 90%（Sturgeon et al.，2013：29-30）。巴西对华出口集中在很少的几类产品中，其中 2009 年铁矿石和大豆占对华出口 2/3 强。①

① 这也反映在 2011 年巴西出口前 10 的产品中，其中前 7 类均为初级产品或加工的中间产品（见 Sturgeon et al.，2013，表 3）。

特别值得注意的是在对华贸易关系中，巴西倾向于出口低加工度的产品（包括初级品和制成品）、进口技术密集型部件和机械产品。大豆价值链是前者很好的例证。2009年巴西对华出口的大豆中95%为未加工豆。相比之下，对华出口中几乎没有豆粕、豆粉和豆油等产品。为落实推动大豆加工业的发展战略，中国对豆油征收9%的进口关税，而对未加工大豆仅征收3%的进口关税。与未加工大豆相比，在中国进口豆类产品加工程度越高，适用的增值税税率也就越高。为保护国内生产商，中国政府对皮革、钢铁、纸浆和纸等一系列产自巴西的初级品和中间加工品也采取同样的关税和非关税壁垒的保护主义政策（Jenkins，2012:28-29）。

在进口方面，巴西也受到中国国际贸易结构的影响。1996年巴西自华进口的产品中，低技术含量产品占40%，高技术含量产品占25%。截至2009年，进口产品类型几乎逆转：高技术含量产品占41.4%，低技术含量产品仅占28%。如果从进口产品最终用途分析这种趋势，1996—2009年间，巴西自华进口的消费品从44%降至16%，而同期自华进口的资本品及其零部件则实现翻番（Jenkins，2012:29-31）。因此，在过去几十年中，巴西在对华贸易中一直位于增值链的最底端，这种状况不加以改变将造成巴西长期的结构性失衡。

全球价值链重点分析全球生产体系中增值产生的地点，从这一角度看，自中国大陆进口的高技术含量产品主要由经合组织国家的公司及其遍布世界各地——主要是中国台湾地区、中国香港和新加坡——的商业伙伴（如贸易公司、合同制造商以及部件生产商）的产品和企业战略所驱动。因此，尽管中国作为巴西贸易伙伴的重要性有所提升，但实质上巴西在技术密集型产品上对“北方国家”的历史性依赖依然存在。换言之，中国已经成为“北方国家”一个主要的技术输出渠道。

尽管中国拥有在全球经济中崛起的前所未有的动力，但巴西面临的竞争问题依然可得到改善，甚至实现逆转。墨西哥作为拉美第二大经济体，似乎正在进行重要转变，在10多年前败给中国失去美国市场份额后，该国正通过一场宣传甚少的制造业革命，成长为可与中国匹敌的竞争对手（Gereffi，

2009)。目前,墨西哥出口的制成品比其他拉美国家制成品出口总和都多,与此同时,它也开始推进出口结构多样化,对美出口在全部出口中的份额从10年前的90%降至现在的不到80%。

墨西哥获得成功的主要因素之一是贸易高度开放——该国与44个国家签署了自由贸易协定,这一数量是中国的2倍、巴西的4倍。持续增长的工资和燃油价格导致中国对美国市场的出口成本不断高企。10年前墨西哥的工资水平几乎是中国的4倍,如今则仅高出29%。同时,墨西哥还拥有大量的廉价劳动力(该国共有1.12亿人口,其中超过一半低于29岁),随着工程、建筑以及其他专业领域的毕业生比例不断增加,该国劳动者的技能也不断提高(Thomson, 2012)。此外,在当前盛行的“快时尚”、“及时到货”和“快速响应”商业模式背景下,墨西哥靠近美国的地理位置缩短了供应链长度、降低了大宗商品的运输成本并缩短了交货时限。然而,这种转型并非是由国内企业的成功所带来。与中国类似,墨西哥具有低成本、靠近巨大的美国市场优势,成为跨国企业寻找用来承担全球价值链中劳动密集部分(包括体力工作和知识性工作)的平台。

## 七、产业政策在全球价值链中的作用

在全球价值链新现实基础上制定的产业政策,通常包括对连接全球经济领域进行监管的传统措施,特别是针对贸易、外国直接投资以及在进口替代工业化和出口导向工业化政策中运用的、用以提高“国家龙头企业”地位的汇率措施等法规(Salazar-Xirinachs et al., 2014)。当前,全球价值链导向型产业政策与以往相比,更注重全球和本地参与者的交汇,这种产业政策将各方利益、权力以及主导公司和全球供应商的联系纳入考虑,将国际商业网络(逐渐区域化)视作合适的赛场,还对来自国际非政府组织的压力作出回应(OECD Development Center, Crespi et al., 2014)。

产业政策主要包括3种不同类型:影响整个国民经济的“水平型”产业政

策；针对特定行业或部门的“选择型”（或“垂直型”）产业政策；利用国际供应链的联系或其动力来提升该国在全球或地区价值链中作用的全球价值链导向型产业政策（Gereffi and Sturgeon，2013：342-343）。“水平型”政策侧重于提升国家经济竞争力的基础部分，如教育、健康、基础设施和研发支出等。虽然这些领域为私人投资者提供了极具吸引力的机会，但公共部门通常将上述内容作为公共产品广泛提供。“选择型”或“垂直型”国内产业政策主要与国家优先发展的特定行业或活动有关。进口替代型产业政策体系通常试图在国内重建完整的供应链，全球价值链导向型政策则超越了这种政策体系对国内经济的关注。考虑到与全球价值链密切相连的国际生产网络正不断扩张，这种新型的产业政策明确地利用了影响一国在全球或区域价值链中定位的外部连接。

全球价值链导向型产业政策具有若干突出特点（Gereffi and Sturgeon，2013：353-354），其中之一是全球供应商所发挥的作用。全球价值链导向型产业政策要求对20世纪90年代以来全球价值链中涌现的全球范围产业组织模式进行更为深入的理解。主导公司的发展依赖于全球供应商和中间商提供的一系列加工、专业化投入、服务等，并要求其最重要的供应商拥有全球范围的存在。因此，发展中国家希望获取的新投资是由供应商而非主导公司创造。很多情况下，供应商还创造了大量出口。服务多个客户的能力也十分重要。[①]因此，当巴西希望在本国生产 iPhone 和 iPad 来满足国内消费需求并对拉美其他地区出口时，它向富士康公司而非苹果公司寻求投资并非偶然。

全球价值链时代产业政策的第二个特点是全球采购和价值链的专业化分工。推动连接全球价值链的产业政策目标与致力于建设全面、纵向一体化的国内产业的传统政策目标差别很大（Baldwin，2011）。连接全球价值链的产业政策可以全球价值链中的具体定位为目标。这种定位可能是与现有能力相匹配但能获取更多价值的位置，或是达到外国投资者普遍需要的通用能

① 多个客户可为全球供应商带来充足的业务，从而使资本密集型投资成为必要，这类投资往往具有非常高的最低规模要求，如电子显示器和自动化生产线。

力。这两种定位均可服务国内市场和出口市场。这种类型的价值链分工对进口原材料和服务具有持续依赖性。全球采购意味着完整的价值链或许永远难以实现,但同时也确保了最前沿的技术、标准和最佳行业实践的持续参与。

第三,中国和巴西等新兴经济体中的公司都在寻求抢占价值链高端位置的机会,即便只是在区域价值链中而非全球价值链中。鼓励全球供应商在一国设立工厂具有长期利益。一些顶尖的本土企业可依靠全球供应商并通过提供广泛的服务融入全球价值链,这些服务包括从设计到生产、物流、营销和分销等各阶段。该方式可降低本土企业的风险和准入壁垒,使其有机会达到远超国内水平的生产能力和生产规模,同时确保提供最新的产品和服务。

新兴经济体的政策制定者采取上述政策并不意外。发达国家和发展中国家过去都实施了这些政策,通常都相当复杂,例如东亚经济体中的日本、韩国、新加坡、中国台湾地区,以及现在的中国。展望未来,传统的规则制定和以金融为导向的"华盛顿共识"框架下的国际组织,如世贸组织、国际货币基金组织以及世界银行,都面临着构建全球经济新秩序的挑战以及新兴经济体和发达经济体之间的角色转换。可持续发展的稳定基础要求政策制定者兼顾大胆的构想和灵活的实用主义,并以此指导全球经济中新的包容性增长政策和制度安排。

## 结论

经济全球化是跨国公司构建的国际生产贸易网的副产品,它融入各种不同的规则中,包括国际机构制定的游戏规则、国家政府的政策以及非国家参与者采取的管理全球价值链活动的各种私人治理形式(Mayer and Gereffi, 2010)。公共治理将有可能被"要求在企业行为规范、产品认证、工艺标准等方面发挥更多的补充和强化作用",同时,过去 20 年中涌现的其他自发、非政府型的私人治理以及包括公共和私人参与者在内的多利益相关方行动也逐渐兴起,并致力于解决集体行动问题(Gereffi, 2014)。

当前面临的挑战是将工作的物质条件和当前全球价值链创造的就业机会的数量和质量的经济社会升级相联系(Barritones et al., 2011)。对于发展中国家而言,全球价值链下的贸易、投资以及知识流动为快速学习、机制创新和产业升级提供了良好途径(Staritz et al., 2011)。全球价值链为当地企业提供了更好获取信息、开拓新市场的渠道以及快速学习新技术和技能的机会。由于与全球价值链相关的交易和投资,通常都采用高于这些发展中国家现行质量控制体系和全球通行的商业标准,发展中国家的企业和个人可通过参与全球价值链获取新的竞争力和技能。

然而,全球价值链对发展而言并非万能。快速或"压缩式"全球价值链驱动型发展可能会在医疗保健和教育等领域形成新的经济和社会政策挑战(Whittaker et al., 2010)。尽管全球价值链的目标是实现快速产业升级,但因创新和生产之间存在地域和组织脱节,它会对学习造成障碍并随着时间推移导致发展不均。很多证据表明,全球价值链中控制品牌和生产概念的公司(如苹果)和提供核心技术及高级组件的"平台领导者"(如 intel)等"主导企业"通常获取更多利润。与此同时,合同制造商和业务流程外包服务供应商(如呼叫中心)往往赚取微薄的利润,它们可能永远难以获得发展和推广自有品牌产品的自主性或能力。通常,全球价值链中提供常规组装服务和其他简单服务的公司获得更少利润,它们向员工支付更少的工资,更容易受到商业周期影响,特别是他们需要雇佣大量员工并进行大规模的固定资产投入(Lüthje, 2002)。

随着发展中国家逐渐成为全球价值链中的关键参与者,与这些国家如何在全球经济中实现升级机会最大化相关的一系列问题也随之出现。这种挑战的核心在于,这些国家如何通过促进本地公司参与、学习新知识并改善就业条件,同时采取有利于经济、社会和环境升级的适当政策和制度,实现向价值链上游的移动。本章所讨论的各种参与全球价值链的案例,也为这些国家提升国际竞争力提供了可选方案。下面我们就发展中国如何提升在全球价值链中的地位提出若干针对性建议。

**基础设施**。道路、航运码头和机场等大型基础设施建设项目,是各国政府及开发银行在促进一国实现经济现代化并改善其国际市场准入过程中的关注焦点。中国和其他新兴经济体正在逐步填补它们认识到的发展中经济体基础设施领域的缺口。[①]然而,我们对全球价值链案例研究的结果表明,针对性更强的基础设施对当地经济发展更为有利。以中美洲咖啡产业为例,针对该领域的特定基础设施,如利用水洗法加工咖啡的水洗处理厂,对当地小农场的生产质量满足精品咖啡的出口要求至关重要。对很多高价值的服务领域而言,用于提升大小用户之间联通水平的世界级信息基础设施必不可少。

**贸易政策**。在过去几十年间,全球经济的一个显著特点是区域贸易协定(如《北美自由贸易协定》,《中美洲自由贸易协定》,及拉美地区的“南方共同市场”,撒哈拉以南非洲的《非洲增长和机遇方案》,以及亚洲的“东南亚国家联盟”)及双边贸易协定(如墨西哥签署了40多个双边贸易协定,智利签署了20多个双边贸易协定)的迅速增长和扩大。尽管这些政策很大程度上推动了发展中国家进入世界进口市场和关键出口市场的进程,但区域协定对原产地的要求也形成一定的限制性影响。以尼加拉瓜服装业为例,该国与美国达成了一项10年期的关税优惠协定,美国将在非美产纺织品(主要来自亚洲)中为该国服装出口提供准入许可。但是,随着2014年该关税优惠协定到期,外国投资者面临巨大的不确定性,或将导致外资流出并削弱该国的服装业出口竞争力(Frederick et al., 2014)。

发展中国家应警惕全球价值链中仅依靠短期贸易政策红利获得竞争优势的做法。许多优惠贸易协定都为市场准入设立一定的限制期。这些国家应把这一限制期视为允许其在特定的全球价值链中提高能力、实现可持续发

---

① 中国已率先启动新的亚洲基础设施投资银行,不仅赢得了美国和亚洲盟友的支持(如澳大利亚、新西兰、韩国、新加坡和泰国),同时还获得其欧洲盟友的支持(英国、法国、德国以及意大利都表达了成为该行创始成员国的兴趣)。同时,中国还是新的“金砖国家”发展银行(与巴西、俄罗斯、印度以及南非等国家)和旨在加强与中亚国家互联互通的“丝路基金”的主要参与者(*The Economist*, 2015)。

展的“机会窗口”。这一过程通常涉及与产品上下游建立联系,例如服装业价值链中的纺织面料,以及鲜果价值链中的冷藏仓储设施等。全球价值链中的全球采购商更倾向于“一站式购物”。如果因规模或成本限制无法在国家层面获得这些能力,那么与该地区其他国家联手,提高相关能力从而实现全球价值链中的功能升级则成为另一种选择。

**产业政策**。在20世纪50至70年代,发展中经济体围绕进口替代工业化战略制定的产业政策已有很长历史,特别是在拉丁美洲和东亚地区(Gereffi and Wyman, 1990)。从20世纪80年代至21世纪初,国家主导的产业政策逐渐淡出,但由世界银行和国际货币基金组织领导的“华盛顿共识”则在东亚模式的基础上开始推行出口导向型的产业化。由于2008—2009年全球经济衰退以及中国、印度、巴西等大型新兴经济体崛起等多种因素影响,华盛顿共识目前正处于混乱时期,而产业政策在逐渐回归(Gereffi, 2014)。然而,考虑到经济全球化的现状以及全球价值链的优势,完全回归传统的、基于受保护的国内市场、当地成分、强制合资以及其他进口替代工业化措施的产业政策也是行不通的。

全球价值链时代的产业政策需要认识到,许多作为全球价值链主导企业的跨国公司,正将供应链中遍布世界各地、成百上千的供应商①精简为少数(可能20—30家)规模更大、能力更强且位于战略地区的制造商。此外,还存在很大程度的地域集中,在各行业中,少数几个国家控制着全球产出中的大部分份额(Gereffi, 2014)。这些变化表明全球第三世界国家的产业生产更为集中,南南贸易的水平更高,以及在全球价值链发挥越来越重要作用的新兴经济体跨国公司的兴起。

在此背景下,发展中经济体中有可能发挥更为重要作用的全球价值链导

---

① 例如,2011年Nike公司在50个国家有930家工厂为其提供产品和服务,雇用了超过100万名劳动者。但Nike本身只有3.8万名员工,且大部分员工位于美国。Nike全球供应链中其他所有员工均由其在发展中经济体的分包商直接雇佣(Locke, 2013:48)。Walmart的6万多个供应商中,中国供应商占到80%以上(Gereffi & Christian, 2009:579)。

向产业政策具有以下若干关键特征(Gereffi & Sturgeon, 2013):(1)全球价值链导向的产业政策目标,可能更倾向于在发展中经济体大量投资的全球供应商和合同制造商,而非全球价值链中的品牌商;①(2)价值链的专业化分工决定了加入全球价值链比建立全球价值链更为重要(Baldwin, 2012; Cattaneo et al., 2013),同时,推动连接全球价值链的政策与建立纵向一体化国内产业的政策也有很大不同;(3)产业政策应吸引有意与当地公司合作并促进当地公司能力发展的全球价值链主导企业和全球合约商;(4)在以全球价值链为导向的世界经济体系中,新兴经济体的产业政策很可能相互矛盾,中国经常发现自己身处这种争议之中。

**劳动力发展**。熟练的劳动力是全球价值链升级的重要组成部分,特别是对高价值服务而言。案例研究表明,高价值服务几乎可增加每种行业的价值:采掘业、农业、制造业、专业服务和旅游业。然而在全球价值链背景下,升级所需要的技能必须以关键的私营部门参与者所要求的、不断变化的全球需求为导向。因此,拉美的劳动力发展计划必须包括基础教育和更专业的培训,并以私营企业作为公共机构的补充(Gereffi et al., 2011; Wadhwa et al., 2008)。

**标准和证书**。全球生产必须满足质量和安全的国际高标准,特别是与食品、健康以及有潜在重大环境影响(如石油和采矿)相关的行业。目前一系列令人眼花缭乱的行业标准和产品证书与全球价值链相关。虽然优质产品生产商通常能获取显著溢价,但获得相应的证书成本较高且程序复杂,特别是对小公司而言。对证书获取提供资金支持很可能有助于推动中小企业融入全球价值链,但除非相关产品全球需求和价格持续保持高位,否则很难确保从获取证书中获益。②

---

① 富士康是世界最大的电子产品合同制造商,总部位于中国台湾地区,但它为苹果等国际著名品牌跨国公司产品的生产和出口则主要集中在中国大陆,该公司在中国大陆有超过100万名员工,是迄今中国最大的私人雇主。利丰集团是世界最大的贸易公司,总部位于中国香港,但大部分采购来自中国大陆,并在美洲开展广泛的业务(Fung, 2011)。

② 正如我们在咖啡案例中所看到的,特色咖啡的价格可能是认证有机咖啡或“公平贸易”咖啡的两倍。

**公私合营方式**。考虑到私营部门在全球价值链中发挥的关键作用，国际捐助方和发展机构对支持发展中国家公私合营表现出很大兴趣（UNGC，2011；Bella et al.，2013；USAID，2014）。与全球经济中的私人资本和贸易流相比，官方援助相形见绌。全球价值链中的贸易流还引发了高度关注，即如何确保积极的发展轨迹不仅发生在经济领域，还与社会和环境领域目标相一致。因此，多边和双边捐助方积极推动私营部门在脱贫发展领域发挥各种作用。在产业层面，公私合营通过采取增加投资、生产、出口和就业等措施可对经济增长产生积极影响，但因全球价值链关系中很多固有的不对称性，这些经济收益并不能自动惠及小农户、中小企业和本地家庭（Mayer and Milberg，2013）。因此，各类"促贸援助"方案以及其他形式的公私合营计划应通过对必要的基础设施、可负担的认证、技术援助、信息流的改善以及旨在提高保护劳动者权利和社区发展目标谈判能力的机制进行适当融资，来确保中小企业和其他包容性发展项目的目标受益者获得应对不断变化市场的生产能力。

考虑到拉美地区的相关历史和利益的多样化，提升该地区在全球价值链中的国际竞争力并没有灵丹妙药。然而，该地区的国家可以通过认识并应对全球经济的新现实，设立自身可实现的目标并提升在全球价值链中获取更多利益的能力。

## 参考文献

1. Abdulsamad，Ajmal，Shawn Stokes，and Gary Gereffi（2015）. "Public-private partnerships in global value chains：Can they actually benefit the poor?" Report prepared for USAID，Leveraging Economic Opportunity（LEO）Report ＃8，February. Electronic access：http://www.cggc.duke.edu/pdfs/2015-02_PublicPrivatePartnerships_in_GVCs_Can_they_actually_benefit_the_poor_LEO_report508.pdf.

2. Altenburg，Tilman（2007）. "Donor approaches to supporting pro-poor value chains." Report prepared for the Donor Committee for Enterprise Development，Working Group on Linkages and Value Chains. Electronic access：www.deza.admin.ch/ressources/

resource_en_162916.pdf.

3. Appelbaum, Richard P. (2008). "Giant transnational contractors in East Asia: Emergent trends in global supply chains." *Competition & Change*, 12(1):69-87.

4. Bair, Jennifer(2005). "Global capitalism and commodity chains: Looking back, going forward." *Competition & Change*, 9(2):153-180.

5. Bair, Jennifer(ed.) (2009). *Frontiers of Commodity Chain Research*. Stanford, CA: Stanford University Press.

6. Bair, Jennifer and Gary Gereffi(2014). "Towards Better Work in Central America: Nicaragua and the CAFTA context." In Arianna Rossi, Amy Luinstra and John Pickles (eds.) *Towards Better Work: Understanding Labour in Apparel Global Value Chains*. Basingstoke, UK: Palgrave Macmillan and the International Labour Office.

7. Baldwin, Richard (2011). "Trade and industrialisation after globalisation's 2nd unbundling: How building and joining a supply chain are different and why it matters." Cambridge, MA: National Bureau of Economic Research, Working Paper 17716, December. Electronic access: http://www.nber.org/papers/w17716.

8. Barrientos, Stephanie Ware, and Kwadwo Asenso-Okyere (2008). "Mapping sustainable production in Ghanaian cocoa: Report to Cadbury." Institute of Development Studies (University of Sussex, UK) and the University of Ghana. Electronic access: http://www. bwpi. manchester. ac. uk/medialibrary/research/ResearchProgrammes/businessfordevel opment/mappping_sustainable_production_in_ghanaian_cocoa.pdf.

9. Barrientos, Stephanie, Gary Gereffi, and Arianna Rossi(2011). "Economic and social upgrading in global production networks: A new paradigm for a changing world." *International Labour Review*, 150(3-4):319-340.

10. Bella, Jose Di, Alicia Grant, Shannon Kindornay, and Stephanie Tissot(2013). "Mapping private sector engagement in development cooperation." Ottawa, Canada: The North-South Institute. Electronic access: http://www. nsi-ins. ca/wp-content/uploads/2013/09/Mapping-PS-Engagment-in-Development-Cooperation-Final.pdf.

11. Beltramello, Andrea, Koen De Backer, and Laurent Moussiegt (2012). "The export performance of countries within global value chains." *OECD Science, Technology and Industry Working Papers*, 2012/02. OECD Publishing. Electronic access: http://www. ecb. europa. eu/home/pdf/research/compnet/Beltramello _ DeBacker _ Moussiegt _ 2012.pdf.

12. Casalet, Mónica, Edgar Buenrostro, Federico Stezano, Rubén Oliver, and Lucía Abelenda(2011). "Evolución y complejidad en el desarrollo de encadenamientos productivos

en México: Los desafíos de la construcción del cluster aeroespacial en Querétaro." Santiago: CEPAL.

13. Cattaneo, Olivier, Gary Gereffi, and Cornelia Staritz(eds.) (2010). *Global Value Chains in a Postcrisis World: A Development Perspective*. Washington, DC: The World Bank.

14. Chassot, Olivier(2012). "Servicios medioambientales." Personal communication with K. Fernandez-Stark. November 2, 2012.

15. Conservation International(2012). Costa Rica. Electronic access: http://www.conservation.org/where/north_america/costarica/Pages/costarica.aspx.

16. Crescionini, Eduardo(2012). "Sistema de trazabilidad bovina en Uruguaya." Monteverde: Ministerio de Ganadería, Agricultura y Pesca. Electronic access: http://www.imaginar.org/taller/agrotic/eduardo_crescioni_ministerio_agricultura_uruguay.pdf.

17. Crespi, Gustavo, Eduardo Fernández-Arias, and Ernesto Stein(eds.) (2014). *Rethinking Productive Development: Sound Policies and Institutions for Economic Transformation*. Washington, DC: Inter-American Development Bank.

18. Daviron, Benoit, and Stefano Ponte(2005). *The Coffee Paradox: Global Markets, Commodity Trade and the Elusive Promise of Development*. London: Zed Books.

19. Dicken, Peter(2011). *Global Shift: Mapping the Changing Contours of the World Economy*, 6th ed. New York: Guilford.

20. Farmers to 40(2014). "Analyzing Fair Trade proof data." Retrieved January 14, 2015. Electronic access: http://www.farmersto40.com/blog/.

21. Feenstra, Robert C. 1998. "Integration of trade and disintegration of production in the global economy." *Journal of Economic Perspectives*, 12(4):31-50.

22. Fernandez-Stark, Karina, Penny Bamber, and Gary Gereffi(2011). "The offshore services value chain: Upgrading trajectories in developing countries." *International Journal of Technological Learning, Innovation and Development*, 4(1-3):206-234.

23. ____.(2014). "Global value chains in Latin America: A development perspective for upgrading." In R.A. Hernández, J.M.Martínez-Piva, & N.Mulder(eds.) *Global Value Chains and World Trade: Prospects and Challenges for Latin America*. Santiago: UN Economic Commision for Latin America and the Caribbean and German Cooperation(GIZ).

24. Freeman, Richard(2008). "The new global labor market." *Focus*, 26(1):1-6. Electronic access: http://www.irp.wisc.edu/publications/focus/pdfs/foc261.pdf.

25. Frederick, Stacey, Jennifer Bair, and Gary Gereffi(2014). "Nicaragua and the

apparel value chain in the Americas: Implications for regional trade and employment." Duke CGGC, March 18. Electronic access: http://www.cggc.duke.edu/pdfs/2014-03-25a_DukeCGGC_Nicaragua_apparel_report.pdf.

26. Fung, Victor K (2011). "Global supply chains-past developments, emerging trends." Speech to the Executive Committee of the Federation of Indian Chambers of Commerce and Industry, Oct. 11. Electronic access: http://www.fungglobalinstitute.org/en/global-supply-chains-%E2%80%93- past-developments-emerging-trends.

27. Gereffi, Gary. 1994a. "The organization of buyer-driven global commodity chains: How US retailers shape overseas production networks." In G. Gereffi & M. Korzeniewicz (eds.) *Commodity Chains and Global Capitalism*. Westport, CT: Praeger Publishers.

28. ____.(1994b). "The international economy and economic development." In Neil J. Smelser and Richard Swedberg(eds.) *The Handbook of Economic Sociology*. Princeton, NJ: Princeton University Press.

29. ____.(1996). "Commodity chains and regional divisions of labor in East Asia." *Journal of Asian Business*, 12(1):75-112.

30. ____. (1999). "International trade and industrial upgrading in the apparel commodity chain." *Journal of International Economics*, 48(1):37-70.

31. ____.(2005). "The global economy: Organization, governance, and development." In Neil J.Smelser and Richard Swedberg(eds.) *The Handbook of Economic Sociology*, 2nd edition, Princeton, NJ: Princeton University Press.

32. ____. (2009). "Development models and industrial upgrading in China and Mexico." *European Sociological Review*, 25(1):37-51.

33. ____. (2011). "Global value chains and international competition." Antitrust Bulletin, 56(1):37-56.

34. ____. (2014). "Global value chains in a post-Washington Consensus world." *Review of International Political Economy*, 21(1):9-37.

35. Gereffi, Gary and Michelle Christian(2009). "The impacts of Wal-Mart: The rise and consequences of the world's dominant retailer." *Annual Review of Sociology*, 35:573-591.

36. Gereffi, Gary, and Karina Fernandez-Stark(2011)."Global value chain analysis: A primer." Center on Globalization, Governance & Competitiveness, Duke University, Durham, NC. Electronic access: http://www. cggc. duke. edu/pdfs/2011-05-31_GVC_analysis_a_primer.pdf.

37. Gereffi, Gary, Karina Fernandez-Stark and Phil Psilos (2011). *Skills for*

*Upgrading*: *Workforce Development and Global Value Chains in Developing Countries*. Durham, N.C.: Duke Center on Globalization, Governance & Competitiveness and the Research Triangle Institute. Electronic access: http://www.cggc.duke.edu/gvc/workforce-development/.

38. Gereffi, Gary, John Humphrey, and Timothy Sturgeon(2005). "The governance of global value chains." *Review of International Political Economy*, 12(1):78-104.

39. Gereffi, Gary, and Miguel Korzeniewicz(eds.). 1994. *Commodity Chains and Global Capitalism*. Westport, CT: Praeger.

40. Gereffi, Gary, and Joonkoo Lee(2012). "Why the world suddenly cares about global supply chains." *Journal of Supply Chain Management*, 48(3):24-32.

41. Gereffi, Gary, and Timothy Sturgeon(2013). "Global value chains and industrial policy: The role of emerging economies." In Deborah K.Elms & Patrick Low(eds.) *Global Value Chains in a Changing World*. Geneva: World Trade Organization, Fung Global Institute and Termasek Foundation Centre for Trade and Negotiations.

42. Gereffi, Gary, and Donald L.Wyman(eds.) (1990). *Manufacturing Miracles*: *Paths of Industrialization in Latin America and East Asia*. Princeton, NJ: Princeton University Press.

43. Gore, Charles(2000). "The rise and fall of the Washington Consensus as a paradigm for developing countries." *World Development*, 28(5):789-804.

44. Grunwald, Joseph, and Kenneth Flamm(1985). *The Global Factory*: *Foreign Assembly in International Trade*. Washington, DC: The Brookings Institution.

45. Haggard, Stephan(1990). *Pathways from the Periphery*: *The Politics of Growth in the Newly Industrializing Countries*. Ithaca: Cornell University Press.

46. Hamilton, Gary G., and Gary Gereffi(2009). "Global commodity chains, market makers, and the rise of demand-responsive economies." In Jennifer Bair(ed.) *Frontiers of Commodity Chain Research*. Stanford, CA: Stanford University Press.

47. Hernández, René A., Jorge Mario Martínez-Piva, and Nanno Mulder(eds.) (2014). *Global Value Chains and World Trade*: *Prospects and Challenges for Latin America*. Santiago, Chile: United Nations Economic Commission for Latin America and the Caribbean and German Cooperation(GIZ).

48. Humphrey, John, and Lizbeth Navas-Alemán(2010). "Value chains, donor interventions and poverty reduction: A review of donor practice." Brighton, UK: Institute of Development Studies at the University of Sussex, IDS Research Report 63.

49. Humphrey, John, and Hubert Schmitz(2002). "How does insertion in global

value chains affect upgrading in industrial clusters?" *Regional Studies*, 36(9):1017-1027.

50. IDB(Inter-American Development Bank) (2012). "What is the Inter-America Development Bank doing about BPO labor in Latin America?" Electronic access: http://www.nearshoreamericas.com/interamerica-development-bank-bpo-labor-latin-america/.

51. Jenkins, Rhys (2012). "China and Brazil: Economic impacts of a growing relationship." *Journal of Current Chinese Affairs*, 1:21-47.

52. Krugman, Paul(1995). "Growing world trade." *Brookings Papers on Economic Activity*, 1:327-377.

53. Lall, Sanjaya(2000). "The technological structure and performance of developing country manufactured exports, 1985-98." *Oxford Development Studies*, 28(3):337-369.

54. Lee, Joonkoo(2010). "Global commodity chains and global value chains." In Robert A.Denemark(ed.), *The International Studies Encyclopedia*. Oxford, UK: Wiley-Blackwell.

55. Locke, Richard M. (2013). *The Promise and Limits of Private Power: Promoting Labor Standards in a Global Economy*. New York, Cambridge: Cambridge University Press.

Lüthje, Boy(2002). "Electronics contract manufacturing: Global production and the international division of labor in the age of the Internet." *Industry and Innovation*, 9(3): 227-247.

Lynn, Barry C(2005). *End of the Line: The Rise and Coming Fall of the Global Corporation*. New York: Doubleday.

56. M4P(Making Markets Work Better for the Poor) (2008). *Making Value Chains Work Better for the Poor: A Toolbook for Practitioners of Value Chain Analysis*. London: UK Department of International Development.

57. Mayer, Frederick, and Gary Gereffi (2010). "Regulation and economic globalization: Prospects and limits of private governance." *Business and Politics*, 12(Iss. 3, Article 11). Electronic access: http://www.bepress.com/bap/vol12/iss3/art11/.

58. Mayer, Frederick and William Milberg(2013). "Aid for Trade in a world of global value chains: Chain power, the distribution of rents, and implications for the form of aid. Capturing the Gains, Working Paper 34. Electronic access: http://www.capturingthegains.org/publications/workingpapers/wp_201334.htm.

59. Milberg, William, and Deborah Winkler(2013). *Outsourcing Economics: Global Value Chains in Capitalist Development*. New York, Cambridge: Cambridge University Press.

60. Morris, Mike, Cornelia Staritz, and Justin Barnes(2011). "Value chain dynamics, local embeddedness, and upgrading in the clothing sectors of Lesotho and Swaziland." *International Journal of Technological Learning, Innovation and Development*, 4(1-3): 96-119.

61. Nathan, Dev, and Sandip Sarkar(2011). "Blood on your mobile phone? Capturing the gains for artisanal miners, poor workers and women." Capturing the Gains Briefing Note, No. 2, February. Electronic access: http://www.capturingthegains.org/pdf/ctg_briefing_note_2.pdf.

62. Naughton, Barry(ed.) (1997.) *The China Circle: Economics and Technology in the PRC, Taiwan, and Hong Kong*. Washington, DC: The Brookings Institution.

63. OECD(2013). *Interconnected Economies: Benefitting from Global Value Chains*. Paris: Organisation for Economic Cooperation and Development. Electronic access: http://www.oecd-ilibrary.org/science-and-technology/interconnected-economies_9789264189560-en.

64. OECD Development Centre(2013). *Perspectives on Global Development 2013: Industrial Policies in a Changing World*. Paris: OECD. Electronic access: http://www.oecd.org/development/pgd/pgd2013.htm.

65. Oehmke, James F., Alexandre Lyambabaje, Etienne Bihogo, Charles B. Moss, Jean Claude Kayisinga, and Dave D. Weatherspoon (2011). "The impact of USAID investment on sustainable poverty reduction among Rwandan smallholder coffee producers: A synthesis of findings." Electronic access: http://www.jfoehmke.com/uploads/9/4/1/8/9418218/rwanda_synthesis_document_final_draft_o ct_2011.pdf.

66. O'Neill, Jim(2011). *The Growth Map: Economic Opportunity in the BRICs and Beyond*. New York: Penguin.

67. Oxfam (2011). "Exploring the links between international business and poverty reduction: The Coca-Cola/SABMiller value chain impacts in Zambia and El Salvador." *Oxfam Policy and Practice: Private Sector*. Electronic access: http://www.oxfamamerica.org/static/oa3/files/coca-cola-sab-miller-poverty-footprint-dec-2011.pdf.

68. Pickles, John, and Adrian Smith(2011). "Delocalization and persistence in the European clothing industry: The reconfiguration of trade and production networks." *Regional Studies*, 45:167-185.

69. Ponte, Stefano (2002). "The 'latte revolution'? Regulation, markets and consumption in the global coffee chain." *World Development*, 30(7):1099-1122.

70. Portocarrero Lacayo, Ana Victoria(2010). "El sector textil y confección y el desarrollo sostenible en Nicaragua." Geneva: International Centre for Trade and Sustainable

Development. January.

71. ProNicaragua(2010). "Investment opportunities: Textiles and apparel." Electronic access: http://www.pronicaragua.org/index.php?option=com_content&view=article&id=35&Itemid=98& lang=en.

72. PwC Mexico(2013). "Doing business in Mexico: Automotive industry." May. Electronic access: http://www.pwc.com/mx/doing-business-automotive.

73. Rodriguez, Carlos Manuel (2012). "Servicios medioambientales." Personal communication with K.Fernandez-Stark. August 22.

74. Ross, Andrew (2006). *Fast Boat to China: Corporate Flight and the Consequences of Free Trade*. New York: Pantheon Books.

75. Rossi, Arianna, Amy Luinstra, and John Pickles(eds.) (2014). *Towards Better Work: Understanding Labour in Apparel Global Value Chains*. New York: Palgrave Macmillan and International Labour Office.

76. Salazar-Xirinachs, José M., Irmgard Nübler, and Richard Kozul-Wright(2014). *Transforming Economies: Making Industrial Policy Work for Growth, Jobs and Development*. Geneva: International Labour Office and United Nations Conference for Trade and Development.

77. Smith, Adrian, John Pickles, Milan Buček, Rudolf Pástor, and Bob Begg(2014). "The political economy of global production networks: Regional industrial change and differential upgrading in the East European clothing industry." *Journal of Economic Geography*. Electronic access: http://joeg.oxfordjournals.org/content/early/2014/01/13/jeg.lbt039.

78. SONDA(2012). "Un sistema de trazabilidad para el ganado bovino de Uruguay que asegura calidad sanitaria." Retrieved December, 2012. Electronic access: http://www.sonda.com/caso/10/.

79. Staritz, Cornelia, Gary Gereffi, and Olivier Cattaneo(eds.) (2011). *International Journal of Technological Learning, Innovation and Development*, 4(1-3). Special issue on "Shifting end markets and upgrading prospects in global value chains."

80. Staritz, Cornelia, and José Guilherme Reis(eds.) (2013). *Global Value Chains, Economic Upgrading, and Gender: Case Studies of the Horticulture, Tourism and Call Center Industries*. Washington, DC: The World Bank. Electronic access: http://www.capturingthegains.org/pdf/GVC_Gender_Report_web.pdf.

81. Sturgeon, Timothy J.(2002). "Modular production networks: A new American model of industrial organization." *Industrial and Corporate Change*, 11(3):451-496.

82. Sturgeon, Timothy J., and Gary Gereffi(2009)."Measuring success in the global economy: International trade, industrial upgrading, and business function outsourcing in global value chains." *Transnational Corporations*, 18(2):1-36.

83. Sturgeon, Timothy, Gary Gereffi, Andrew Guinn, and Ezequiel Zylberberg (2013). "O Brasil nas cadeias globais de valor: implicações para a política industrial e de comércio." *Revista Brasileira de Comércio Exterior*, 115:26-41.

84. Sturgeon, Timothy J., and Momoko Kawakami(2011). "Global value chains in the electronics industry: Characteristics, crisis, and upgrading opportunities for firms from developing countries." *International Journal of Technological Learning, Innovation and Development*, 4(1-3):120-147.

85. Sturgeon, Timothy J., and Richard K. Lester(2004). "The new global supply base: New challenges for local suppliers in East Asia." In Shahid Yusuf, M. Anjum Altaf, and Kaoru Nabeshima(eds.) *Global Production Networking and Technological Change in East Asia*. Washington, DC: The World Bank and Oxford University Press.

86. Sturgeon, Timothy J., and Johannes Van Biesebroeck(2011). "Global value chains in the automotive industry: An enhanced role for developing countries?" *International Journal of Technological Learning, Innovation and Development*, 4(1-3):181-205.

87. Talbot, John M.(2004). *Grounds for Agreement: The Political Economy of the Coffee Commodity Chain*. Lanham, MD: Rowman & Littlefield.

88. *The Economist* (2015). "The infrastructure gap: The Asian Infrastructure Investment Bank." March 21, p.32.

89. Tholons(2012). "Outsourcing & National Development in Latin America." New York: Tholons. Electronic access: http://www.google.com/url?sa=t&rct=j&q=&esrc=s&source=web&cd=1&cad=rja&ved=0CD0Q FjAA&url=http%3A%2F%2Fwww.tholons.com%2Fnl_pdf%2FTholons_Whitepaper_Tholons_ Outsourcing_and_National_Development_Whitepaper_February_2012.pdf&ei=eAi5UK3pIJSw8 ATChoHYCQ&usg=AFQjCNGzetmK9aZXhHlKjKXOk7ROE9Y_Gw&sig2=n4Rj-utYcgJ5bCnpMUo8Fw.

90. Thomson, Adam(2012). "Mexico: China's unlikely challenger." Financial Times, September 19.

91. UNComtrade(2012). United Nations Commodity Trade Statistics Database. Retrieved December, 2012. Electronic access: http://comtrade.un.org/.

92. UNCTAD(2013). *World Investment Report, 2013—Global Value Chains: Investment and Trade for Development*. Geneva: United Nations Conference for Trade and Development.

93. ____. (2014). *World Investment Report, 2014—Investing in the SDGs: An Action Plan*. Geneva: United Nations Conference for Trade and Development.

94. UNGC(2011). "Partners in development: How donors can better engage the private sector for development in LDCs." United Nations Global Compact, United Nations Development Program, and BertelsmannStiftung. Electronic access: https://www.unglobalcompact.org/docs/issues_doc/development/Partners_in_Development.pdf.

95. Urquidi, Victor L. 1991. "The prospects for economic transformation in Latin America: Opportunities and resistances." *LASA Forum*, 22(3):1-9.

96. USAID(2014). "Global development alliances." Washington, DC: United States Agency for International Development. Electronic access: http://www.usaid.gov/gda.

97. Vernon, Raymond(1971). *Sovereignty at Bay: The Multinational Spread of U.S. Enterprises*. New York: Basic Books.

98. Wadhwa, Vivek, Una Kim de Vitton, and Gary Gereffi(2008). "How the disciple became the guru: Workforce development in India's R&D labs." Report prepared for the Ewing Marion Kauffman Foundation, July 23. Electronic access: http://papers.ssrn.com/sol3/papers.cfm?abstract_id=1170049.

99. Whitttaker, D. Hugh, Tianbiao Zhu, Timothy Sturgeon, Mon Han Tsai, and Toshie Okita(2010). "Compressed development." *Studies in Comparative International Development*, 45:439-467.

100. World Bank(2012). "Unlocking Central America's export potential-2. Unlocking potential at the sector level: Value chain analyses." Electronic access: http://documents.worldbank.org/curated/en/2012/10/17211219/unlocking-central-americas-export-potential-vol-2-4-unlocking-potential-sector-level-value-chain-analyses.

101. World Economic Forum(in collaboration with Bain & Company and the World Bank) (2013). *Enabling Trade: Valuing Growth Opportunities*. Electronic access: http://www3.weforum.org/docs/WEF_SCT_EnablingTrade_Report_2013.pdf.

102. WTO and IDE-JETRO(2011). "Trade patterns and global value chains in East Asia: From trade in goods to trade in tasks." World Trade Organization and Institute of Developing Economies, Geneva and Tokyo. Electronic access: http://www.ide.go.jp/English/Press/pdf/20110606_news.pdf.

# 第七章　参与全球价值链的风险与机遇[①]

加里·杰里菲、骆许蓓

## 引言

在19世纪中期的工业革命之前，基于农作物种植和畜牧的古老农业周期控制了世界财富几千年。工业革命发生后，“普通大众的生活水平在历史上第一次开始有持续性的增长”，诺贝尔奖获得者、经济学家罗伯特·卢卡斯指出，“这是从未发生过的经济现象”(Lucas，2002)。从第一次工业革命开始，在一体化和现代化的大背景下，技术进步的浪潮改变了生产边界，重新界定了国家角色的范围。全球价值链突出了新的国际贸易模式、生产模式和雇佣模式对发展前景和竞争力的重塑，给企业带来了新的机遇和风险。一方面，全球价值链创造了盈利和扩大市场的新机遇；另一方面，全球价值链使企业无法躲避原先因市场边界和地理距离的庇护而免遭的风险，同时增加了潜在的信息不对称。各种可能增加或减少风险的因素相互发生作用。

风险意味着可能的损失，而风险的有利一面或者说可能的获益，就是机遇。风险(或机遇)既可能是外部强加，也可能是在自主寻求机遇的过程中遭遇的。企业每天都需要面对大量不同的风险。由于技术的持续进步，生产边

---

① 本章是为*World Development Report 2014：Risk and Opportunity*(《世界发展报告2014：风险与机遇》)准备的背景文件。文章中的发现、阐述和结论均为作者观点，不代表其所属机构的意见。作者感谢安尼路德·克里舒那对本章的宝贵讨论和评论。

界在不断扩大，更高的效率成为生存的法则（如个人电脑）。需求也在不断发生变化，新的品味和偏好创造了新产品的小众市场，而创新带来的更高利润率成为了增长的引擎（如苹果 iPad）。同时，企业还不得不面对预期之外的灾难性风险，比如全球经济危机和自然灾难。

信息通信技术革命不仅大大提高了生产率，也重新诠释了时间和距离的意义。“一次点击”就关联数以十亿计的活动，“及时交付”才能满足有效的新需求。世界越来越相互联结在一起，全球范围内未知的重大变化——从 21 世纪初互联网经济泡沫的破灭，到 2008 年的次贷危机，以及仍在持续的欧元区动荡——对世界各地企业的生存与发展都产生系统性的影响，企业甚至来不及作出任何脱离的反应。金融和商品领域的冲击扩大到了前所未有的范围。

在很大程度上，参与全球价值链的竞争已经不可避免，即便企业不是出口导向型的，也必须与在全球经济中制造的进口产品进行竞争，除非对这些进口设立保护性壁垒。本章审视了企业及个人在全球价值链中面对的风险和机遇。首先，从国家和全球视角审视了企业所提供的分享机制；第二，较为深入地分析了企业和个人在全球层面的新机遇和新挑战；第三，讨论了经济升级和社会升级的作用；最后，阐明了政府如何能够帮助人们在参与全球价值链过程中控制风险并获取收益。

本章参考了大量关于全球价值链的文献，包括很多跨学科研究者对特定国别和特定产业的研究。我们回顾的研究文献涉及农业、制造业和服务业中广泛的产业部门，侧重于过去 10—15 年的发展趋势。我们将重新梳理这些关于全球经济文献的研究结论，以便归纳出关于参与全球价值链的风险和机遇的一般性结论。

## 一、作为分担风险载体的企业

诺贝尔奖获得者罗纳德·科斯指出，企业是为了克服市场直接交换中固有的交易成本而产生的一种社会组织，主要包括寻找和联系交易对象并与之讨价还价的成本(Coase, 1937)。与单个家庭直接向市场提供自产产品和服务相比,企业通过有效的资源配置能获得更高的收入。另外,常见的风险控制措施也是由多个不同的行为体分担风险带来的损失或分享风险带来的获利。重要的是,企业能够建立员工之间、企业所有者之间以及员工和企业所有者之间的风险分担机制:

● 员工之间的风险分担体现在,一旦某一员工生病,其他的员工可以承担其工作以保持企业运行。此外,多人企业的风险分担机制使员工能够进行专业化分工,共同提高生产效率。在专业化技能方面进行投资是具有风险的行为,企业通过承担职前培训的成本,或通过提高工资来鼓励员工获得相关技能,推动员工更加专业化。通过分担培训成本或增加获取技能后的预期回报,企业能够将劳动力中的技能分工转化成专业化分工(Acemoglu & Pischke, 1999; Lam & Liu, 1986)。

● 资本所有者之间的风险分担体现在,比如在有限责任的制度安排下,投资者可以通过资产多元化组合,在给定的预期风险基础上承担更多的创新风险。*Economist*(《经济学人》)杂志在其千禧年专刊中指出"两个世纪的工业化造就了现代世界,其中,有限责任基础上的股权融资扮演了重要角色"。①根据法律和制度框架要求,有限责任的合同安排限制了投资风险不利的一面,允许投资者将个人责任与生产单位的债务分离。同时,有限责任允许投资者持有多个公司的一小部分以实现投资组合多元化,从而降低部分投资贬值的风险。有限责任还推动了股票市场的发展,促进了公司的资本积累,并使规模经济的开发成为可能。

● 员工和资本所有者之间的风险分担体现在,比如通过劳动合同,企业可以向愿意接受较低工资以获得稳定收入的员工提供保障。企业通过隔离一些生产风险,可以向员工提供更为稳定的工资收入。员工通过劳动合同,可以将生产过程中的风险转移给企业,并减少就业和收入的过度波动,实现自

① *Economist*(《经济学人》1999 年 12 月 31 日千禧年专刊)。

身利益最大化;而企业试图通过减少劳动力和其他投入要素的成本来实现利润最大化。为实现福利最大化,员工倾向于收入水平更高且更稳定的工作。而企业不像员工那样厌恶风险,更关心平均劳动成本的高低而非其波动情况,所以愿意向员工提供薪酬较为稳定(比如固定工资)的劳动合同,以实现较低的平均薪酬水平。通过平衡劳动合同中所明示或隐含的两方面,即薪酬水平高低和波动性,企业和员工在分担风险的过程中共同提升了双方利益。另一方面,员工也可向企业提供一种保证,即同意在短暂危机期间减少工资或工作时间,从而换取正常情况下较高的工资。

风险分担和分散都会鼓励承担风险的行为,从而大规模地提高生产力。较高的收入使个人能够增加储蓄,购买市场保险,改善财务状况,投资营养保健,通过教育投资来获得更多知识。以储蓄为例,如果个人仅能勉强满足现阶段需求,为未来进行储蓄将是一个缓慢的过程。在世界范围内,当收入水平上升,储蓄率也会上升(Schmidt-Hebbel et al., 1992)。在发展中国家,人均收入翻倍预计将带动可支配收入中长期个人储蓄率提升 10 个百分点(Loayza et al., 2000)。

然而,随着劳动分工和企业所有权的分散化,新的风险也会出现。企业运行和管理风险的方式会影响人们面临的风险及其采取的风险管理措施。企业可能在濒临破产时采取不负责任的冒险行为,从而给社会造成负外部性。企业管理层通常由具备专门管理技能的专业人士组成,他们与企业所有者的利益并不完全一致。

如果企业经营不善或是将自身风险转嫁给人们,将会成为家庭、社会乃至金融领域和国家政府的风险来源。当商业收缩或者技术陈旧时,企业可能产生收入方面的风险(通过减少工作岗位和减少资本回报)和资产方面的风险(通过减少投资)。这两种风险都会进一步转化成社会风险,从丧失企业雇佣关系所提供的保险和其他利益(比如健康保险和养老金),到被职业圈所淘汰、丧失社会地位和被迫改变生活方式。这方面需要有规范和激励机制来确保不同家庭的利益能得到保护。

在以运输成本和交易成本下降为重要特征的全球化世界中，通过供应网络或金融联结形成的企业或部门间的互联互通不断扩大并深化。全球价值链包括两种主要的企业形式：一种是“主导企业”，即总部设在发达工业化国家的跨国公司，它们在生产商驱动型和采购商驱动型这两种全球价值链中都控制和界定价格、交付和绩效等主要的经济行为；另一种是供应商企业，在全球价值链中生产产品和提供服务，基本上位于发展中国家。所以，全球价值链中的“企业部门”将发达国家和发展中国家联系到一个共同的全球价值链中(Gereffi and Sturgeon, 2013)。

从全球价值链的视角看，国民经济中的企业部门是全球价值链中主导企业的供应基地。这有两个具体的含义：(1)外部行为体(特别是全球价值链中的主导企业)对一国企业部门而言是一种潜在“外部风险”的重要形式；(2)一国的企业部门嵌入与全球价值链相关联的更大范围的区域和全球企业部门中。全球企业部门，作为一系列或一套特定产业的全球价值链，具有通过其在更大范围采用的风险分担机制来影响人们风险管理的潜能。这对一国的企业部门既可能有利，也可能有害，因企业规模和所属产业不同，产生的影响也不尽相同。

## 二、全球层面的机遇和挑战

企业在全球市场中面临新的机遇和挑战。它们拥有向更广阔的全球需求提供商品和服务的机会，这将消除发展中经济体国内市场的规模与购买力限制。同时，由于质量和价格方面的选择变化更多，生产和加工升级也有了更多选项，从而带来了更多的升级机会。但是因为关于价格、质量和交付日期的国际标准更加严格，相关风险也随之上升，企业通常需要相对较大的生产规模才能进入全球市场，或者具备特定的前沿技术才能拥有全球市场份额。另外，激烈的竞争压力也是风险之一，既然所有企业都可以与价格更低或质量更好的出口商进行竞争，那么在全球价值链中只有最好的企业才能够获得成功。

规模经济偏好为实现成本最小化进行的生产集中,由此给企业带来了高利润,同时也给消费者带来低价格。高度的生产集中给大规模的集聚和集群带来收益,但对经济可能造成风险。一处遭遇冲击,将迅速传递到网络的其他地方,产生连锁反应。如果供应网络高度互联,一个部门生产力水平的降低可能危害整个经济,因为下游产业也会受到伤害。

2011 年日本地震对世界汽车业的影响充分说明了体系面对冲击时的脆弱。一国对国际贸易和资本更大程度的开放,将对其宏观经济波动产生很大影响。当一个经济体高度集中于某项特定生产活动时,比如诺基亚(2003 年世界销售额超过了芬兰国内生产总值的四分之一)和三星(占韩国出口的 23%左右,相当于韩国国内生产总值的 14%),这类企业如果遭遇特殊冲击,则该经济体的国内生产总值也可能受到重大影响(Di Giovanni & Levchenko, 2009)。美国是世界上最大、最多元化的经济体,即便如此,某个公司一次的分红(微软,320 亿美元)增长,将 2004 年 12 月个人平均收入增长从 0.6%提高到 3.7%(Bureau of Economic Analysis, 2005)。该报告已列入参考文献。

当企业面对日益一体化的世界所带来的新挑战时,对个人、家庭和社区而言,国际贸易和金融关系、海外侨汇和移民社区也可能成为吸收和应对非全球性冲击风险的安全网。

外国直接投资通过不同的方式对危机时期企业的业绩波动性产生影响。跨国公司在不同国家转移生产的能力能够增强其调整的灵活性,市场多元化则给其位于各地的子公司提供更强的稳定性。比如在新近发生的全球金融危机之后,跨国公司的子公司凭借母公司强有力的垂直生产关系和融资关系,总体表现优于本土竞争对手。母公司的需求有助于减轻子公司所在东道国需求萎缩带来的冲击,但如果子公司与母公司是横向关联企业,这些子公司的表现就相对不稳定,因为跨国公司可能将更多的生产转移回母国(Alfaro & Chen, 2011)。

**冲击波的蔓延：2011 年日本地震引发世界汽车业恐慌**

对于汽车业而言，以企业间紧密的垂直联系为支撑的供应链管理能够带来高水平的竞争力。处于价值链顶端的汽车制造商可以从价值链下游的企业采购精细定制的高质量零部件(制造不同类型的高质量汽车)，收集信息以连续预估合适的生产数量，使库存及相关成本最小化。

高度定制化和及时交付的生产要求是汽车产业取得成功的两个关键驱动因素，但也让该产业不得不面对世界范围的冲击(Canis, 2011)。2011 年 3 月，日本东部发生了大地震。地震对汽车零部件生产的破坏效应很快扩散，因汽车零部件是高度定制化的，基本上无法由其他供应商替代。2011 年 4 月，尼桑公司在墨西哥的工厂关闭了 5 天，在美国的工厂关闭了 6 天。本田公司在加拿大、印度、英国和美国 8 家工厂的产量减少了一半。美国的通用汽车公司因为零部件短缺关闭了在路易斯安那州的组装厂，进而造成其制造引擎的纽约工厂短期裁员。福特公司在比利时和美国的组装厂关闭了一周，在中国、菲律宾、中国台湾和南非的工厂关闭了两周。

——引自《纽约时报》2011 年 5 月 12 日刊载文章“Piecing Together a Supply Chain”。

跨国公司母公司流向子公司的内部市场资本和投资，能够减轻子公司对所在国信贷条件的依赖，也因此降低了所在国遭遇信贷危机时这些子公司业绩的波动(Antras et al., 2009)。以波兰为例，在最近的全球经济危机中，外国投资企业在当地分支机构面临外部信贷约束时，集团内部的拆借机制为这些分支机构提供了更好的弹性支持(Kolasa et al., 2010)。

对于个人、社区和国民经济而言，海外侨汇相对稳定且往往反周期。在母国遭受经济衰退或危机时，海外移民通常会向其母国家庭提供更多的资源来帮助亲人。如在 1995 年的墨西哥和 1998 年的印度尼西亚与泰国的金融危机中，海外侨汇大幅增加，不仅帮助家庭满足消费需求，还为当地企业提供了急需的资金来克服信贷约束，从而缓解其危机风险(The World Bank, 2005)。除了海外侨汇，海外移民平时也通过开展慈善活动、促进知识交流和贸易联系等方式为其母国提供支持；在危急时刻，他们比一般投资者更愿意向母国提供基础设施、住房建筑、医疗卫生和教育的融资帮助。印度和以色列的海外移民债券超过 350 亿美元,其中包括两国遭遇流动性危机时期(Ratha, 2010)。

全球价值链范畴的"合理化",即已经开始的供应链规模收缩,由于 2008—2009 年的全球经济衰退而进一步提速。发达工业化国家是全球价值链的主要市场,而多数发达国家的消费下降,导致全球价值链的供应链大幅收缩。最新研究显示,现阶段全球价值链组织方式新的重要变化趋势,将改变各国企业部门所面临风险的性质(相关变化总结请参见 Gereffi, 2014):

● 全球价值链在地理分布上更为固化,反映了 1989 年以后大型新兴经济体的崛起。除了最初广为人知的金砖国家(巴西、俄罗斯、印度和中国),新兴经济体目前还包括多样化的"成长经济体",比如墨西哥、韩国、土耳其、印度尼西亚、菲律宾和越南。这些经济体往往都拥有看似取之不尽的廉价劳动力、高水平的出口导向型制造商、丰富的自然资源和一定规模的国内市场(O'Neill, 2011)。新兴经济体已经成为当今世界的主要生产中心,当然它们在全球价值链中的角色还取决于各自对贸易和外国投资的开放度以及其他战略考虑。

● 全球价值链在组织上也更加集中,主要是因为跨国主导企业试图将它们的全球供应链从 20 世纪 90 年代和 21 世纪初期经济全球化全盛期的 500—1 000 家减少到现在的 25—30 家(甚至更少)。这些新的供应企业需规模更大,水平更高(技术和供应链现代管理模式),且战略布局上位于能进入大区域和国别市场。全球价值链的上述两个趋势——即地理固化和组织集中化——结合在一起,给全球经济中不拥有当代全球价值链所需的规模、面积、战略区位和技能的大多数国家与企业造成了越来越大的竞争压力。

2008—2009 年的全球经济衰退强化了全球价值链已有的一些变化趋势,而且在全球经济中引入了新的模式,对各国企业的风险分摊和脆弱性产生影响。世界银行的一份研究指出,事实证明全球价值链在面对最近的经济危机时是具有弹性的,且这种弹性加速了全球经济的两个长期结构性变化趋势:

一是前文中提及的全球价值链的集中；二是发展中国家市场重要性日益突出(Cattaneo et al., 2010:6)。当世界贸易从2008—2009年全球衰退中开始反弹时，新兴经济体正在成为世界经济复苏的引擎。鉴于发达国家的消费需求停滞不前，全球价值链正在转向供应发展中国家这一新的目标市场，包括重新重视大的新兴经济体的国内市场，以及将原有全球供应链区域化(Staritz et al., 2011)。

在全球服装业的案例中，1995—2009年，中国在全球服装出口中的份额从22%上升到41%，出口额从329亿美元增长到1 224亿美元。同期，市场份额急剧下降的地区包括墨西哥、中美洲和多米尼加共和国、泰国、菲律宾、罗马尼亚和波兰。这其中有2005年《多种纤维协定》失效的因素，很多较小的国家失去了美国和欧盟市场的出口配额保障(Frederick & Gereffi, 2011)。然而，即便中国这样总体上的净赢家，在20世纪90年代末和21世纪初产业整合时，也有成千上万的服装厂倒闭，数百万服装劳动者失业(其间很多国有服装厂关闭)，而2008—2009年全球经济衰退进一步减少了服装的全球出口，导致倒闭潮重演。

简而言之，经济危机并没有逆转全球化；国际生产和消费仍然是全球经济的核心特征。发展中国家相对于发达国家，地位在上升，但发展中国家之间由于在全球价值链中所处位置的不同而产生的不平衡也在加剧。在生产者驱动的价值链中，界定相关产业结构的主导企业主要是全球制造商，比如General Motors、Ford、IBM和HP。在采购商驱动价值链中，主导企业既有零售商(如Walmart、JCPenney和Carrefour)和全球经销商(如Nike、Liz Claiborne和Polo Ralph Lauren)，也有超级市场和食品跨国企业(如Tesco、Sainsbury's, Kraft Foods和Nestlé)(Gereffi, 1994)。采购商驱动链中的主导企业对全球化进程有特别影响，因为它们通过发达国家订单的方式加速了“全球采购”进程，而生产则基本上都依赖发展中经济体完成(Gereffi, 1999; Dicken, 2011)。主导企业(大部分来自发达国家)的主导地位可能加剧不平等并引发潜在危机。

## 三、经济升级和社会升级

风险和机遇的分担与价值链的性质以及企业在该价值链中所处的地位密切相关。图1通过5个不同产业组的相关产业链对价值链的这一论断进行说明。企业和劳动者的经济和社会升级(或降级)可以在不同的路径中发生(Barrientos et al., 2011)。

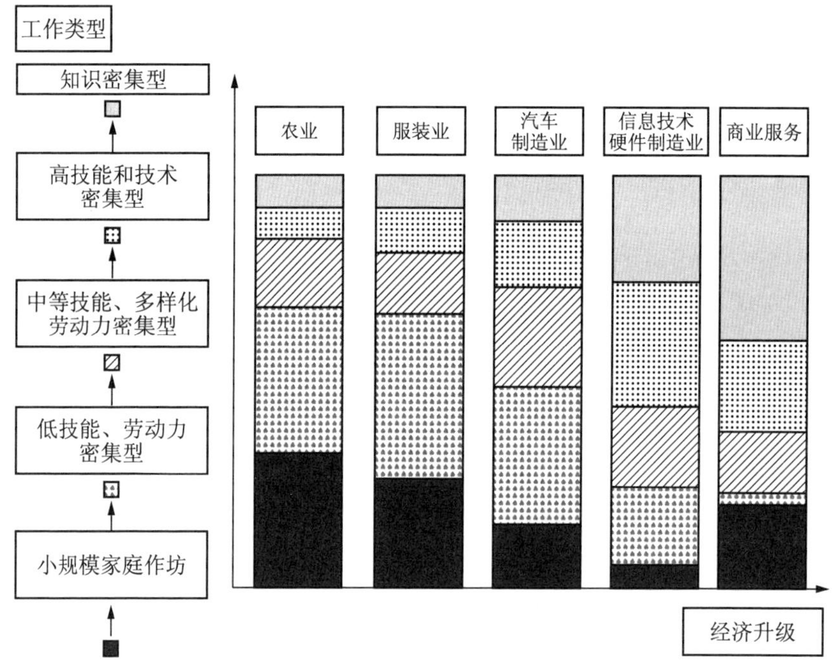


**图1　产业组、全球价值链和经济升级**

社会升级的概念是指在特定企业(或关联企业集团)内部雇佣状况、酬劳、职工权利、工作地点的安全和雇员保险安排等方面的改善(Barrientos et al., 2011)。社会升级对于检验价值链中家庭风险和企业十分关键。企业的社会升级有助于降低职工家庭的风险,消除他们原本可能要面临的波动。可能发生的社会升级的程度和类型通常与适当的经济升级相关联(但并非只取决于经济升级)，后者则强调全球价值链内各方面经济业绩的改善。其他的制度因素和行为体，包括工会组织的性质和强度、公民社会行动、政府立法和执行，都可能引起变化。

图 1 中的每条全球价值链都由垂直柱表示，处于较低位置的部分代表低技能工种在价值链中所占的大概比例。所有的价值链都包含跨越广泛技术层次的经济行为。以农业价值链为例，最底端通常是农场，小规模的农场和低技能劳动者占据了相对较大的比例；在价值链的较高端，特别是在加工和营销方面，职工的技能水平相应提升。这一情况对其他价值链也同样适用，技能水平随着从价值链的低端向高端移动而提升。每个价值链顶端的高技能职工从事知识密集型的工作，其所占比例由于价值链类型不同而有所区别。比如在农业中，这一部分就相对较小，而在商业服务中，知识型职工的比例就相对较大。

同时，越向价值链高端的正规和技术密集型工作移动，产生可实施标准的可能性也随之提高。仅仅制定体面的工作标准是不够的，这些标准还必须能够以较低成本得到执行，而且在理想的环境下能够自动实施。因此，当价值链中技术含量和技能水平提升时，制定可衡量和可实施标准的必要性也会显著增加。

社会升级可以通过不同的路径实现，包括以下要素的不同组合：(1)经济升级：企业向价值链上游移动，技能型职工的比例将显著提高；(2)有意识地采取行动引入实施标准——最低工资、带薪休假、安全生产和保险等——提供给那些技能水平仍然很低、容易被替代以及因此可能受到恶劣待遇的劳动者。随着全球价值链中的行为体组合日益增多，这些行动的范围也显著扩大。通过分析成功实现社会升级的案例，我们提出一个评估行动可能性的分析框架。

如图 2 所示的 3 个案例，实现社会升级存在不同的可选路径。第一个案例，也就是路径 A，描述了没有发生重大经济升级的情况，职工风险的降低是因为有意识地引入了执行标准。比如下面这种情况，一家企业生产以一些美国大学标志为商标的T恤衫,这些大学的学生团体的行动将迫使企业进行一系列改革:不使用童工、减少工作日时长、改善照明和其他工作条件,等等。

或者,社会升级也能够按照路径C的方式发生,也就是所有的负担都由经济升级来承担。在这种情况下,劳动者的风险降低是因为小规模的家庭作坊劳动转变成高技术和知识密集型的工作。比如传统毛地毯的编制工使用电脑进行设计和管理生产。在处于中间的路径B中,诸如纺织业的劳动密集型产业内部的社会升级,可以通过外部制度来降低劳动者风险,比如国际劳工组织倡导的"更好的工作"(Better Job)项目来帮助确保工作标准(Rossi et al., 2014)。

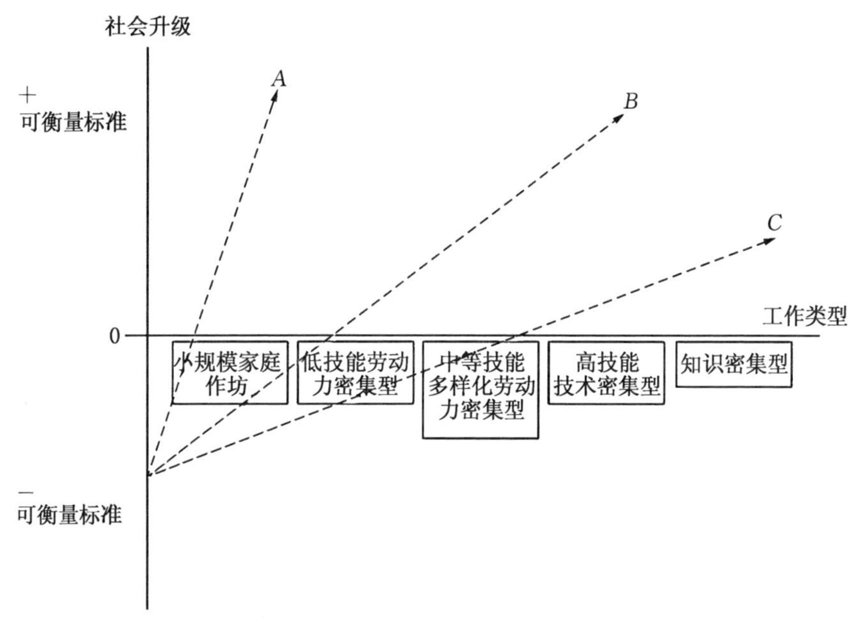


**图2　社会升级的不同途径**

当企业部门逐步向技术密集型或知识密集型的产业转变——例如从农业转向服装业,再转向商业服务业——那么技能型劳动者的比例就会增加,劳动生产率因此提高,也将创造出更多更高质量的就业机会。然而,经济升级未必总能引起以工资和劳动条件改善为形式的社会升级。一方面,很多发展中国家的非技能型劳动者无法得到技术密集型或知识密集型工作所提供的理想的就业机会，这些工作更多集中在发达国家。另一方面，同一家企业的劳动者所能获得的社会升级机会也可能大相径庭：正式工往往拥有法定的就业保护并从劳工标准中受益，但临时工，往往包括女性、年轻人、少数族裔和其他弱势群体，却可能受到歧视。

发展中国家的很多企业为应对上游发包公司的紧急订单并降低成本，常常直接雇用临时工或通过第三方承包商来完成生产链中低端（非技能型）的大多数赶工任务。尽管这为很多低技能的劳动者提供了就业机会，但企业也将因需求波动造成的有关生产风险转嫁给了劳动者。这一方面应制定法规来保护这些劳动者的权益。

正如我们下面将要阐述的观点，降低劳动者及家庭的风险在很大程度上和企业（产业）层面的社会与经济升级相互关联。因为协调型价值链在如今的国际生产和贸易中占据重要比例，在这类价值链中全球或本地的主导企业发挥主导作用，社会和经济升级的可能性也更多地由企业在价值链中所处的位置来界定。

全球价值链中的企业可以通过参与价值链中的高增加值生产来获取经济升级的机会，但它们也会因此面临采购商提出的商业需求和质量标准所带来的挑战，那些规模较小或效率较低的生产者往往难以满足这些需求和标准（Gereffi & Lee，2012；Gereffi，2014）。全球价值链的研究路径高度关注企业间网络的概念，这一网络存在于公司供应链与国际贸易和生产网络当中。运用全球价值链的研究路径在很大程度上改变了我们的分析重点：不是个人或单个企业，而是需要审视在不同结构的价值链内部企业是如何定位的。

全球价值链分析框架为我们提供了研究发挥促变作用的经济行为体和利益相关者的新思路。除了政府和企业管理层、各国产业协会、工会，劳工条件的改善也可能得益于采购商联盟、消费者团体以及国际认证和检验机构的倡议和推动，采购商也越来越重视劳工条件，以维护它们在国际人权方面的形象（Mayer and Gereffi，2010）。

全球生产特别是劳动密集型产业的扩张,已经成为就业机会的重要来源。以往很难成为薪酬劳动者的女性和外来工,也获得了很多这一类型的工作机会,这为那些较为贫困的家庭提供了新的收入来源(Oxfam International, 2004; Barrientos et al., 2003)。固定就业能够为劳动者提供更好的权益保护,因而促进社会升级和体面劳动。标准的不断提高要求至少一部分劳动者技能得以提升、就业条件得以改善。

然而,对于很多劳动者而言,事实却并非如此。很多就业机会不安全且缺乏保护,要保障更多弱势劳工的体面劳动仍然面临巨大挑战。临时工作和低技能工作——通常报酬很低,因此意味着向上流动的可能性有限——的产生和取消都轻而易举。即便一些旧的风险减少了,新的风险又产生了。除了企业里低技能劳动者(和供应商)面临的解雇(工作削减)风险以外,另一项重大的负面风险是受伤和疾病几率的上升,因为低技能工作在企业中的工作条件往往不安全和不卫生。劳工安全法规要么缺位,要么一贯被忽视,这种情况或多或少在全球价值链的不同环节中存在(Rossi et al., 2014)。

较贫困的个人参与企业部门的可能性低,且往往是不稳定的。处境最糟的人通常面临最高的不稳定性。就此,巴里恩托斯(Barrientos)等人指出了其中的简单逻辑:"挑战……对于临时工仍然是巨大的……工厂采取的新的举措可能很好地……帮助那些正式工实现社会升级——通过进一步的技能提升和新能力的培训——但是采购商出于低成本、短期交货和高度灵活性的要求,需要大量临时工;这些临时工本身的地位妨碍了他们的社会升级。"

并非所有的发展中国家在面临这些挑战时都有类似的选择机会。南方市场的兴起和南南贸易的增长,为发展中国家进入全球价值链和实现升级创造了更多的机遇,但也形成了新的挑战,特别是对最不发达国家。价值链整合为实现能力提升的国家和企业提供了机遇,但也将很多不具备所需能力优势的国家和企业置于全球价值链的边缘。

在一个更有前景的研究脉络中,全球价值链的相关文献表明最终市场不同的价值链会产生不同的升级机会(Staritz et al., 2011; Gereffi, 2014)。例如低收入国家产品质量和时尚度需求较低，导致该市场进入门槛以及产品和加工标准也较低，从而推动发展中国家企业的参与并从事增加值更高的全球价值链活动（如产品研发、设计和品牌建设）（Kaplinsky et al.，2011）。因为这些企业比跨国公司更熟悉当地和本地区市场，因此它们能够进行与资源贫乏环境相适应的“节俭型”创新（Clark et al.，2009）。但另一方面，仅依赖低收入市场将导致供应商被限制在低利润率和恶性竞争中，从而增加经济风险。

罗西（Rossi，2011）关于快速时尚采购商主导的摩洛哥服装厂的案例研究表明，全球价值链中的功能升级可能同时给正式工和临时工分别带来社会升级和降级影响。一方面，那些向采购商供应最终产品并监督包装、仓储和物流的工厂，为它们的高技能职工提供稳定的合同和较好的社会保障，以确保与采购商的长期合作并符合其要求的生产规范。另一方面，为了能够迅速应对采购商经常变化的订单要求，在短期内完成供货，这些工厂同时要通过临时合同雇用临时工，特别在生产链条的最末端环节（比如包装和装卸）。这些临时工，往往过度加班并在工资和待遇上受到歧视（Rossi，2011）。

在鲜活农产品的全球价值链中，由高度集中的欧洲和美国超市与食品制造商制定的私营质量标准，直接影响到消费者和农民面临的风险，对食品安全和升级则产生相互冲突的影响（Lee et al.，2012）。一方面，大的食品零售商和制造商一般有全球范围的采购网络，它们制定的严格食品安全和质量标准能够保护消费者免受社会和环境风险。但这些做法会边缘化难以符合标准的小农户，他们无法承担高成本，也缺乏所需的技能和设施（例如储藏、分销、运输新鲜农产品的冷库）。另一方面，较高的标准也能成为参与高增加值活动的催化剂，比如那些成功向小众市场供应有机食品或公平贸易认证农产品的小农户（Gereffi & Lee，2012：28）。

无论在发达国家还是在发展中国家，参与全球供应链获得的经济收益并不必然转化成好的工作机会或稳定的就业。其中最坏的情形是，一些成功的出口经济体特别是低收入国家，其经济升级可能与劳工条件的显著恶化以及其他形式的社会退化相联(Rossi et al., 2014)。

由英国国际发展部资助的为期三年、名为"获取收益"(UK DFID, 2013)的研究项目最近刚刚结束,该项目的网站上刊载了大量工作报告的研究发现和政策摘要。该项目的主要结论之一是,全球价值链是持续减贫的关键政策工具,但帮助劳动者和小农升级还需政府部门、私营部门和民间团体的合作,需位于亚洲、非洲和拉丁美洲主导国际生产网络的国家和企业进行区域性合作,后者则是南方国家未来升级的关键(Lee et al., 2011)。这些合作体现了价值链主要行为体之间风险分担和战略合作的全新形式,以应对推动广泛和可持续发展带来的挑战。

2012 年 12 月南非开普敦召开的峰会会议简报中提供了更多关于风险分担和创新升级的新型合作关系的不同案例。巴里恩托斯的著作中也提到了一些(Barrientos et al., 2012:3-4)。例如,近几十年来,可可—巧克力价值链经历了加工和制造的集中,种植可可的农民得到很少的支持,通常收成很少且获得的报酬很低。媒体的关注揭露了童工问题,很多年轻、有创造力的农民离开这一产业转向其他行业以谋求更好的机会。然而,巧克力的消费量,特别是在新兴经济体国家持续增长,未来预计将出现可可短缺。所以,主导的巧克力制造商正在与民间团体、捐助方和政府通力合作,向种植可可的农民及其社区提供支持。社会升级现已被视为对经济升级和确保可可—巧克力价值链未来弹性的关键因素。

## 四、政策内涵

总而言之,在帮助试图进入本国和国际市场的出口商、当地社区和小生产者的基础设施方面,培育熟练劳动力的教育和培训方面以及建立合理的规章制度来降低不确定性方面,政府可以提供重要的支持环境。

如果企业规模相对较大、技术先进、管理专业且出口市场多元化(包括产品和国别),那么大多能从参与全球价值链中获益。供应商也能从与采购商相对密切的关系中获益,因为后者能促使前者学习如何实现升级以满足全球市场标准。这些理论发现与目前全球价值链的发展趋势一致。因跨国公司正在试图通过更大、更高水平的供应商提供“一站式服务”来减少交易成本,全球价值链中的合同承包制造商、业务流程外包服务提供商、从事常规组装业务和其他简单服务的企业能赚取的利润更加微薄,为劳动者提供的待遇和保障也就更少(Lüthje, 2002)。

如果劳动者的工作条件相对正规(如工资、工作日时长和每周工作日、固定福利),且掌握较高水平的技能(与受过更多高等教育密切相关)来完成更高报酬的工作任务,他们则可能从参与全球价值链中受益。政府在解决劳动者面临的解雇、债务、受伤、疾病等负面风险方面可发挥重要作用,并能同时提升其向上的移动性。实施有关劳动条件的健全法规对保护劳动力中的弱势群体至关重要。

全球采购商(零售商、品牌商和超市)为了保持在全球价值链中的竞争力,通常不会对供应商为保持在全球价值链中的竞争力进行的升级予以补偿。所以,政府的支持性政策十分重要(如帮助企业满足国际标准和认证要求、为企业购买新的或更先进的设备提供贷款或融资渠道)。

不同的终端市场受到升级的政策影响尚不明确。通过优惠贸易协定(多边或双边)推动出口生产商进入不同的终端市场,能提升发展中国家供应商实现升级的灵活性。但同时也会让它们面临低成本进口产品激烈的竞争压力。更重要的是,政府决策者无法完全弄清全球产业的错综复杂,因而也就无法采取有效措施刺激全球价值链中特定形式的创新。

改善全球价值链中的国际竞争力并没有灵丹妙药。政府政策真正能做的是促进人力资本发展,包括与大学和私营企业合作,确保需求响应型劳动力的发展。此外,政府还可推动全球合作,帮助中小企业更便利地获得所需的全球市场信息,也可通过资助本地贸易展会或国外贸易代表团,来鼓励与全球市场对接。

## 参考文献

1. Acemoglu, D., & J.-S.Pischke(1999). "The Structure of Wages and Investment in General Training." *Journal of Political Economy*, 107(3):539-572.

2. Acemoglu, D., A.Ozdaglar, & A.Tahbaz-Salehi(2010). "Cascades in Networks and Aggregate Volatility." Mimeo.

3. Alfaro, L. & M.Chen(2011). "Surviving the Global Financial Crisis: Foreign Ownership and Establishment Performance." http://home.gwu.edu/~xchen/crisis_MNC.pdf.

4. Antras, P., M.Desai, & F.Foley(2009). "Multinational Firms, FDI Flows and Imperfect Capital Markets." *Quarterly Journal of Economics*, 124(3):1171-1219.

5. Barrientos, S., C.Dolan, & A.Tallontire(2003). "A gendered value chain approach to codes of conduct in African horticulture." *World Development*, 31(9):1511-1526.

6. Barrientos, S., G.Gereffi, & D.Nathan(2012). "Economic and social upgrading in global value chains: Emerging trends and pressures." Capturing the Gains Summit Briefing, December http://www.capturingthegains.org/pdf/CTG-GVC.pdf, (accessed 9 May 2015).

7. Barrientos, S., G.Gereffi, & A.Rossi(2011). "Economic and social upgrading in global production networks: A new paradigm for a changing world." *International Labour Review*, 150(3-4):319-340.

8. Bureau of Economic Analysis(2005). "Like the Personal Income Numbers. Thank Microsoft." January 31, http://macroblog.typepad.com/macroblog/2005/01/like_the_person.html.

9. Canis, B.(2011). "The Motor Vehicle Supply Chain: Effects of the Japanese Earthquake and tsunami." Congressional Research Service(CRS) Report for Congress, R41831.

10. Cattaneo, O., G.Gereffi, & C.Staritz(eds.) (2010). *Global Value Chains in a Postcrisis World: A Development Perspective*. The World Bank, Washington, D.C.

11. Clark, N., J. Chataway, R. Hanlin, D. Kale, R. Kaplinsky, L. Muraguri, T. Papaioannou, P.Robbins, & W.Wamae(2009). "Below the Radar: What Does Innovation in the Asian Driver Economies Have to Offer Other Low Income Economies?" INNOGEN Working Paper No.69, Milton Keynes, UK, http://oro.open.ac.uk/15241/(accessed 20 February 2013).

12. Coase, R.H.(1937). "The Nature of the Firm." *Economica*, *New Series* 4(6): 386-405.

13. Di Giovanni, J., A. Levchenko (2009). "International Trade and Aggregate

Fluctuations in Granular Economies." Working Paper, University of Michigan, http://crei.cat/files/filesActivity/34/di%20giovanni.pdf.

14. Dicken, P.(2011). *Global Shift: Mapping the Changing Contours of the World Economy*, 6th ed. New York: Guilford.

15. Frederick, S., & G.Gereffi(2011). "Upgrading and Restructuring in the Global Apparel Value Chain: Why China and Asia are Outperforming Mexico and Central America." *International Journal of Technological Learning, Innovation and Development*, 4(1-3):67-95.

16. Gereffi, G.(1994). "The organization of buyer-driven global commodity chains: How US retailers shape overseas production networks." In G.Gereffi & M.Korzeniewicz (eds.) *Commodity Chains and Global Capitalism*. Westport, CT: Praeger Publishers.

17. Gereffi, G.(1999). "International trade and industrial upgrading in the apparel commodity chain." *Journal of International Economics*, 48(1):37-70.

18. Gereffi, G.(2014). "Global value chains in a post-Washington consensus world." *Review of International Political Economy*, 21(1):9-37.

19. Gereffi, G. & J.Lee(2012). "Why the world suddenly cares about global supply chains." *Journal of Supply Chain Management*, 48(3):24-32.

20. Gereffi, G., and T.Sturgeon(2013). "Global value chains and industrial policy: The role of emerging economies." In Deborah K.Elms & Patrick Low(eds.) *Global Value Chains in a Changing World*. Geneva: World Trade Organization, Fung Global Institute and Termasek Foundation Centre for Trade and Negotiations.

21. Kaplinsky, R., A.Terheggen, & J.Tijaja(2011). "China as a Final Market: The Gabon Timber and Thai Cassava Value Chains." *World Development*, 39(7):1177-1190.

22. Kolasa, M., M.Rubaszek, & D.Taglioni(2010). "Firms in the great global recession: The role of foreign ownership and financial dependence." *Emerging Markets Review*, 11(4):341-357.

23. Lam, K.C., & P.W.Liu(1986). "Efficiency and sharing of investment in specific human capital under risk aversion." *Economics Letters*, 20(1):83-87.

24. Lee, J., G.Gereffi, & J.Beauvais(2012). "Global Value Chains and Agrifood Standards: Challenges and Possibilities for Smallholders in Developing Countries." Proceedings of the National Academy of Sciences of the United States of America, 109 (31):12326-12331.

25. Lee, J., G.Gereffi, & S.Barrientos,(2011). "Global Value Chains, Upgrading and Poverty Reduction." Capturing the Gains Briefing Note No.3, November, http://www.

capturingthegains.org/pdf/ctg_briefing_note_03.pdf(accessed 9 May 2015).

26. Loayza, N., K.Schmidt-Hebbel, & L.Serven(2000). "What drives private saving around the world?" Policy Research Working Paper Series, No.2309, The World Bank, Washington, D.C.

27. Lucas, R.E., Jr.(2002). *Lectures on Economic Growth*. Cambridge: Harvard University Press.

28. Lüthje, B.(2002). "Electronics contract manufacturing: Global production and the international division of labor in the age of the Internet." *Industry and Innovation*, 9(3): 227-247.

29. Mayer, F. and G. Gereffi (2010). "Regulation and economic globalization: Prospects and limits of private governance." *Business and Politics*, 12(3). Article 11.

30. O'Neill, J.(2011). *The Growth Map: Economic Opportunity in the BRICs and Beyond*. New York: Penguin.

31. Oxfam International(2004). Trading Away Our Rights: Women Working in Global Supply Chains, Oxford: Oxfam International.

32. Ratha, D.(2010). "Diaspora bonds for development financing during a crisis." http://blogs.worldbank.org/peoplemove/node/1303.

33. Rossi, A.(2011). "Economic and social upgrading in global production networks: the case of the garment industry in Morocco." DPhil dissertation, Institute of Development Studies at Sussex University, Brighton.

34. Rossi, A., A. Luinstra, & J. Pickles(eds.) (2014). *Towards Better Work: Understanding Labour in Apparel Global Value Chains*. Geneva: International Labour Organization and Palgrave Macmillan.

35. Schmidt-Hebbel, K., S.B.Webb, & G.Corsetti(1992). "Household Saving in Developing Countries: First Cross-Country Evidence." The World Bank Economic Review, The World Bank Group, 6(3):529-547.

36. Staritz, C., G.Gereffi, & O.Cattaneo(eds.) (2011). Special Issue on "Shifting End Markets and Upgrading Prospects in Global Value Chains." *International Journal of Technological Learning, Innovation and Development* 4(1/2/3).

37. The World Bank(2005). *Global Economic Prospects 2006: Economic Implications of Remittances and Migration*. Washington, D.C.

38. United Kingdom, Department for International Development(2013). Capturing the Gains. www.capturingthegains.org.

# 第八章　全球价值链和产业集群中的经济和社会升级：治理的重要性①

加里·杰里菲、李骏九

## 引言

全球经济中的商业竞争依然激烈，产品生产分工不断细化并在地域分布上不断分散化，在这种情况下，全球价值链的升级或转向更高附加值的经济活动对经济发展和创造就业十分重要（Cattaneo et al.，2013）。在不同区域背景下，如何将主导企业和当地中小供应商对接是不同行业面临的主要商业挑战，无论是在汽车、电子品等由生产商驱动商品链为特征的行业；或是在造船业——这一产业由生产商决定生产何种产品以及如何生产，该行业中寻找或培养技术过关的当地供货商对全球供应链管理尤为重要（Contreras et al.，2012；Sturgeon，2003；Sturgeon et al.，2008）；或是在服装、鞋等采购商驱动商品链的行业——低成本是这一产业的主要驱动因素，零售采购商决定整个价值链如何运作（Bair and Gereffi，2001；Schmitz，2004，2006）；抑或是在生鲜品、食品业——这一行业中安全和质量标准是超市和消费者最关心的问题（Humphrey and Memedovic，2006）。

① 作者在此感谢彼得兰德-汤姆森（Peter Lund-Thomsen）以及对本章早期版本提出宝贵意见的两位匿名核稿人。李骏九的相关工作由汉阳大学科研基金（HY-2012-2430）资助。文中所有事实及翻译错误均由作者负责。

为在上述背景下与供应商保持良好关系,全球价值链主导企业制订了更为积极的企业社会责任战略(van Tulder, 2009)。尽管企业社会责任包含多方面的含义,但通常是指企业应承担的其自身对社会影响的责任(European Commission, 2011)。它包含了企业试图将社会、环境、道德、人权以及消费者关注整合到企业的核心商业实践中所作的各种努力。其目标是在将企业商业行为的负面影响降至最低的同时,实现所有者、股东以及社会大众等广泛利益相关者的共享利益最大化。

然而,最近出现这样一种担忧:随着越来越多的证据出现以及最近对很多发展中国家出口导向型集群中的童工、弱势劳动者、极度恶劣工作条件的曝光,经济升级——即国家和企业通过科技、知识和技术提升,转向全球价值链中更高附加值的活动①(Gereffi, 2005:161)——已不足以在全球供应链中实现可持续的企业社会责任(Lund-Thomsen and Lindgreen, 2014; Lund-Thomsen and Nadvi, 2010a)。提升与全球价值链相关的劳动者和社区的经济和社会条件是一个棘手的发展问题,这一问题引起了研究人员、决策者以及捐助方的大量关注。上述问题也是一些研究发展问题的学者实施的一项为期3年、名为"获取收益"研究项目②的核心主题:在何种条件下经济和社会升级可在全球价值链中实现结合?社会升级被定义为提升劳动者作为社会参与者的权利、福利以及就业质量的过程(Barrientos et al., 2011)。

在全球价值链框架中,决定升级结果的一个关键因素是全球价值链的治理结构。治理结构十分复杂,不仅包括国际和国内法规,还包括公共、私营以及社会治理形式(Gereffi and Fernandez-Stark, 2011; Mayer and Gereffi, 2010)。全球价值链理论的学者们往往关注外部条件及压力如何推动全球标准扩散并影响发展中国家的经济和社会升级,特别是来自全球采购商以及贯

---

① 全球价值链文献中,对衡量经济升级方法存在广泛讨论,我们将在下文中进行回顾,这些方法重点关注两个方面:更高价值的产品(例如,产品升级,通常以单位出口价值为衡量标准)以及包含提高出口产品的当地成分等各种有助于提高生产附加值的方式。

② "获取收益"是由英国国际发展部(DFID)2010—2013年赞助的研究项目。该项目网站http://www.capturingthegains.org/包括相关出版物、论文、政策简介以及其他活动。

穿于各种公共和私营治理过程的外部条件和压力(Gereffi et al., 2005);与之相反,产业集群的学者们更多关注于社会和文化的联系、企业间的学习以及当地产业集群制度,而这些因素被认为是产业集群升级的关键(Lund-Thomsen and Pillay, 2012; Schmitz, 1995; Schmitz and Nadvi, 1999)。

虽然全球价值链和产业集群研究中存在持续的对话(Bair and Gereffi, 2001; Chiarvesio et al., 2010; Humphrey and Schmitz, 2002; Schmitz, 2004),但各方在理解全球价值链和产业集群如何在发展中国家经济和社会升级中相互作用方面仍存在空白。综合框架有助于了解、认识相关治理条件,从而使全球价值链和产业集群中的经济和社会升级以可持续方式进行结合,本章将通过回顾以往研究成果来找到上述综合框架最为有效的理论基础。

这种综合框架对企业社会责任有重要意义,企业社会责任正从短暂、道德型消费者导向的公关活动转向对"可持续发展"的关注,并承受着由此产生的压力,这种关注包括全球价值链和产业集群的广泛参与者,不仅有全球主导企业和集群企业,还有非政府组织等民间社会参与者、国家和地方政府、工会、国际劳工组织等国际组织,以及世界银行、地区发展银行等多边援助机构(Lund-Thomsen and Lindgreen, 2014)。

本章通过强调以下几点,希望对现有的产业集群和全球价值链学术研究有所贡献:(1)发展中国家的经济和社会升级受全球价值链及产业集群参与者相互作用的影响,随着对社会升级的重视,社会与公共参与者的作用也不断增加;(2)全球价值链和产业集群治理类型需要进一步扩大,应考虑纵向和横向关系以及公共、社会私营等不同治理形式之间紧张、冲突、取代、互补及协同等复杂的相互关系;(3)根据治理形式和参与者的不同,很多社会升级路径都是可行的。本章对6种升级轨迹进行了讨论:市场、企业社会责任、多方利益相关方行动、劳动力、产业集群和政府。本章更多地关注社会升级以及实现升级的不同方式,这是因为在大多数情况下,社会升级已落后于经济升级。同样,社会收益并不一定意味着同时实现经济收益(Barrientos et al., 2011)。

本章的结构如下:第一和第二节分别回顾了产业集群和全球价值链最新的学术研究趋势。第三节探讨了这些方式如何与经济和社会升级相联系。第四节提出了一个综合框架,说明了不断多样化的全球价值链和产业集群治理结构如何与不同的社会升级轨迹相联系。结论部分则针对产业集群及全球价值链综合框架对企业社会责任的影响进行了总结。

## 一、产业集群与全球化

产业集群通常包括在固定、明确的区域内从事近似行业经济活动的企业和相关组织(Porter, 1998; Pyke et al., 1990)。产业集群源于阿尔弗雷德·马歇尔(Alfred Marshall)关于产业区的传统概念,这一概念通过全球产业中极具竞争力的意大利产业区的中小型企业获得普及(Piore and Sabel, 1984)。上述成功得益于产业区的若干重要特征,如邻近的地理位置和紧密的社会关系,这些因素帮助企业降低了交易成本并培养了信任和信息网,从而促进信息、知识、技术的流动。尽管与产业区相比,产业集群的范围更加广泛(De Marchi and Grandinetti, 2014),但两者的相似之处在于在当地有限的地理空间内存在着多样化的生产结构。

自20世纪90年代初期起,产业集群和中小企业在发展中经济体的作用引发了发展中经济体学术界和政策界的广泛兴趣(Altenburg and Meyer-Stamer, 1999; Ketels and Memedovic, 2008; Schmitz and Nadvi, 1999;见Lund-Thomsen and Lindgreen, 2014; Lund-Thomsen and Pillay, 2012)。相关文献认为,集群对经济升级十分重要,原因有以下几点:首先,生产活动的集中形成了单个企业之外、集群之内的规模经济和范围经济;其次,它促进了集群企业和机构采取本地联合行动,来解决它们面临的共同问题。这种被称为“集体效率”(Schmitz, 1995)的共赢方式十分重要,因为发展中国家的中小型企业规模小、资源少,很难在全球产业中进行竞争。地理位置的接近、紧密的社会关系帮助中小企业建立了密切的供应商网络,还有助于他们共享大量的技术劳动者、信息、知识以及共同提高生产活动效率所必需的基础设施(Sturgeon, 2003)。此外,集群的参与者还开展联合行动解决共同问题(Lund-Thomsen and Pillay, 2012)。尽管企业之间往往进行激烈的竞争,合作也并非易事,然而在面临共同的升级挑战时,合作则大有裨益。在组织联合行动时,当地集群参与者(如产业协会)和相关机构(如贸易展会)的作用尤为突出(Doner and Schneider, 2000; Schmitz and Nadvi, 1999)。

总之,产业集群的研究都强调了存在于当地集群企业和机构之间的横向治理的重要性,无论是旨在经济升级的学习或创新,还是旨在社会升级的企业社会责任措施。这样的横向治理可与全球价值链中,将国际生产网络的主导企业与一级及本地供应商相连接的纵向治理进行比较(见下文)。

发展中经济体的集群企业常常面临全球采购商提出的自相矛盾的要求,他们既要降低劳动力成本,同时还要求这些企业达到高质量或社会标准——这种要求将增加额外支出(Barri-entos and Smith, 2007; Lund-Thomsen and Pillay, 2012)。对全球采购商这种"随意性"的担忧,使集群各方不敢对基础设施或劳动力发展进行持续投资,从而限制了当地联合行动的发展。这样的担心在全球经济衰退时进一步扩大(Ruwanpura and Wrigley, 2011)。

不同的集群对这些挑战的回应有所不同,这不仅取决于当地体制的特点和效用,还取决于全球—本地对接方式及其所处全球价值链治理制度的性质(Khara and Lund-Thomsen, 2012; Lund-Thomsen and Nadvi, 2010a)。产业集群对升级的积极追求扩大了对高技能、高酬劳劳动者的需求,这种做法还要求在诸如产品开发设计领域对高级培训或新技术进行更多投入(Posthuma, 2008)。然而,这种升级可能会加大集群内部企业的分化,多数大公司能实现升级而小公司则可能落后(Suresh, 2010)。差距的扩大不仅将降低联合行动的可能性及其潜在集体效率,基于这些企业在其连接的集群中、全球价值链中和终端市场上所处的位置,还会使企业间的社会升级产生不同结果(Nadvi and Barrientos, 2004)。我们将在下一节讨论近来在全球价值链中,影响发展中国家的全球—本地对接方式和产业集群升级条件的核心趋势。

## 二、全球价值链治理与升级

全球价值链框架理论的产生是为了更好地理解各产业中,价值是如何产生、获得、维持并加以利用的。全球价值链从两方面为全球产业提供了整体视野:治理与升级。全球价值链的治理主要关注世界主导企业及其在全球范围内组织供应链的方式,而升级则涉及不同国家、区域、企业及经济利益相关方所采取的、用以维护或提高自身在全球经济体系中所处位置的战略(Gereffi, 2005)。近年来,上述两个概念的内涵都发生了显著变化。

治理是全球价值链分析的核心内容。它揭示了全球性的主导企业如何决定产业内的利润与风险分配,进而如何影响发达经济体和发展中经济体中各产业供应链内部或外部企业的升级前景(Gereffi and Lee, 2012)。全球主导企业在不同类型的全球价值链治理中都发挥了十分重要的作用。最初区分生产商驱动和采购商驱动商品链的目的是为了引发人们对20世纪70、80年代全球采购商兴起的关注。生产商驱动链中,大型生产商通过直接所有权控制大部分生产过程。与之不同的是,采购商驱动链中的零售商和品牌营销商开始建立国际采购网,从主要位于东亚地区的境外供应商手中直接采购商品(Gereffi, 1994, 1999)。

然而,仅区分采购商驱动和生产商驱动商品链的两分法过于宽泛,无法全面获取正在兴起的全球价值链治理结构的复杂性。为应对这一挑战,杰里菲(2005)采用五分法对全球价值链治理结构进行阐述,试图通过一种简单方式对各种生产网络的主要区别进行描述和说明。除了位于两端的经典市场型和等级型(例如垂直一体化),还有3种治理网络模式:模块型、关系型和从属型(Gereffi et al., 2005; Sturgeon, 2009)。在这些全球价值链治理网络模式中,主导企业通过协调供应商而非直接拥有相关企业方式发挥不同程度的影响力。

生产商驱动和采购商驱动商品价值链与更细化的五分法的基本区别在于前者将治理视为"驱动力",后者则将治理看作"协调"。此外,庞特和斯特金(Ponte and Sturgeon, 2014)提出了治理的第三个维度:标准化。他们的标准化观点延续了吉本(Gibbon et al., 2008)在传统理论的基础上提出的观点,这一观点认为标准化是指调整特定行为使其与标准或规范相容的过程。在这些全球价值链治理的概念中,主导企业起着至关重要的作用,它们决定供应链的成员条款,吸收或排除其他参与者,并决定如何、何地、何时以及由谁来增加价值。因此,全球产业的治理需要采购者的权力(如制定产品规范、标准、物流、价格等)和规范的权力(提出产业应如何组织,质量如何评估,关于员工权利和工厂条件的规章如何被遵守的预期)(De Marchi et al., 2014)。[①]

关于全球价值链一些最新的趋势对当地供应商的角色和产业集群中经济和社会升级的可能性具有重要意义(Cattaneo et al., 2013; Gereffi, 2014):(1)组织合理化——此类商品链中的主导企业寻求极少数的大型、技术过关、处于战略位置的供应商(Gereffi, 2014:15);(2)地域整合——这些供应链的生产中心通常集中在大型新兴经济体,一方面是因为其拥有充足的劳动力和制造技术过关的当地企业,另一方面则是出于拓展其国内市场的需要(Gereffi and Sturgeon, 2013);(3)南南贸易增长——2008—2009年全球经济衰退严重降低了对发达工业国市场的出口,南南贸易由此快速增长。

组织合理化通常会强化市场动力,这使产业集群中的中小企业更难在经济或社会升级中发挥显著作用,主要是因为这些中小企业不具有全球产业链上层所需的规模和范围。另一方面,地域整合和南南贸易增长可能为帕皮姆·奥利维拉(Puppim de Oliveira, 2008a)提出的小型企业和产业集群实现社会升级的若干发展轨迹提供支持。在中国、印度尼西亚、巴西和南非等大型新兴经济体中,生产的地域整合推动了产业振兴政策的形成(Gereffi and Sturgeon, 2013),这些政策积极支持公共治理发挥作用,主要是因为各国政府现阶段具有更强的议价能力,可向外国公司施压,要求其根据当地利益作出相应改变。当上述政策与工会和劳动者运动等多利益攸关方的行动相结

① 这种标准化维度在地域性产业集群中尤为重要,这种集群存在的类似共产主义特征,也是马歇尔产业区显著特征的潜在现象,促进了人们之间的信任以及知识转让和合作生产(De Marchi and Grandinetti, 2014)。

合,加上企业社会责任对全球价值链主导企业施加的声誉压力——例如企业行为和监管规范,发展中国家的工作环境获得持续改善的可能性不断增加。①

全球需求从北向南的转移,特别在2008—2009年全球经济危机后,以及南南贸易的增长对发展中经济体的产业集群既带来了积极影响,也带来了消极影响(Kaplinsky et al., 2011)。从积极的一面来看,新兴市场较低的准入壁垒以及不那么严格的产品和加工标准有利于发展中国家的企业参与全球供应链。他们可以从事产品开发和设计等高附加值工作,此前的全球供应链则很少提供这样的机会。而从消极的一面看,如果仅着眼于低收入市场,供应商将陷入低利润和激烈竞争的困境。

全球价值链对发展中国家地方产业集群升级的影响,重新引发了研究者对制度及其与全球价值链治理相互影响的兴趣。质量规范和标准作为全球价值链的治理手段,在为地方产业集群创造升级机会过程中的作用愈发重要(Ponte and Gibbon, 2005)。然而,这些措施大多只适用于一些特定的已融入全球价值链的企业及其正式工,绝大多数中小企业和临时工、农民工都十分脆弱,经常被边缘化或无法享受上述措施带来的好处(Lund-Thomsen and Lindgreen, 2014; Neilson and Pritchard, 2010)。这也要求我们更好地理解各地的社会制度背景,以及这种背景与各种共存的当地生产体系及全球价值链各种治理形式之间的相互影响(Palpacuer, 2008)。

## 三、全球价值链和产业集群中的经济和社会升级

为更好地将升级和企业社会责任与全球价值链和产业集群的相关研究联系起来,升级的定义应扩展为经济升级和社会升级两个层面。经济升级指在生产中追求更高价值、更先进的技术、知识、技能,以及在全球价值链参与

---

① 这种情况不仅仅出现在孟加拉国的服装行业——在该行业中,全球零售商和品牌商等多个利益攸关方形成前所未有的联盟,对孟加拉政府和地方工厂主施压,要求改变立法和商业行为,改善危险的、不断恶化的工作环境;也出现在中国等制造工厂,在这些国家中,协同治理的相关举措迫使电子产业中的富士康和苹果等公司进行变革(Mayer, 2014)。

过程中获得更多收益和利润的行为(Gereffi, 2005, p.161)。在全球价值链的框架中,经济升级可分为4种类型(Humphrey and Schmitz, 2002):

- **产品升级**,或升级为更先进的生产线;
- **工艺流程升级**,通过对生产体系进行重组或引进更好的技术,从而提高投入—产出转化效率;
- **功能升级**,通过获取新的功能(或放弃现有功能)来提高生产活动的总体技术含量;
- **产业链升级**,企业进入新的但通常与原行业相关的行业。

社会升级是指提高劳动者作为社会参与者的权利、权益及其就业质量的过程(Barrientos et al., 2011)。这一概念被纳入国际劳工组织体面就业框架计划中,该计划包括就业、工作标准、劳动者工作中的权利,以及社会保障和社会对话等内容(ILO, 1999)。社会升级不仅包括获得更好的工作——这可能源自经济升级(如劳动者在一份工作中获得相关技能后,可在全球价值链其他活动环节找到更好的工作)——还包括提升劳动者的工作环境、劳动保护和权利,以此提高劳动者及其家人和所在社区的整体生活状态。①

社会升级的概念与企业社会责任相关,但在范围上更为广泛。最近几十年中,企业社会责任主要由全球领导企业主导,并成为采购商驱动全球价值链中改善劳动者工作条件的有效途径(Jenkins et al., 2002)。全球采购商利用他们对供应商的购买力,试图在供应链中推行相关行为准则,并希望借此帮助供应商解决其工厂面临的社会、环境等问题(Locke et al., 2009; van Tulder, 2009)。这种做法虽取得了一定成效,但显而易见的是,企业社会责任模式并不足以解决全球供应链中的劳工问题(Locke, 2013; Lund-Thomsen and Lindgreen, 2014),更不必说可持续发展等更广泛的顾虑。②并

---

① 社会升级可分为两部分(Barrientos and Smith, 2007; Elliott and Freeman, 2003):(1)可衡量的标准,主要包括雇佣方式(正规或非正规)、工资水平、社会保障以及工作时间;(2)可行使的权力,或即社会升级难以量化的方面,如结社自由权、集体谈判权、非歧视原则、发言权以及赋权。

② 尽管本章中并未提及,但我们认为,环境升级是本章讨论的全球价值链研究扩大议程中经济和社会升级的必然结果。

且,尽管履行企业社会责任大幅增加了供应商的成本,这种模式却不允许发展中国家的供应商和劳动者提出有意义的意见,虽然本意上他们应从这种模式中受益(De Neve, 2014; Dolan and Opondo, 2005)。

社会升级通过对全球企业改善劳动者的工作环境的措施,以及非政府组织和政府推动的非企业措施进行关注,扩大了企业社会责任的范围。然而,人们很少关注某个具体的企业社会责任措施是否有效,也很少关注"在何种情况下"升级更有可能发生以及这一过程如何与经济升级相联系等问题(Barrientos et al., 2011)。有观点认为,或许存在一些不同的但同等有效的方式来改善上述问题,我们将在下文进行讨论。

现有的集群和全球价值链文献中通常含蓄的假设,通过提升劳动者工资并改善工作环境,经济升级会自动转化为社会升级(Knorringa and Pegler, 2007; Puppim de Oliveira, 2008b)。然而,案例研究为我们提供了不同的视野(Bernhardt and Milberg, 2011; Nadvi and Barrientos, 2004; Posthuma and Nathan, 2010; Puppim de Oliveira, 2008a)。经济升级选择的类型将影响社会升级。如果经济升级主要依靠削减劳工成本的"低端路线"战略,例如印度的皮革业,这种战略创造的工作岗位通常收入较低、不正规且工作环境恶劣(Damodaran, 2010)。在集群中,长期劳动者的工作环境相对较好,而临时工和零工则被排除在社会升级之外,他们主要在工厂为保持价格竞争力以及最后时刻订单临时变更时充当"缓冲器"角色,由此导致了即使在同一产业集群中也存在社会升级的分化(Suresh, 2010)。

在产业集群和全球价值链中,性别歧视也发挥着重要的作用。女性劳动者往往从事不稳定、低收入的临时性和季节性工作(Barri-entos and Kritzinger, 2004; Mezzadri, 2014)。产业集群升级后对劳动者技能的要求更高,女性和不熟练的劳动者则常常被社会升级所忽略,并越来越被边缘化(Carr and Chen, 2004)。全球采购商所推行的企业社会责任措施通常只在其供应链"监管范围"内发挥作用(Posthuma, 2010),小型公司和边缘劳动者仍处于非常弱势的地位(Suresh, 2010)。

## 四、产业集群与治理、升级相结合的整体框架

为更好理解不同类型的治理对经济和社会升级产生的影响,表1列出了两种不同的全球价值链和产业集群的治理方式。水平(集群)治理是指在一定地区内,对集群公司和集群内外机构之间的经济、社会关系进行的协调。垂直(全球价值链)治理则依靠价值链运行,将不同国家的采购商和供应商连接起来,其中每个环节都为最终产品增加值。全球价值链的学者通常关注垂直、跨越国家层面的治理,产业集群的研究者则倾向于强调水平、以地域为基础的治理。然而,为全面了解全球产业的运行及其对产业集群中经济和社会升级的影响,我们需要考虑两种治理类型及其相互之间的影响(Lund-Thomsen and Nadvi, 2010a; Neilson and Pritchard, 2009)。

**表1 产业集群和全球价值链治理范围和参与者**

| 行为体 | 范畴 | |
|---|---|---|
| | 水平(集群)治理 | 垂直(全球价值链)治理 |
| 私营治理 | 集体效率(如产业协会、合作社) | 全球价值链主导企业治理(如全球采购商的自愿行为准则) |
| 社会治理 | 当地公民社会的压力(如工人、工会、非政府组织、性别平等倡导者) | 针对主导企业和主要供应商的全球公民社会的压力(如公平劳工协会)和多利益攸关方行动(如道德贸易行动) |
| 公共治理 | 当地、地区和国家的法规(如劳工法、环境法规) | 国际组织(如国际劳工组织、世界贸易组织)和国际贸易协定(如《北美自由贸易协定》、《非洲增长与机遇法条》) |

来源:作者。

根据参与者的不同,治理还可划分为私营治理、公共治理和社会治理等不同层面。随着社会升级受到越来越多的关注,公共治理和社会治理及相关参与者发挥的作用也在不断增强。在产业集群中,私营治理主要管理集群企业之间及其与外部伙伴之间的经济交易。在集群的语境中,私营治理通常基

于集群企业及其管理者之间的信任和相互依赖,这种信任和相互依赖是通过集群内不断重复的交易和社会关系中密切的人际关系而形成的(Schmitz and Nadvi, 1999)。私营治理的目的是实现集体效率,从而帮助集群企业克服规模较小的限制,并实现资源共享,通常集群联合会或商会对此进行协调(Schmitz, 1995)。集体行动还可降低集群企业的合规成本,并通过集体监督和处罚的方式增强合规性(Lund-Thomsen and Nadvi, 2010b)。

在全球价值链中,私营治理由全球采购商等主导企业驱动,一般通过私营标准来决定由谁生产、如何生产、生产何种产品(Lee et al., 2012)。全球价值链私营治理的关键在于,在产品的数量和质量由主导企业在分散的生产系统中决定的情况下促进产品生产经济效率最大化。尽管私营治理主要涉及产业集群和全球价值链中企业间的交易,但它同样包括社会(和环境)范畴,如工作环境和童工问题等(Khara and Lund-Thomsen, 2012; Nathan and Sarkar, 2011)。

公共治理与私营治理的区别在于前者由公共参与者执行,这些参与者包括国家内部各级政府和超国家组织。产业集群背景下的公共治理涉及当地、地区和国际层面政府制定的规则和法规。它们能直接或间接地推动或阻碍社会和经济的升级。以国家劳工法为例,该法通过对劳动条件和标准的各个方面作出规定,直接对劳动者工作环境产生影响。其他公共治理措施,例如产业政策、贸易及投资法规和竞争政策等,并非为了解决劳工问题,但它们在直接影响经济升级的同时,间接对社会升级产生影响。全球价值链中的公共治理可以通过双边或多边贸易协定进行,例如《北美自由贸易协议》和《非洲增长与机遇法案》。在贸易协定中增加社会条款主要是为了将核心劳动标准应用到国际贸易中,但这种做法将对本土产业集群中的小公司及其劳动者产生重大影响(Polaski, 2003)。与相对自愿的私人标准不同,公共治理,特别是政府规定,通常具有强制性和更强的法律基础。但是,在大多数发展中国家,这些措施通常在设计上存在缺陷,往往不能得到有效的实施。

最终,社会治理在民间参与者——如非政府组织、工会等的推动下产生。这种治理为规范劳动者权利和劳动条件提供了更为明确的方式。这些方式包括非政府组织发起的行为规范,以及道德贸易倡议等一些多利益攸关方倡议(Barrientos and Smith, 2007)。在国际价值链及产业集群中,社会治理通常通过抵制、请愿、抗议等激进主义方式进行(Selwyn, 2013)。这种形式的治理很少具有强制性,通常依靠私营企业的行为或是直接有权实施此类准则或规定的政府。这也是社会治理通常采取多利益攸关方形式,由公共、私营和社会参与者通过联合行动来追求共同目标的部分原因(Dolan and Opondo, 2005; O'Rourke, 2006)。在实现发展中国家工作环境可持续改善方面,上述联合治理方式比单独的私营治理、公共治理或社会治理更行之有效(Locke, 2013; Mayer, 2014)。

然而,这种方式并非一直有效,集体行动也常常出现问题。遵守劳工标准增加的成本应由谁来承担的问题,已成为全球采购商与供应商以及采购商彼此之间的争议重点之一,最近孟加拉服装企业建筑坍塌事件便是例证(Greenhouse, 2013)。一些研究还提出潜在的"搭便车"问题,即产业集群中的一些企业不愿参加集体行动或承担集体行动的成本,但仍从中受益的现象(Lund-Thomsen and Pillay, 2012)。集群企业的不同利益和立场将影响到集体行动的结果,例如在印度贾朗达尔集群中,出于各自的利益和视角,足球生厂商与其他运动设备制造商对童工问题便持有不同态度(Lund-Thomsen and Nadvi, 2010b)。

图1列出了垂直治理和水平治理中的关键参与者,以及不同的治理方式如何沿纵向或横向维度运行。在企业融入全球价值链的过程中,它们往往同时处于两个维度之中,受制于来自垂直(全球价值链)或者水平(产业集群)方向的社会升级治理压力。

全球价值链和产业集群的治理可能存在冲突并引发各种紧张局势(Neilson and Pritchard, 2009)。以童工问题为例,许多国际非政府组织、工会和全球采购商都努力取消童工,然而一些地方企业和劳动者则对此持不同态度。他们认为童工是对儿童进行工作培训的一种形式,这些儿童能通过工作帮助维持家庭生计,特别是那些无法接受正规学校教育的儿童和其他家庭成员都无法工作的儿童(Ruwanpura and Roncolato, 2006)。

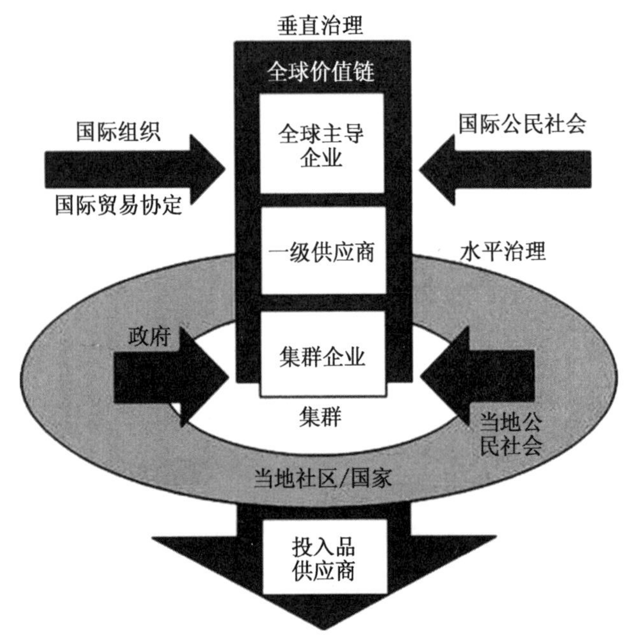


来源:作者。

**图1　全球价值链和产业集群治理参与者的交汇**

然而,全球价值链(垂直)治理和集群(水平)治理可共同协作实现升级。如面对劳工权利滥用的指责,肯尼亚生产商和产业组织在当地发起了"园艺及道德营商倡议",制定了自己的社会准则并培养了审计人员。这些努力得到了纵向治理参与者的支持,特别是道德贸易组织,该组织的成员包括Tesco等主要零售采购商。在柬埔寨服装行业,柬埔寨政府及柬埔寨服装制造商协会与国际劳工组织及美国政府共同协作,改善该行业劳动者的工作环境,同时确保柬埔寨当地制造商获得美国市场的准入(Polaski, 2006)。

其他形式的垂直和水平治理中也能找到这种互补的做法。许多企业的行为规范(纵向私营治理)要求他们的供应商遵守本国法律(横向公共治理)

(Kolk and van Tulder, 2004)。“更好的工作计划”(纵向公共治理)是国际劳工组织与国际金融公司以遵守当地劳工标准(当地公共治理)作为限制条件的合作计划。[①]在柬埔寨,私营公司作出采购决策时都会参考国际劳工组织发布的当地企业合规情况评估报告(Polaski, 2006)。

**表 2　社会升级中的核心驱动力、主要机制和参与者**

| | 关键驱动因素 | 主要机制 | 主要行为体 |
|---|---|---|---|
| 市场驱动路径 | 市场竞争力 | 市场供给与需求 | 采购商、消费者、供应商 |
| 企业社会责任驱动路径 | 全球采购商声誉和购买力 | 遵循采购商行为准则、社会监督 | 全球采购商 |
| 多利益攸关方路径 | 标准制定、监管制裁和能力建设等方面的广泛联盟 | 多方、标准化的社会标准、能力建设与合作 | 国际非政府组织、全球采购商、当地行为体 |
| 劳动力为核心的路径 | 劳工不满、劳资谈判的需要 | 集体谈判、罢工、破坏 | 劳工、工会 |
| 集群驱动路径 | 外部企业社会责任压力集体效率 | 共同制订与执行标准 | 集群企业、行业协会、合作社 |
| 公共治理路径 | 公共压力、改善劳工福利的实验性方法 | 强有力的劳工法及其执行 | 国家、地区和当地政府 |

来源:作者。

在表 2 中,我们在帕皮姆·奥利维拉(2008a)分类的基础上进行了扩大,提出了 6 种产业集群和全球价值链中社会升级的潜在路径。这 6 种路径都由关键参与者以及将该路径与其他路径相区分的机制所驱动。社会升级往往需要多个参与者共同努力实现,这 6 种路径并非相互排斥(O'Rourke, 2006)。但是,我们希望突出不同的治理状态,其中不同的驱动因素和杠杆点在推动工作环境和劳动者权利方面发挥重要作用。

(1) 市场驱动路径:指通过市场对高社会标准产品生产的需求,促使集群企业改善工厂或农场劳动者工作环境的情形。此类升级的核心驱动力在于

① 更多“更好的工作计划”内容请见其网站(http:// betterwork.org/global)。

集群企业通过产品和流程差异来提升市场竞争力。集群企业对市场偏好的相互学习将对这一过程产生推动作用,而企业的这种做法很可能获得本国、区域或全球采购商的支持(Schmitz and Knorringa, 2000)。这种路径的最大挑战在于,市场刺激并不能持续有效地发挥作用;市场往往无法对提供良好工作条件的企业予以奖励,也无法对剥削劳动者的企业进行惩罚(Lund-Thomsen and Lind-green, 2014; Ruwanpura and Wrigley, 1936)。此外,如果集群企业的目标消费者对社会因素漠不关心,市场刺激可能不足以使这些企业改善劳动者工作环境。上述情况很可能发生在很多发展中国家产业集群所服务的国内市场,因为与北方市场相比,南方市场的消费者并不那么关心劳工问题,虽然现在还无法确定这种差别的具体程度(Kaplinsky and Farooki, 2010; Knorringa, 2011; Nadvi, 2014)。又或者,市场环境可能会恶化劳动者的工作环境。例如,国际市场对足球产品需求的变化引发了印度贾朗达尔足球产业集群的大范围重组,削弱了该行业的竞争力及女性的就业能力(Khara and Lund-Thomsen, 2012)。

(2) 企业社会责任驱动路径:集群企业为满足全球采购商的社会行为准则而提高员工福利待遇(Lund-Thomsen and Nadvi, 2010a, b; Puppim de Oliveira, 2008a)。这种路径是由全球采购商就企业社会责任的明确承诺所驱动,这也与所谓的“合规”范式相一致(Locke et al., 2009)。考虑到全球知名品牌商需避免供应链中员工不当行为的曝光对其造成名誉损害,如遵守采购商的行为规范能确保获得全球市场准入并在竞争中脱颖而出,相关企业则有动力遵守上述规范。严重或反复的不遵守或违反准则的行为都会对市场准入造成威胁(Lund-Thomsen and Nadvi, 2010b)。虽然社会升级在部分领域,例如强制劳动、健康与安全等已取得成功,但在进一步推动社会升级方面,合规模式依然面临很大限制(Locke, 2013)。采购商的要求似乎往往相互矛盾——如他们一方面要求供应商压缩成本,另一方面又要求遵守其制定的劳动规范,但对这种合规产生的成本提供很少甚至不提供支持(Barrientos, 2013)。此外,发展中国家的许多集群主要服务国内市场需求,或与“不太明显”的供应链相连接。对于这种集群,企业社会责任形成的压力较弱,无法完全满足弱势参与者的特定需求(Neilson and Pritchard, 2010)。合规的压力不仅来自纵向治理,还来自包括国内媒体和地方非政府组织在内的各类当地参与者,这开启了其他潜在的升级路径(Lund-Thomsen and Nadvi, 2010b)。

(3) 多利益攸关方路径:该路径的主要动力源自于为改善发展中国家某个(如服装业的清洁成衣运动)或多个行业(如 SA8000、道德贸易组织)中小企业工作条件的“多利益攸关方行动”(Barrientos and Smith, 2007; O'Rourke, 2006)。这种模式与企业社会责任驱动的合规模式不同。首先,该模式基于多个利益攸关方的合作(私营和非私营),包括国家政府、集群机构和地方企业。该路径的关键是多样性和多元化的声音(Dolan and Opondo, 2005)。其次,通过将合规监管与能力建设相结合,该模式帮助集群学会如何自己处理劳工问题(Lockeet al., 2009)。这一模式的主要驱动力来自全球和地方参与者的广泛联合,主要包括全球领军品牌商、国际性和地方性非政府组织、工会、集群企业和其他行业协会等,它们在标准制定、监管、制裁和能力建设等方面进行合作。虽然多利益攸关方行动模式采用标准化的行为规范和第三方认证等方式(O'Rourke, 2006),但当地产业和集群可采取集体应对措施,例如自己制定基本准则和审计方法,肯尼亚鲜切花生产商便采用这一做法(Dolan and Opondo, 2005)。虽然地方集群企业和行业协会通常在“不太明显”供应链中发挥重要作用,但通过组织集体行动并提高此类活动效率和本地融合度,它们能对“十分明显”供应链中的社会升级产生重要影响(Lund-Thomsen and Nadvi, 2010b)。但是,多利益攸关方模式依然面临若干挑战。例如,利益攸关方的权力不尽相同,这会对单个行动计划的实施产生影响(Dolan and Opondo, 2005)。并且,在多利益攸关方行动中,南方市场参与者的活动通常受到限制(O'Rourke, 2006)。最后,随着更多的危险工作向供应链下游或非正规领域转移,能力建设可能仅限于少数大型集群企业,而无法在集群内或集群外扩散(Lund-Thomsen and Lindgreen, 2014)。

(4) 以劳动力为核心的路径:在某些情况下,劳动者和工会在推动升级方面至少发挥着与全球采购商同等重要的作用。即使在工会通常并不太奏效的地方——如中国,劳动者也开始更多地主张自身权利(Gallagher, 2014)。这种路径的支持者对企业社会责任和多利益攸关方行动模式提出批评,他们认为这两种模式将劳动者视为很少发挥作用的被动主体(Carswell and De Neve, 2013; De Neve, 2014)。的确,在改善自身所处的社会环境方面,劳动者和工会往往是变革的积极促进方。就目前来看,劳动者可以成为最好的监督者(O'Rourke, 2006)。同样,在一个安排密集的生产体系中,劳动者可通过罢工或以罢工相威胁来影响供应链,这种力量在与雇主谈判中发挥着重要作用。这种情况同样适用于对要求高质量领域的技术劳动者,例如巴西和撒哈拉以南非洲地区的园艺行业(Barrientos and Visser, 2012; Selwyn, 2013)。以劳动力为核心的路径面临的挑战之一在于,在分散的工作地点中,某个劳动者群体的升级(例如固定职工)通常以牺牲其他劳动者群体的利益为代价(例如女性劳动者、移民劳动者、散工、临时工以及非正规部门的劳动者)。雇主对某个群体作出的让步往往要从其他群体获得弥补,后者经常被用作增加雇主灵活性的缓冲器(Posthuma, 2010; Selwyn, 2013)。

(5) 集群驱动路径:这种自下而上的路径是由集群企业为改善集群内的工作条件发起的。与劳动者类似,集群参与者经常被视为"标准接受者"而非"标准制定者"。然而,执行外部驱动的劳动规范往往引发与当地机构和惯常做法之间的紧张态势和冲突(Lund-Thomsen and Nadvi, 2010a)。相比之下,基于集群发起的行动考虑了当地情况,并从当地视角出发。同时,集群企业的潜在经济收益也是上述行动的考虑内容,而这并不是全球采购商企业社会责任行动的核心关注点。该模式的核心机制是为改善劳动环境发起的、以集群为基础的集体行动,这种行动往往由联系紧密的企业之间形成的信任和相互依赖所推动。商业联合会、商会和合作社等集群机构,在就外部市场质量和社会标准提供培训和信息方面发挥着重要作用(Doner and Schneider, 2000; Puppim de Oliveira, 2008b)。即便是在相关行动受到全球领军企业或国际非政府组织的压力才发起的情况下,集群层面的本地治理也能帮助推动集体行动有效执行(Lund-Thomsen and Nadvi, 2010b)。这些集体举措能够降低合规成本,促成社会规范本地化,提高合规监督效率,并将社会目标纳入集群规范和惯例中。然而,该模式的潜在缺点在于,如缺少来自全球品牌商持续的外部压力和非政府组织的独立监督,本地的行动计划可能会推迟或缩减规模,这种情况在“不太明显”的供应链中经常发生(Lund-Thomsen and Nadvi, 2010b)。如巴基斯坦贾郎达尔当地的童工监管力度要弱于锡亚尔科特,而后者是一些世界知名品牌的生产地(Lund-Thomsen and Nadvi, 2010a)。

(6) 公共治理路径:公共监管十分重要,因为它对改善自身管辖范围内所有供应商的劳动环境的影响最为深远,无论这些供应商是否属于某个集群或某个供应链(Mayer and Gereffi, 2010)。国家在“执行法律”(Puppim de Oliveira, 2008a)、预防个体企业的缺陷、解决不同利益攸关者之间集体行动的问题(Amengual, 2010)方面发挥着十分重要的作用。国家权力来自各个层级,包括政府部门(Tewari and Pillai, 2005)、国家最高法院(Crow and Batz, 2006)以及地方劳动检查官(Coslovsky, 2014)。劳动者的不满、公众对恶劣劳动环境的不适以及要求更严格执行劳动法并对虐待劳工行为进行严格监管的跨国运动,都促使国家采取相关行动。近期有学者提出,国家可以超越传统的、以威慑为基础的监管方式,转向更为创新和实验的方式,包括与私人和民间参与者合作,采用技术支持、支持地方能力建设计划等刺激措施,以及放弃“低端道路”选择等(Locke, 2013)。①然而,问题在于国家和地方政府在面对来自商界不能吓跑外国投资者的压力时,是否还有意愿采取措施推动社会升级。我们并不清楚国家有多大能力调和不同利益攸关方的利益冲突。尽管有证据表明国家发挥着积极作用,但我们并不知道这种模式是否能广泛适用于不同国家、不同层级政府和所有的行业。

---

① 以巴西为例,劳工检查官不仅执行劳动法,也参与到雇主联盟等地方安排的设计中,并推动生产商确保生产过程更为安全(Coslovsky, 2014:210)。与巴西相类似,多米尼加的劳动检察官除了传统执法,还采取积极的方法进行劳动监管,教育劳动者认清自身权利并调解雇主和员工的矛盾(Amengual, 2010)。

表2对各社会升级路径的核心驱动力、机制和参与者进行了归纳。实际上,社会升级往往是通过各种具有不同能力和局限性的行动者共同参与实现的(O'Rourke, 2006)。例如,如果不结合当地情况,全球标准将与地方现有法规和制度产生各种矛盾并形成紧张局势,从而很难成功实施(Neilson and Pritchard, 2009)。由此,事实上全球、地方、公共部门、社会和私营行动者"共同形成"了一种治理形式(Lund-Thomsen and Nadvi, 2010a)。

当不同类型治理共存并相互影响时,一个可能的结果是取代——如一种治理形式占据主导地位,进而取代或者排挤其他形式的治理。举例而言,企业社会责任等私营治理可能取代公共治理并削弱地方劳工机构或工会等其他类型的治理(Justice, 2005; O'Rourke, 2003)。尼尔森和普里查德(Neilson and Pritchard, 2010)批评了存在自身局限性的公平和道德贸易行动,认为这种行动往往取代"国家根深蒂固的传统管理形式"(p.1847)。通过对服装行业的研究,巴特莱(Bartley, 2005)不仅发现取代假设理论的实证依据,还强调了私营劳动法规的兴起具有很强的争议性,所造成的结果也并不是取代理论这么简单。

另一个可能的结果是不同形式的治理可以形成互补(Amengual, 2010; Polaski, 2006),并在某些情况下产生"混合调控体系"(Amengual, 2010)或"协同治理"(Mayer, 2014)。私营治理和公共治理分别具有比较优势和比较劣势,这也导致他们之间形成互补(Rodriguez-Garavito, 2005)。[①]如在多米尼加共和国的出口加工区,私营审计帮助释放稀缺的政府监督资源,并将这些资源引至非正规领域中"不太明显"的企业,从而对国家监管形成补充而非替代(Amengual, 2010)。此外,学者们最近开始明确全球价值链和产业集群一系列的条件,在这些条件下可同时实现并同时强化全球供应链中的经济和社会升级(Barrientos et al., 2011; Mayer and Gereffi, 2010; Puppim de Oliveira, 2008b)。

---

① 正如科斯洛夫斯基和洛克(Coslovsky and Locke, 2013)指出,这种互补性可能不需要私人和公共治理参与者之间进行明确的沟通和协调,以实现彼此的有效性。(参见 Amengual, 2010)

尽管私营治理独自无法实现劳动或环境条件的持续变化,但私营自愿标准与公共强制性法规叠加并结合是最为有效的(Locke, 2013)。与企业行为准则一样,如果与有利的市场条件、多利益攸关方的联盟、政府意愿和执行能力、有组织的劳动者和其他民权活动家持续施加的压力相结合,企业社会责任方式最有可能取得成功。

## 结论

近年来,全球价值链和产业集群已在多个方面发生了显著变化。研究该现象的学者往往侧重于全球层面和地方层面分别进行分析,有必要通过一个更为综合的框架来展现全球价值链和集群如何通过如本章所提及的各种全球化进程联系在一起。为实现可持续发展,全球价值链的领军企业面临摆脱低成本竞争模式的压力,全球价值链和集群的联系也为企业社会责任提供了建设性建议。这就需要企业社会责任从消极或应对策略——在这种策略中,供应链关系被视为供应链管理层的义务——转向强调与地方供应商和社区相关的更广泛社会责任的积极主动型策略(van Tulder, 2009)。

本章针对更为全面的企业社会责任框架提出下列建议。第一,在全球价值链和集群模式中,经济和社会升级应相互联系,我们需要继续研究并明确在何种条件下,经济和社会升级能实现相辅相成(Barrientos et al., 2011; 2012;注释 2 对“获取收益”项目予以说明)。第二,为将私营治理、公共治理和社会形式治理的不同参与者均纳入考虑,我们需扩大并整合全球价值链和集群治理类型——前者通常侧重垂直关系,而后者则侧重水平关系。第三,我们在对 6 种不同的社会升级路径进行分析的同时,还指出“协同治理”对推动经济和社会升级的全面和可持续的重要性。实现协同治理并非易事,但它为全球背景下实现共同目标提供了一种整合企业、政府和民间参与者的有效路径,在这种全球背景下,要同时实现经济和社会受益,全球价值链和集群参与者之间的积极合作是不可或缺的。

未来的研究应进一步明确在何种条件下才能产生互补、协同的治理形式(不同治理参与者形成的联盟),又是什么因素促成联合治理形式在集群内实现制度化(Amengual, 2010; Mayer and Gereffi, 2010)。我们还需要弄清不同的路径或发展轨迹如何推动发展中国家集群加速实现社会和经济升级。为回答上述问题,很有必要开展明确集群和全球价值链范式之间关联的研究项目。

## 参考文献


1. Altenburg, T., & Meyer-Stamer, J.(1999)."How to promote clusters: Policy experiences from Latin America." *World Development*, 27(9):1693-1713.

2. Amengual, M. (2010). "Complementary labor regulation: The unco-ordinated combination of state and private regulators in the Dominican Republic." *World Development*, 38(3):405-414.

3. Bair, J., & Gereffi, G.(2001)."Local clusters in global chains: The causes and consequences of export dynamism in Torreon's blue jeans industry." *World Development*, 29(11):1885-1903.

4. Barrientos, S. (2013). "Corporate purchasing practices in global production networks: A socially contested terrain." *Geoforum*, 44:44-51.

5. Barrientos, S., Gereffi, G., & Nathan, D.(2012)."Economic and social upgrading in global value chains: Emerging trends and pressures." Capturing the Gains Summit Briefing, University of Manchester. Retrieved June 9, 2014 from http://www.capturingthegains.org/pdf/CTG-GVC.pdf.

6. Barrientos, S., Gereffi, G., & Rossi, A.(2011)."Economic and social upgrading in global production networks: A new paradigm for a changing world." *International Labour Review*, 150(3-4):319-340.

7. Barrientos, S., & Kritzinger, A.(2004)."Squaring the circle: Global production and the informalization of work in South African fruit exports." *Journal of International Development*, 16(1):81-92.

8. Barrientos, S., & Smith, S. (2007). "Do workers benefit from ethical trade? Assessing codes of labour practice in global production systems." *Third World Quarterly*, 28(4):713-729.

9. Barrientos, S., & Visser, M.(2012)."South African horticulture: Opportunities

and challenges for economic and social upgrading in value chains." Capturing the Gains Working Paper 2012/12, University of Manchester. Retrieved June 9, 2014 from http://www.capturingth egains.org/publications/workingpapers/wp_201212.htm.

10. Bartley, T. (2005). "Corporate accountability and the privatization of labor standards: Struggles over codes of conduct in the apparel industry." *Research in Political Sociology*, 14:211-244.

11. Bernhardt, T., & Milberg, W. (2011). "Economic and social upgrading in global value chains: Analysis of horticulture, apparel, tourism and mobile telephones." Capturing the Gains Working Paper 2011/06. Retrieved May 19, 2014 from http://www.capturingth egains.org/publications/workingpapers/wp_201106.htm.

12. Carr, M., & Chen, M. (2004). "Globalization, social exclusion and work: With special reference to informal employment and gender." International Labour Office, Geneva. Retrieved November 20, 2013 from http://www.ilo.org/dyn/dwresources/docs/625/F1146925582/gender%20and%20globalisation.pdf.

13. Carswell, G., & De Neve, G. (2013). "Labouring for global markets: Conceptualising labour agency in global production networks." *Geoforum*, 44:62-70.

14. Cattaneo, O., Gereffi, G., Miroudot, S., & Taglioni, D. (2013). "Joining, upgrading and being competitive in global value chains: A strategic framework." World Bank Policy Research Working Paper 6406, The World Bank, Washington DC. Retrieved May 10, 2014 from http://www-wds.worldbank.org/external/default/WDSContentServer/IW3P/IB/2013/04/09/000158349_20130409182129/Rendered/PDF/wps6406.pdf.

15. Chiarvesio, M., Di Maria, E., & Micelli, S. (2010). "Global value chains and open networks: The case of Italian industrial districts." *European Planning Studies*, 18(3): 333-350.

16. Contreras, O. F., Carrillo, J., & Alonso, J. (2012). "Local entrepreneurship within global value chains: A case study in the Mexican automotive industry." *World Development*, 40(5):1013-1023.

17. Coslovsky, S.V. (2014). "Flying under the radar? The state and the enforcement of labour laws in Brazil." *Oxford Development Studies*, 42(2):190-216.

18. Coslovsky, S. V., & Locke, R. (2013). "Parallel paths to enforcement: Private compliance, public regulation, and labor standards in the Brazilian sugar sector." *Politics & Society*, 41(4):497-526.

19. Crow, M., & Batz, M. B. (2006). "Clean and competitive? Small-scale bleachers and dyers in Tirupur, India." In A. Blackman (ed.) *Small firms and the environment in*

*developing countries-collective action and collective impacts*. Washington, DC: REF Press.

20. Damodaran, S.(2010). "Upgradation or flexible casualization? Exploring the dynamics of global value chain incorporation in the Indian leather industry." In A.Posthuma & D.Nathan(eds.) *Labour in global production networks in India*. New Delhi; New York: Oxford University Press.

21. De Marchi, V., & Grandinetti, R.(2014)."Industrial districts and the collapse of the Marshallian model: Looking at the Italian experience." *Competition & Change*, 18(1): 70-87.

22. De Marchi, V., Di Maria, E., & Ponte, S.(2014)."Multinational firms and the management of global networks: Insights from global value chain studies." In T.Pedersen, M.Venzin, T. M. Devinney & L. Tihanyi(eds.) *Orchestration of the global network organization*. Bingley: Emerald Group Publishing Limited.

23. De Neve, G.(2014)."Fordism, flexible specialisation and CSR: How Indian garment workers critique neoliberal labour regimes." *Ethnography*, 15(2):184-207.

24. Dolan, C.S., & Opondo, M.(2005). "Seeking common ground—multi-stakeholer processes in Kenya's cut flower industry." *Journal of Corporate Citizenship*, 18, 87-98.

25. Doner, R.F., & Schneider, B.R.(2000)."Business associations and economic development: Why some associations contribute more than others." *Business and Politics*, 2(3):261-288.

26. Elliott, K.A., & Freeman, R.B.(2003)."The role global labor standards could play in addressing basic needs." In J. Heymann(ed.) *Global inequalities at work*. New York: Oxford University Press.

27. European Commission. (2011). "A renewed EU strategy 2011-2014 for corporate social responsibility." European Commission, Brussels. Retrieved May 10, 2014 from http://eur-lex.europa.eu/LexUri Serv/LexUriServ.do?uri=COM:2011:0681:FIN:EN:PDF.

28. Gallagher, M. E.(2014). "China's workers movement & the end of the rapidgrowth era." *Daedalus*, 143(2):81-95.

29. Gereffi, G.(1994)."The organization of buyer-driven global commodity chains: How US retailers shape overseas production networks." In G.Gereffi & M.Korzeniewicz (eds.) *Commodity chains and global capitalism*. Westport, CT: Greenwood Press.

30. Gereffi, G.(1999)."International trade and industrial upgrading in the apparel commodity chains." *Journal of International Economics*, 48(1):37-70.

31. Gereffi, G.(2005)."The global economy: Organization, governance, and development." In N.J.Smelser & R.Swedberg(eds.) *The handbook of economic sociology*

(2nd ed). Princeton, NJ: Princeton University Press.

32. Gereffi, G.(2014)."Global value chains in a post-Washington consensus world." *Review of International Political Economy*, 21(1):9-37.

33. Gereffi, G., & Fernandez-Stark, K.(2011)."Global value chain analysis: A primer." Center on Globalization, Governance & Competitiveness, Durham, NC. Retrieved December 4, 2013 from http://www.cggc.duke.edu/pdfs/2011-05-31_GVC_analy sis_a_primer.pdf.

34. Gereffi, G., Humphrey, J., & Sturgeon, T.(2005)."The governance of global value chains." *Review of International Political Economy*, 12(1):78-104.

35. Gereffi, G., & Lee, J.(2012)."Why the world suddenly cares about global supply chains." *Journal of Supply Chain Management*, 48(3):24-32.

36. Gereffi, G., & Sturgeon, T.J.(2013)."Global value chain-oriented industrial policy: The role of emerging economies." In D.K. Elms & P. Low(eds.) *Global value chains in a changing world*. Geneva: World Trade Organization, Fung Global Institute and Temasek Foundation Centre for Trade & Negotiations.

37. Gibbon, P., Bair, J., & Ponte, S.(2008)."Governing global value chains: An introduction." *Economy and Society*, 37(3):315-338.

38. Greenhouse, S.(2013)."U.S. Retailers decline to aid factory victims in Bangladesh." *New York Times*, November 23. Retrieved July 19, 2014 from http://www.nytimes.com/2013/11/23/business/international/us-retailers-decline-to-aid-factory-victims-in-bangladesh.html.

39. Humphrey, J., & Memedovic, O.(2006)."Global value chains in the agrifood sector." United Nations Industrial Development Organization Working Paper, Vienna. Retrieved March 11, 2014 from http://www.unido.org/fileadmin/user_media/Publications/Pub_free/Global_value_chains_in_the_agrifood_sector.pdf.

40. Humphrey, J., & Schmitz, H.(2002)."How does insertion in global value chains affect upgrading in industrial clusters?". *Regional Studies*, 36(9):1017-1027.

41. ILO.(1999)."Decent work: Report of the director-general to the 89th session of the international labour conference." International Labor Organization, Geneva. Retrieved May 10, 2014 from http://www.ilo.org/public/libdoc/ilo/P/09605/09605(1999-87).pdf.

42. Jenkins, R.O., Pearson, R., & Seyfang, G.(2002). *Corporate responsibility and labour rights: Codes of conduct in the global economy*. London: Earthscan.

43. Justice, D.W.(2005)."The corporate social responsibility concept and phenomenon: Challenges and opportunities for trade unionists." Presented at the ITC-ILO/ACTRAV Course A3-50909: Trade Union Training for Global Union Federations in Asia

and the Pacific Region on Globalization, Workers' Rights and Corporate Social Responsibility(CSR), Kuala Lumpur, Malaysia.

44. Kaplinsky, R., & Farooki, M.(2010)."Global value chains, the crisis, and the shift of markets from north to south." In O.Cattaneo, G.Gereffi, & C.Staritz(eds.) *Global value chains in a postcrisis world: A development perspective*. Washington, DC: World Bank.

45. Kaplinsky, R., Terheggen, A., & Tijaja, J.(2011)."China as a final market: The Gabon timber and Thai cassava value chains." *World Development*, 39(7):1177-1190.

46. Ketels, C.H., & Memedovic, O.(2008)."From clusters to cluster-based economic development." *International Journal of Technological Learning, Innovation and Development*, 1(3):375-392.

47. Khara, N., & Lund-Thomsen, P. (2012). "Value chain restructuring, work organization and labour outcomes in football manufacturing in India." *Competition & Change*, 16(4):261-280.

48. Knorringa, P.(2011)."Value chain responsibility in the global south." In S.M. Murshed, P. Goulart, & L. Serino (eds.) *South-South globalization: Challenges and opportunities for development*. New York: Routledge.

49. Knorringa, P., & Pegler, L.(2007)."Integrating labour issues in global value chains analysis: Exploring implications for labour research and unions." In V.Schmidt(ed.) *Trade union responses to globalisation: A review by the global unions research network*. Geneva: International Labour Organization.

50. Kolk, A., & van Tulder, R. (2004). "Ethics in international business: Multinational approaches to child labor." *Journal of World Business*, 39(1):49-60.

51. Lee, J., Gereffi, G., & Beauvais, J.(2012)."Global value chains and agrifood standards: Challenges and possibilities for smallholders in developing countries." *Proceedings of the National Academy of Sciences of the United States of America*, 191(31):12326-12331.

52. Locke, R.M.(2013). *The promise and limits of private power: Promoting labor standards in a global economy*. Cambridge; New York: Cambridge University Press.

53. Locke, R., Amengual, M., & Mangla, A.(2009)."Virtue out of necessity? Compliance, commitment, and the improvement of labor conditions in global supply chains." *Politics & Society*, 37(3):319-351.

54. Lund-Thomsen, P., & Lindgreen, A.(2014)."Corporate social responsibility in global value chains: Where are we now and where are we going?" *Journal of Business*

*Ethics*, 123(1):11-22.

55. Lund-Thomsen, P., & Nadvi, K.(2010a)."Clusters, chains and compliance: Corporate social responsibility and governance in football manufacturing in South Asia." *Journal of Business Ethics*, 93(2):201-222.

56. Lund-Thomsen, P., & Nadvi, K.(2010b)."Global value chains, local collective action and corporate social responsibility: A review of empirical evidence." *Business Strategy and the Environment*, 19(1):1-13.

57. Lund-Thomsen, P., & Pillay, R.G.(2012)."CSR in industrial clusters: An overview of the literature." *Corporate Governance*, 12(4):568-578.

58. Mayer, F.(2014)."Leveraging private governance for public purpose: Business, civil society and the state in labour regulation." In A.Payne & N.Philips(eds.) *Handbook on the international political economy of governance*. Cheltenham, UK: Edward Elgar.

59. Mayer, F., & Gereffi, G.(2010)."Regulation and economic globalization: Prospects and limits of private governance." *Business and Politics*, 12(3):1-25.

60. Mezzadri, A.(2014)."Indian garment clusters and CSR norms: Incompatible agendas at the bottom of the garment commodity chain." *Oxford Development Studies*, 42(2):238-258.

61. Nadvi, K.(2014)."'Rising powers' and labour and environmental standards." *Oxford Development Studies*, 42(2):137-150.

62. Nadvi, K., & Barrientos, S.(2004)."Industrial clusters and poverty reduction: Towards a methodology for poverty and social impact assessment of cluster development initiatives." United Nations Industrial Development Organization, Vienna. Retrieved December 10, 2013 from http://www.unido.org/fileadmin/user_media/ Services/PSD/Clusters_and_Networks/publications/industrial Clustersandpoverty_NADVI.pdf.

63. Nathan, D., & Sarkar, S.(2011)."Blood on your mobile phone? Capturing the gains for artisanal miners, poor workers and women." Capturing the Gains Briefing Note, No.2. Retrieved June 9, 2014 from http://www.capturingthegains.org/publications/briefingnotes/bp_02.htm.

64. Neilson, J., & Pritchard, B.(2009). *Value chain struggles: Institutions and governance in the plantation districts of South India*. Malden, MA.: Wiley.

65. Neilson, J., & Pritchard, B.(2010)."Fairness and ethicality in their place: The regional dynamics of fair trade and ethical sourcing agendas in the plantation districts of South India." *Environment and Planning A*, 42(8):1833-1851.

66. O'Rourke, D.(2003)."Outsourcing regulation: Analyzing nongovernmental

systems of labor standards and monitoring." *Policy Studies Journal*, 31(1):1-29.

67. O'Rourke, D. (2006). "Multi-stakeholder regulation: Privatizing or socializing global labor standards?" *World Development*, 34(5):899-918.

68. Palpacuer, F.(2008)."Bringing the social context back in: Governance and wealth distribution in global commodity chains." *Economy and Society*, 37(3):393-419.

69. Piore, M.J., & Sabel, C.F.(1984). *The second industrial divide*. New York: Basic Books.

70. Polaski, S. (2003). "Protecting labor rights through trade agreements: An analytical guide." *UC Davis Journal of International Law and Policy*, 10(1):13-25.

71. Polaski, S.(2006)."Combining global and local forces: The case of labor rights in Cambodia." *World Development*, 34(5):919-932.

72. Ponte, S., & Gibbon, P. (2005). "Quality standards, conventions and the governance of global value chains." *Economy and Society*, 34(1):1-31.

73. Ponte, S., & Sturgeon, T.(2014)."Explaining governance in global value chains: A modular theory-building effort." *Review of International Political Economy*, 21(1): 195-223.

74. Porter, M.E.(1998)."Clusters and the new economics of competition." *Harvard Business Review*, 76(6):77-90.

75. Posthuma, A.(2008)."Seeking the high road to Jepara: Challenges for economic and social upgrading in Indonesian wood furniture clusters." In J.A. Puppim de Oliveira (ed.) *Upgrading clusters and small enterprises in developing countries: Environmental, labor, innovation and social issues*. Burlington, VT: Ashgate.

76. Posthuma, A.(2010)."Beyond 'regulatory enclaves': Challenges and opportunities to promote decent work in global production networks." In A.Posthuma & D.Nathan(eds.) *Labour in global production networks in India*. New York: Oxford University Press.

77. Posthuma, A., & Nathan, D. (eds.) (2010). *Labour in global production networks in India*. New York: Oxford University Press.

78. Puppim de Oliveira, J.A.(2008a)."Introduction: Social upgrading among small firms and clusters." In J. A. Puppim de Oliveira (ed.) *Upgrading clusters and small enterprises in developing countries: Environmental, labor, innovation and social issues*. Burlington, VT: Ashgate.

79. Puppim de Oliveira, J.A.(ed.) (2008b). *Upgrading clusters and small enterprises in developing countries: Environmental, labor, innovation and social issues*. Burlington, VT: Ashgate.

80. Pyke，F. S.，Becattini，G.，& Sengenberger，W.（eds.）（1990）. *Industrial districts and interfirm cooperation in Italy*. Geneva：International Institute for Labour Studies.

81. Rodríguez-Garavito，C.A.（2005）. "Global governance and labor rights：Codes of conduct and anti-sweatshop struggles in global apparel factories in Mexico and Guatemala." *Politics & Society*，33(2)：203-333.

82. Ruwanpura，K. N.，& Roncolato，L.（2006）. "Child rights：An enabling or disabling right? The nexus between child labor and poverty in Bangladesh." *Journal of Developing Societies*，22(4)：359-378.

83. Ruwanpura，K.N.，& Wrigley，N.(2011). "Thecosts of compliance? Views of Sri Lankan apparel manufacturers in times of global economic crisis." *Journal of Economic Geography*，11(6)：1031-1049.

84. Schmitz，H.(1995)."Collective efficiency：Growth path for small-scale industry." *Journal of Development Studies*，31(4)：529-566.

85. Schmitz，H.（2004）. *Local enterprises in the global economy：Issues of governance and upgrading*. Cheltenham，UK：Edward Elgar.

86. Schmitz，H.(2006)."Learning and earning in global garment and footwear chains." *European Journal of Development Research*，18(4)：546-571.

87. Schmitz，H.，& Knorringa，P.(2000)."Learning from global buyers." *Journal of Development Studies*，37(2)：177-205.

88. Schmitz，H.，& Nadvi，K.（1999）. "Clustering and industrialization：Introduction." *World Development*，27(9)：1503-1514.

89. Selwyn，B.(2013)."Social upgrading and labour in global production networks：A critique and an alternative conception." *Competition & Change*，17(1)：75-90.

90. Sturgeon，T.J.(2003)."What really goes on in Silicon Valley? Spatial clustering and dispersal in modular production networks." *Journal of Economic Geography*，3(2)：199-225.

91. Sturgeon，T.J.(2009)."From commodity chains to value chains：Interdisciplinary theory building in an age of globalization." In J.Bair(ed.) *Frontiers of commodity chain research*. Stanford，California：Stanford University Press.

92. Sturgeon，T. J.，Van Biesebroeck，J.，& Gereffi，G.（2008）. "Value chains，networks and clusters：Reframing the global automotive industry." *Journal of Economic Geography*，8(3)：297-321.

93. Suresh，T.G.(2010)."Cost cutting pressures and labour relations in Tamil Nadu's

automobile components supply chain." In A.Posthuma & D.Nathan(eds.) *Labour in global production networks in India*. New York: Oxford University Press.

94. Tewari, M., & Pillai, P. (2005). "Global standards and the dynamics of environmental compliance in India's leather industry." *Oxford Development Studies*, 33(2):245-267.

95. van Tulder, R. (2009). "Chains for change. Position paper for the Third Max Havelaar lecture." Retrieved January 6, 2014 from http:// www.maxhavelaarlecture.org/downloads/max_havelaar_lec tures_2009_booklet.pdf.

# 第九章　后华盛顿共识世界中的全球价值链①

加里·杰里菲

## 一、从价值链视角看全球经济

全球化推动国际竞争进入了新阶段，正在重塑全球生产与贸易，改变产业的组织方式(Gereffi，2011)。从20世纪60年代开始，跨国公司已经开始切割自身的供应链，到海外寻求成本更低和具备能力的供应商。“新国际劳动分工”的有关文献，追踪了制成品出口从第三世界向跨国公司在低工资地区设立的劳动力密集型出口基地大幅转移的现象(Fröbel et al，1981)。美国与墨西哥的生产分享或“孪生工厂”计划，德国在中东欧地区建立的服装成衣出口加工区，都是这类出口基地的典型代表。境外生产的步伐大幅加快，并开始采取新的组织形式(Dicken，2011)。在20世纪70年代和80年代，美国零售商和品牌公司加入制造商在海外寻找供应商的行列，涵盖几乎所有种类的消费品，这引起了商品链的一个重大转变，即从“生产商驱动”转向“采购商驱动”。这些链条的地理范围也从区域性的生产共享安排扩展到完全全球化的供应链，而东亚地区在其中的重要性不断上升(Gereffi，1994，1996)。

在20世纪90年代和21世纪的首个十年中，全球供应链所涵盖的产业和

① 作者感谢安德鲁·吉恩(Andrew Guinn)、丽贝卡·舒尔姿(Rebecca Schultz)和杰奇·徐(Jackie Xu)为本章所提供的研究协助。

活动呈指数式增长，不仅包括最终产品，还包括元件和零部件；不仅涉及制造业，还涉及能源、食品生产和各种服务，从呼叫中心和会计到医疗项目和世界一流跨国公司的研发活动（Engardio et al., 2003; Engardio and Einhorn, 2005; Wadhwa et al., 2008）。从21世纪初开始，全球价值链和全球生产网络的概念逐渐流行，成为分析当代供应链国际扩张和地理分散的方式（Gereffi et al., 2001; Dicken et al., 2001; Henderson et al., 2002; Gereffi, 2005）。

关于全球商品链与全球价值链和全球生产网络方式分析全球供应链的不同特点，很多文献进行了回顾、梳理和评论。[①]总体上，这些文献都指出全球经济的特征是包含复杂和动态的经济网络，这些网络是由企业间关系和企业内部关系所构成。然而，同样需要认识到的是，过去40多年间全球供应链的变迁有国内政治和国际政治基础。在20世纪60年代和70年代，大多数国际产业中的主要行为体是大型垂直一体化的跨国公司（Vernon, 1971），它们基本是通过进口替代型的增长模式和成长中的发展中国家市场建立联系，这一模式自20世纪50年代起主要被拉丁美洲、东欧地区和部分亚洲地区的经济体所采用。而日本和所谓的“亚洲四小龙”（韩国、中国台湾、中国香港和新加坡）20世纪60年代以来的经济的迅速崛起，也就是“东亚奇迹”（World Bank, 1993），则代表一种完全不同的发展模式：出口导向型工业化（EOI）（Gereffi and Wyman, 1990）。凭借美国里根政府和英国撒切尔政府对新自由主义的有力推动，出口导向型的发展模式在世界范围内成为了发展中经济体所信奉的主流模式。这一模式被称为“华盛顿共识”，逐渐被人们所熟知。出口导向型发展模式获得赞誉，是因为很多小型发展中经济体从中得到从规模经济中获益的机会，并向更强大的贸易伙伴出口的过程中进行学习，进而克服了进口替代型仅仅适用于少数国内市场较大的发展中国家的问题。

20世纪70年代后期的石油危机以及随后发生的严重的债务危机，敲响

---

① 关于全球商品链和全球价值链的最新文献，可以参见 Bair, 2009; Lee, 2010；以及 Gereffi and Lee, 2012。

了进口替代型的发展模式特别是该模式在拉丁美洲的丧钟(Urquidi, 1991)。进口替代模式不能获取支付日益昂贵的进口所需的外汇,不断扩大的债务偿付将导致外国资本的净流出,从而削弱经济增长。20 世纪 80 年代,当很多发展中国家在国际货币基金组织和世界银行的压力下从进口替代向出口导向转型之时(Gereffi and Wyman, 1990),跨国公司的战略也同时进行了重新定位和深刻调整。亚洲和拉丁美洲的新兴工业化经济体的工业能力和出口倾向迅速提升,跨国公司也加速将相对标准化的业务活动外包到世界其他低成本地区。正是跨国公司的这一战略调整,使发展中经济体从进口替代转向出口导向成为可能,同时它也与全球产业层面的商品链从生产商驱动向采购商驱动转型的趋势相一致(Gereffi and Korzeniewicz, 1994)。①

但是,仅仅通过对比进口替代和出口导向来解释东亚和其他新兴工业化经济体的发展是不够的,因为无论是在东亚还是在拉丁美洲,从进口替代向出口导向的转型并非故事的全部或毫无争议。实际上随着时间的推移,各国都从两种模式中相对容易的阶段向更加困难的阶段发展,而两种模式的元素往往相互交织(Gereffi and Wyman, 1990)。此外,全球生产网络的扩张已经被认为与国家内部和国家之间的收入差距扩大存在关联,这种关联很大程度上可用全球价值链中的动态租金来解释。当进入制造业的有形壁垒越来越低时,动态租金就逐渐由无形资产(版权、商标名称和设计)决定(Kaplinsky, 2000)。紧随 2008—2009 年全球经济危机而来的是中国、印度和其他大型新兴经济体生产能力的迅速提升,这推动最终产品和中间品的全球需求从北向南进行意义深远的转移,对发展中国家的出口商而言既有积极

① 在 1994 年那篇引入生产者驱动和采购商驱动全球商品链概念的文章里,有一节是关于"全球商品链中国家政策的作用",很清楚地说明了全球商品链和发展战略之间的关系:"进口替代和出口导向的国家发展战略与商品链的结构之间存在重要的关联,进口替代发生在资本和技术密集型的产业,这些产业的商品链则往往是生产者驱动的……而且,两个案例中的主要经济因素都是(跨国公司)和国有企业。另一方面,出口导向型工业化是通过采购商驱动的商品链进行的,往往是劳动力密集型产业,生产集中在第三世界国家的中小私人企业中进行。从历史上看,东亚(新兴工业化国家)的出口导向发展战略和采购商驱动型商品链是在 20 世纪 70 年代同时出现的。这表明,出口导向战略取得成功与采购商驱动的产业网络组织一体化的新发展是密切相关的。"(Gereffi, 1994:100)

又有消极的影响(Kaplinsky and Farooki, 2011)。

如今,全球经济的组织形式进入了新的阶段,或者说是到了有人所说的"重要的转折点"(Fung, 2011)。这对于国家、企业和劳动者的经济与社会升级或降级具有重大影响。作为发展中国家的一种发展范式,"华盛顿共识"的作用已经被严重削弱(Gore, 2000),但还没有新的发展战略取代它的地位。所以,我们讨论后华盛顿共识世界的全球价值链,不仅要考虑全球范围生产与贸易的组织变化,而且要考察新兴经济体作为新的需求方和生产者在全球经济中的作用。全球价值链日益上升的重要性,挑战了衡量国家出口业绩和国际竞争力的传统方式,也表明发达工业国和发展中经济体在后危机时代的相互依存将达到前所未有的程度。

本章内容安排如下:首先,全球价值链治理的最新趋势显示,国家层面和企业层面的供应方正在加速整合,我们认为这种地域上的整合有助于全球价值链中日益集中的主导企业、供应商和中介的协同发展。第二,全球价值链的演进已经改变了我们关于经济发展如何发生以及在何处发生的基本看法,增值贸易重要性的上升和全球价值链最终市场的转移,催生了全球经济中区域化的新模式,就是很好的例证。第三,在各种多双边捐助组织中,全球价值链分析框架已经逐渐在发展议程中占据主导地位,这也导致各方更关注全球经济中垂直协调的贸易和投资模式,如何与就业结果以及社会升级领域的新关注相互关联。结论部分,是关于这些相互联系的变化在全球发展的新兴模式中将如何塑造经济和社会福利。

## 二、治理结构和全球价值链的日趋集中

全球价值链分析框架主要关注全球扩张的供应链以及价值如何在其中被创造和获取。通过分析企业和劳动者在创造某特定产品时的全部活动,也就是从概念到最终使用乃至更多的环节,全球价值链的分析方式从两个截然不同的视角提供了关于全球产业的整体面貌:自上而下和自下而上。自上而

下视角的关键概念是全球价值链的"治理"，主要侧重于主导企业和全球产业的组织；自下而上视角的主要概念是"升级"，侧重于国际、区域和其他经济利益相关方为了保持和改善自身在全球经济中的地位而采取的战略（Gereffi and Fernandez-Stark，2011）。本节将讨论全球价值链治理的最新趋势，下一节将着重阐述经济和社会升级与新形式的增值贸易和全球价值链中最终市场的变化之间的关系。

治理是全球价值链分析的核心问题。它所展示的是企业权力如何在产业中创造利益和分配风险，并界定行使这一权力的具体行为体。在价值链中，企业层面的权力由主导企业或供应商所掌握。"生产商驱动"链的权力掌握在最终产品制造商手中，其产业特点是资本密集型、技术密集型或技能密集型。在"采购商驱动"链里，最终产品零售商和经销商凭借市场份额优势和强大的品牌力量有能力影响大众消费，通过这一能力进而行使价值链中的权力。[①]它们从全球供应商网络中具有成本优势的地区采购产品来获取领导力。"供应商权力"最引人注目的形式是平台领导力（例如具有市场和技术优势的企业，能够设定标准，并从产品中获得较高回报），尽管供应商权力通常和采购商或其他的价值链下游参与者的具体协调并无关联（Frederick and Gereffi，2009；Sturgeon，2009）。

全球价值链治理的各种类型都重视主导企业的作用。之所以从 20 世纪 90 年代中期开始区分生产商驱动商品链和采购商驱动商品链，是因为 20 世纪 70 年代和 80 年代全球采购商的崛起。这些零售商和品牌经销商从那时起开始建立国际采购网络，直接向海外供应商（主要是东亚地区）采购消费品（Gereffi，1994，1999）。基于本地供应商的这些"总包"生产网络，取代了发达经济体的跨国制造商所设立的很多组装型生产网络（Bair and Gereffi，

① 了解价值链中的主导企业是生产商还是采购商，有助于供应商把握最可能实现升级的机会。如采购商驱动价值链一般在产品和功能升级方面为供应商提供更多机会，因为采购商的核心竞争力是营销和品牌，而非生产。生产商驱动价值链中的主导企业，往往要求供应商进行各种形式的流程升级和国际认证，因为严格的质量控制和业绩标准对整个链条意义重大。

2001)。然而,随着全球价值链案例研究的增加,以及越来越多的产业和国家被纳入分析中,采购商驱动和生产商驱动的商品链两分法显然过于宽泛,并不完全符合世界新兴全球价值链治理结构的复杂性。

为应对这一挑战,关于全球价值链治理结构的新分类出现了,这种分类旨在以简化方式来描述和解释不同价值链之间的重大差异。在经典的市场和等级型(例如垂直一体化)这两极之间,存在 3 种治理网络形式:模块型、关系型和从属型(Gereffi et al., 2005)。在全球价值链治理的这些网络形式中,主导企业通过协调供应商而非直接拥有企业来行使不同程度的权力。

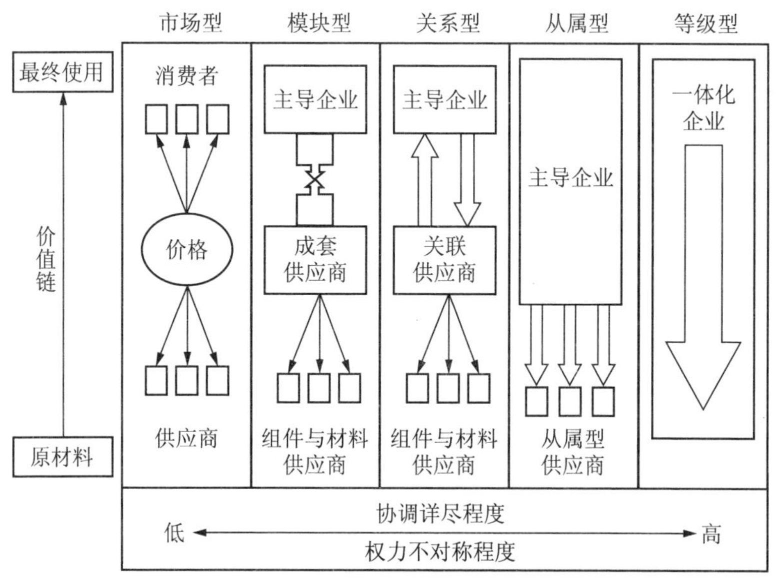


**图 1　全球价值链治理的 5 种类型**

杰里菲、汉弗莱和斯特金(Gereffi, Humphrey and Sturgeon, 2005)在文章中提出的全球价值链治理的 5 个层次分类,被频繁引用和广泛使用,已经成为我们关于全球价值链治理的核心概念工具。这一研究方式受到广泛认可的原因之一是,它向我们清晰地展现了治理形式是如何随着产业的演进和成熟而发生变化的,以及同一产业处于不同的价值链阶段或水平治理模式存在何种差异。如在海外服务价值链中,我们所说的 5 种类型的价值链治理结构同时存在，但是对升级的作用却不同，其中的影响因素包括发展中国家供应商的特征、主导企业的要求和这些价值链中使用的国际专业标准种类(Fernandez-Stark et al., 2011)。全球价值链治理的多种形式及其变化，对本地生产者实现价值链内升级的能力具有重要影响，这一现象尽管其他产业部门也存在(Gereffi and Fernandez-Stark, 2011; Gereffi et al., 2011)，但在鲜活农产品部门尤其显著(Dolan and Humphrey, 2004; Gereffi et al. 2009; Lee et al., 2012)。

如今，我们正在进入一个全新的时代。到21世纪头10年的中期，华盛顿共识的发展模式已经开始解体，美国的霸权被侵蚀，以中国和印度为首的大型新兴经济体从那时开始改变生产组织形式以及影响全球经济规则制定的方式。一些典型的全球性产业在国家和供应链两个层面进一步整合，这些产业包括服装业(Frederick and Gereffi, 2011; Staritz and Frederick, 2012)、汽车业(Sturgeon et al., 2008; Sturgeon and Van Biesebroeck, 2011)和电子业(Sturgeon and Kawakami, 2011; Brandt and Thun, 2011)。当全球经济在2008—2009年陷入衰退时，旧的秩序就不可能再完全复原。发达工业经济体的消费萎缩，全球的发展中国家都开始寻求新的市场来替代衰落或不景气的北方市场。大型新兴经济体则转向内部，更加注重针对国内市场和地区邻国的生产，产业政策的地位也更为突出。

在这一背景下，全球价值链的治理结构也在发生改变。这已经不再仅是一个通过东亚中介精心构建的三角生产网络，对广泛分布且分散的高度专业化全球供应链进行协调的问题(Gereffi, 1999)，而更多转向全球价值链主导跨国企业所提出的“我们如何将供应链从目前的300—500家合理地缩减为25—30家”。新的供应商预计规模更大、实力更强，且战略布局位于能进入主要市场的区位。这一新形势下，采购商驱动链和生产商驱动链中主导企业所享受的极不平衡的权力，在很多案例中都在向中国、印度、巴西和土耳其等新兴经济体的顶级制造商转移。这些国家拥有组织有序的国内供应基地，并已经向价值链的高端移动，如成为关键零部件供应商，以及提供生产前服务(设计、研发和采购)和生产后服务(物流、营销和品牌)等。

即便在后华盛顿共识世界中,过去几十年中建立的全球价值链治理结构也依然存在,并在全球发展议程的塑造过程中继续扮演重要角色。另外,反映当今全球价值链现实的新治理结构也正在构建。全球价值链内部的组织整合以及与地域集中相关联的新兴经济体作为重要经济和政治行为体的崛起,都是重要体现。

1989年之后,苏联解体,中国对国际投资和贸易开放,印度实施自由化,使一些大的经济体登上全球舞台,即著名的"金砖国家"(巴西、俄罗斯、印度和中国)。①这对全球化进程产生了影响,全球价值链开始向这些大国集中,因为它们似乎有用之不竭的廉价劳动力,以及高水平的制造商、丰富的原材料和规模可观的国内市场。因此,中国成为了"世界工厂";印度成为了"世界办公室";巴西成为了农产品生产大国;俄罗斯不仅拥有丰富的自然资源,而且还有从冷战超级大国继承的军事技术。这些新兴经济体成为了世界主要的生产中心,但它们在全球价值链中的地位和角色并不相同,这取决于它们对贸易和外国投资的开放程度以及其他战略考量。

从2000年起,全球经济中自北向南的生产转移开始加速,更多高速增长的经济体在诸多产业中成为地位重要的出口者和新市场。(Staritz et al., 2000)这是多重因素的结果,包括新兴经济体重要性的不断上升,2008—2009年全球经济危机导致的出口订单缩减,全球价值链中主导企业为了推动自身供应链合理化所作的努力,即寻求少数实力强大且分布在战略性区位的供应商。

全球性整合的一个显著结果是全球价值链中大型生产商和中介商的成

① 高盛董事长吉姆·奥尼尔(Jim O'Neill, 2001)在2001年创造了金砖国家(BRIC)这一引人注目的缩写来指代巴西、俄罗斯、印度和中国。他认为现在有了更多的"增长经济体"(BRICs+11),包括迷雾四国(MIST, 墨西哥、印度尼西亚、韩国和土耳其)以及其他阶段性高速增长的经济体,例如孟加拉国、埃及、巴基斯坦、菲律宾和越南(Martin, 2012)。最初的金砖四国也扩展成了金砖五国,南非在2010年加入了金砖国家。对本章而言,这些缩写本身并没有太大意义,真正重要的是这些所谓的"新兴经济体"在全球价值链的供需重塑过程中所发挥的作用。

长,在一定程度上平衡了全球采购商的权力。中国变成了世界服装、鞋类和电子消费产品的主要供应者,特别是在2005年《多种纤维协定》终止以后。同时,那些大型合同制造商和贸易商(如电子业中的富士康、制鞋业中的裕元集团和服装业中的利丰集团)拥有巨大的影响力。巴西和印度也建立了自己的跨国制造企业,比如TATA和Embraer。

主导企业自身也依靠合并、收购及其竞争对手的衰落而变得更大,全球市场份额也随之扩大。[①]同时,主导企业也越来越意识到,全球供应链在获得重要原材料方面存在的战略缺陷(Lynn, 2005)。这在农产品部门尤其明显,Cadbury、Coca-Cola、Unilever等家用消费品企业越来越多地直接参与到价值链中的可可、咖啡和糖等原材料采购和可持续供应环节。汽车和电子业也同样如此,锂和钶等原材料的供给是重要关注点(Nathan and Sarkar, 2011),主导企业也相应地与东道国的供应商和政府加强了接触与合作。因此,全球价值链专业化和分散化的长期趋势正在被战略协作所替代。

总而言之,全球价值链各个活动环节都存在加速集中化的趋势,而日益集中的参与方的协同发展对全球价值链的治理主要有两个方面的影响:一是至少在一些案例中,谈判权从全球采购商向大型国内生产商转移;二是全球价值链在地域上向中国和印度等大的新兴经济体集中和价值链的组织整合密切相关。新兴经济体中产业组织的新模式似乎迎合了上述趋势,包括中国的供应链城市,在特定生产区位为全球采购商整合了从零部件供应到最终产品制造、从设计中心到展示中心等几乎全球价值链的所有活动环节;印度的先进劳动力发展战略,为全球的研发中心培训本地的工程师和信息技术专家(Wadhwa et al., 2008);巴西汽车业中的"产业共有"和"模块协作"概念,促使主导企业和它们的顶级供应商在同一家工厂里建立起相互协调的制造设施,比如大众设在勒森德(Resende)的卡车和公交车底盘车间(Neto and Pires, 2010)。

① 利丰集团是世界上最大的贸易公司,在全球拥有3万家供应商,在40个国家开展业务(Fung, 2011)。

## 三、经济升级和全球生产与贸易的新地域分布

治理问题吸引了很多全球价值链研究者的关注,考虑到这些学者中很多人对发展问题十分关注,对经济升级的研究也十分重要。通过国际组织、政策决策者和社会活动家对将全球化潜在收益转化为实际经济增长的关注——主要包括更多更好的就业机会、增强全球经济中日益脆弱的地区、国家和社会团体的竞争力等,全球价值链范式与全球化的学术研究相互关联。发达国家和发展中国家都越来越意识到,参与全球供应链的经济收益并不必然转化成良好或稳定的就业;相反,在最坏的情况下,经济升级甚至可能会引起劳动条件的恶化以及其他形式的社会退化。需要研究的关键问题是:在何种条件下参与全球价值链能够同时有助于发展中国家的经济升级和社会升级(Barrientos et al., 2011a, 2011b; Lee et al., 2011)?

全球价值链的崛起已经重新界定了我们定义经济发展的方式。对于最初的工业化国家,包括美国、德国和日本,工业化意味着在国内建立相对有竞争力的供应链,核心理念是一个国家要具备全球竞争力,就必须拥有一个门类广泛且强大的工业基地,从而努力将资本、技术和劳动力融合在一起,创造出新的产业。前文提到的进口替代型发展模式,则试图复制这些早期工业化国家的成功路径,通过支持生产商驱动价值链中的跨国企业在较大的发展中国家建立现代产业,让它们在这些国家政府的干预和监督下,从生产最终产品到生产关键零部件和组件(如汽车中的发动机)。

在当前出口导向型工业化的时代,有时也被称为"全球化的第二次松绑"(Baldwin, 2011)时期,崭新的发展路径已经开启。今天,一国可以通过参加一条供应链,组装最终产品或制造特定配件来进行工业化;无需试图从零开始建立本国的完整供应链。鲍德温认为,全球化的第一次松绑是铁路和轮船使生产和消费在空间上实现分离,而分离一旦具有实现的可能性,规模经济和比较优势就会使之必然发生。第二次松绑与信息通信技术革命相关,使原

本地理上相互邻近的不同生产阶段能够为了降低成本而分散进行。第二次松绑的空间范围并不固定，可能是地区性的，也可能是全球性的，所以全球价值链的地域形态能够且实际上也随时间推移而发生变化。

简而言之，工业化在出口导向型发展模式下变得更为容易和迅速（一国可以通过承担专业化的分工任务来“加入”供应链，而不需要“建立”一个供应链），但也可能因此变得没有什么意义。如果国家仅仅是参与出口导向型发展模式中最简单的任务，如在出口加工区为海外市场组装进口的零部件，那么它们将无从发展出建立与维持整个产业所需的制度、专业技能和消费者市场。实际上，对于全球经济中的很多弱小经济体和最不发达国家而言，出口导向型工业化模式中传统工业化的高收入就业、上下游联系、财富创造和创新等收益是有限的，且分布不均匀。而且，越来越多的人注意到，全球化第二次松绑带来的全球外包不断增加，可能给发达工业化经济体的创新和国际竞争力带来令人担忧的影响。①

因此，全球价值链中经济升级的挑战，准确地说是确定在何种条件下，发展中国家和发达国家及企业能够“沿着价值链攀升”，从使用廉价和不熟练劳动力的最基本的组装业务，提升至更加高级的“全包”供应和完整制造。“经济升级”被定义为经济行为体——企业和劳动者——从全球价值链中的低价值活动提升到高价值活动的过程。（Gereffi，2005：171）在全球价值链框架下，存在 4 种升级的类型（Humphrey and Schmitz，2002）：

（1）产品升级，或升级为更先进的生产线；

---

① 例如皮萨诺和施（Pisano and Shih，2009）认为，美国正处于失去“产业公地”的危险中，这里的“产业公地”不仅包括先进材料、生产设备和零部件的供应商，而且包括研发和专业技术、工程和加工技能，以及其他广泛的制造能力。因为制造业和创新能力密切相关，所以制造业外包会损害美国在现有高技术产业中的竞争力，这一竞争力往往严重依赖成熟产业部门的“产业公地”，同时制造业外包还会妨碍美国拓展新兴产业。这有助于解释苹果公司不在美国制造苹果手机的原因，所有在美国销售的手机都是在中国组装的，一方面是因为中国的劳动力成本低廉，且已经拥有较为稳定且数量庞大的熟练劳动者；但也许更重要的是制造苹果手机所需的上百种零部件的供应商集中在东亚地区，而不是北美地区。这显然会对美国公司保持创新优势带来阻碍，参见 Duhigg and Bradsher，2012；Shih，2009；Pisano and Shih，2012。

(2) 流程升级,通过对生产体系进行重组或引进更好的技术,从而提高投入—产出转化效率;

(3) 功能升级,通过获取新的功能(或放弃现有功能)来提高生产活动的总体技术含量;

(4) 价值链升级,企业进入新的但通常是与原行业相关的行业。

国家和企业在上述 4 个方面升级拥有的能力或不足已经成为全球价值链研究的一个重点,同时关于升级过程的新领域和问题也在后华盛顿共识时代引发关注。首先,世贸组织、经合组织和其他国际组织都越来越有兴趣建立一个新的衡量贸易增加值的统计方法,以明确成功的出口导向型经济体的增长中国内含量与进口含量各自的贡献。其次,随着 2008—2009 年经济危机复苏,此前通过转移最终市场实现经济多元化的做法似乎正在重新适应全球价值链的增长机遇,逐渐转向大型新兴经济体的国内市场,以及区域性而非全球性的供应链。

第一,全球价值链分析的新衡量因素:贸易增加值。

在全球价值链主导的世界中,最终产品出口中包含的进口中间投入品比例越来越大。当供应链全球化时,越来越多的中间品通过贸易跨越国界,更多的进口零部件被用于出口产品生产(Feenstra, 1998)。2009 年,世界出口中,中间品占非燃料商品出口的 51%,超过了最终产品和资本品出口值总和(WTO and IDE-JETRO, 2011:81)。政府和国际组织都关注到全球贸易的这一被称为从"货物贸易"转向"增加值贸易"、"任务贸易"和"能力贸易"①的新趋势(OECD, 2011; WTO and IDE-JETRO, 2011)。

新兴经济体已经明显地改善了自身在全球价值链中的地位,在出口方面遥遥领先于发达工业化国家。从 1995 年到 2007 年,美国和日本在全球出口中所占份额分别下降了 3.8 和 3.7 个百分点,而同期中国所占份额翻了一番

① 在分析全球价值链中工作是如何被轻易分解和转移时,单个任务或某项能力难以被定义并作为分析单位。外包的往往是和"业务功能"相关的一系列更大范围的业务活动,而非单项工作和某项能力。(Sturgeon and Gereffi, 2009)

多，从1995年的4%增长到2007年的10.1%，成为了世界最大出口国（领先于德国、美国和日本）。韩国、墨西哥、土耳其、南非和中欧转型经济体的出口份额在这一时期也得到了提升（Beltramello et al., 2002：9-10）。更令人印象深刻的是，这些新兴经济体在中高技术产业中获得长足进步，而这些产业以往被牢牢掌握在经合组织成员国的手中。[①]中国显然是这一变化的主要驱动力，从1995年到2007年，中国高技术产业产品的出口份额增长了13.5%，超过美国成为世界上最大的高技术含量产品出口国（Beltramello et al., 2012：10）。

尽管主要的中间产品贸易仍然发生在大的区域经济集团内部，比如欧盟，而非发生在它们之间（OECD, 2011）；2008年的数据显示，亚洲与欧盟和北美的中间品往来在世界跨区域中间品进口中排名位于前两位。亚洲进口的中间品比其出口的中间品更多，表明该区域高度融入全球供应链（WTO and IDE-JETRO, 2011：83-5）。供应链的地理位置集中在国家层面也很明显，2000—2008年，中国在世界加工出口[②]中占67%，墨西哥占18%，位于第二位。（WTO and IDE-JETRO, 2011：21）

中国通过参与全球供应链获得了巨大收益。中国进口的1/3去往出口加工区，而出口加工区的出口几乎占中国总出口的一半（WTO and IDE-JETRO, 2011：21）。中国的"供应链城市"充分反映了中国是如何将规模驱动的专业化转为持久的竞争优势。从广东的外国直接投资驱动的产业集群到浙江的单一产品集群，中国的幅员辽阔使其能够在地区层面建立起广泛的制造业集群。这些专业化的集群，一端是与东亚地区重要零部件的供应商相连，另一端与全球采购商相连，这些采购商将中国产品引入世界市场（Gereffi, 2009）。

然而，反常的是，中国价值链出口产生价值的主要部分并非由中国创造或获取。实际上，随着越来越多的中间品在全球供应链内进行贸易，最终产品的生产和出口地与价值的创造和获取地越来越不匹配。如苹果手机的组

---

① 由于这些指标都属于总体出口的统计范畴，我们需要更多关于出口中本国含量和外国价值所占比例的详细信息，来反映出口是进口高技术的组装产品，还是本国技术含量占重要比重的产品。

② 加工出口指使用免关税的进口产品进行后续加工后再出口。

装完全是由中国台湾地区的合同制造商(富士康)在中国大陆进行,并从中国大陆出口到美国。当使用传统衡量方法时,也就是计算到达出口目的地的出口品总值时,每部从中国出口的苹果手机价值 194.04 美元,其中来自美国的进口成分价值 24.63 美元,说明美国每进口一部手机会形成 169.41 美元的经常账户赤字(图 2)。但是,这并不意味着中国从每部手机中可以获得 169.41 美元的贸易盈余,因为属于中国的增值部分只有 6.54 美元。中国生产苹果手机的成本来自韩国(80.05 美元)、德国(16.08 美元)和很多其他国家。

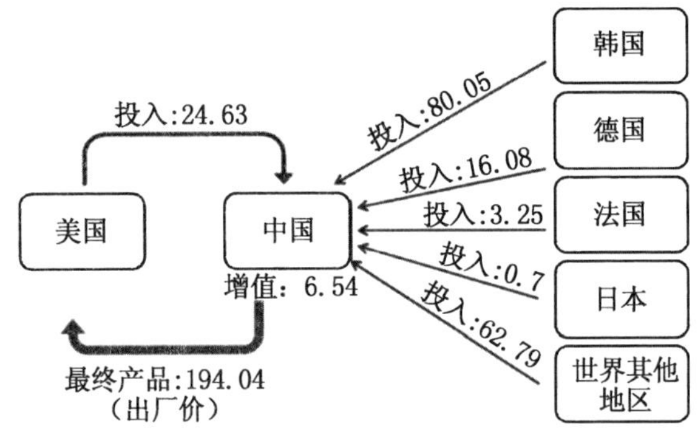


| 美国与X国贸易平衡情况 | 中国 | 韩国 | 德国 | 法国 | 日本 | 世界其他地区 | 世界 |
|---|---|---|---|---|---|---|---|
| 总额 | −169.41 | 0 | 0 | 0 | 0 | 0 | −169.41 |
| 增值部分 | −6.54 | −80.05 | −16.08 | −3.25 | −0.7 | −62.79 | −169.41 |

来源:经合组织(2011:40)。

**图 2　每部 Iphone 4 美国与中国的双边贸易平衡情况**

与价值创造和价值获取相关的全球价值链衡量方法的优点,适应了政策导向研究的发展需要(OECD, 2011; WTO and IDE-JETRO, 2011; UNCTAD, 2013)。苹果手机的案例研究显示,现有的贸易统计已经无法跟上全球生产与贸易的新模式。这是一个全球价值链分析和供应链管理研究能够相得益彰的领域。[①]按照业务功能分解得出的更加精细的价值链数据,能够对现有国家

① 值得注意的是,苹果手机以及其他类似的案例研究(比如 Linden et al., 2009; Dedrick et al., 2010)都是基于诸如 iSuppli 这类供应链管理咨询公司所提供的拆卸分析方法。

层面的贸易统计和产业层面的投入产出数据形成补充，从而更清晰地反映出全球价值链中的受益者和受损者（Sturgeon and Gereffi, 2009）。我们将上述统计数据与就业数据结合起来，将大大有助于理解全球经济中的经济与社会发展机遇。

第二，最终市场的转移和全球价值链的区域化。

当世界贸易从2008—2009年全球经济危机中反弹时，新兴经济体成为了世界经济复苏的主要引擎。全球发达国家自20世纪80年代中期以来的温和增长在危机后进一步放慢，而全球发展中国家特别是中国、印度和巴西等主要新兴经济体的需求则迅速上升（Staritz et al., 2011）。从2005年到2010年，欧盟和美国的货物进口分别增长了27%和14%，而同期新兴经济体货物进口的增速明显更快：巴西（147%）、印度（129%）、中国（111%）和南非（51%）。2010年，亚洲制成品出口的52%是去往发展中国家（WTO, 2011），也说明了全球经济中最终市场的转移。

2008—2009年全球经济危机导致世界货物贸易大幅下降，被称为"贸易大崩盘"（Baldwin, 2009）。经合组织成员国危机前经历了6年多的贸易正增长，但在2008—2009年所有这些国家的进出口都萎缩了10%以上，2009年4月达到了创纪录的37%的负增长（Beltramello et al., 2012:27）。中间品贸易的下降幅度超过了最终消费品，这显示出全球价值链中存在"鞭子"效应——也就是最终消费品（下游）需求的下降，会导致那些处于价值链上游的中间产品需求更大幅度的下降（Altomonte et al., 2012）。

"贸易大崩盘"加速了全球价值链中最终市场从北方向南方的转移（Kaplinsky and Farooki, 2011），同时推动发展中国家的主导企业将自身的供应链区域化。比如在撒哈拉以南非洲地区，南非的服装制造商最近进入了莱索托和斯瓦士兰等邻国，促进了南非零售商驱动的区域价值链的发展。与美国采购商驱动的价值链相比，这些区域性价值链侧重于更短的生产线和对时尚的迅速回应，并建立在它们与大型南非服装零售商的直接关联基础之上（Morris et al., 2011）。类似地，南非超市通过区域供应链进行扩张,成为撒哈拉以南地区超市发展的领军者(Weatherspoon and Reardon, 2003)。

全球价值链的研究文献显示,最终市场不同的价值链通常蕴含不同的升级机遇(Palpacuer et al., 2005; Gibbon, 2008)。如低收入国家对产品质量和类型的要求相对不那么复杂,这一需求对于升级有重要应用(Kaplinsky et al., 2011),一方面,新兴市场准入门槛相对较低,产品和流程标准也相对较低,有助于发展中国家的企业参与全球供应链。它们能够通过区域性供应链参与到增加值相对较高的活动中,比如产品的研发,而在全球链中则鲜有这样的机会。由于它们与跨国企业相比,对当地和地区市场有着更接地气的了解,所以能够进行那些适应资源匮乏环境的"朴素"创新(Clark et al., 2009)。另一方面,仅仅侧重于低收入市场,会将供应商限制在狭窄的业务范围和恶性竞争中。它们熟悉当地市场的优势,很快会被那些学习能力很强的跨国企业赶上,中国手机产业的案例就证明了这一点(Brandt and Thun, 2011)。

## 四、全球价值链分析对国际捐助机构发展议程的影响

全球价值链研究已经渗透到关于全球产业研究的广泛学术著作中,①同时这一研究框架也被主要国际捐助方和经济发展领域的国际组织或机构所采用,包括世界银行(Webber and Labaste, 2009; Cattaneo et al., 2010)、世贸组织(WTO and IDE-JETRO, 2011)、经合组织(OECD, 2011; Beltramello et al., 2012)、国际劳工组织(Gereffi, 2006)、美国国际发展署(USAID, 2012)、美国国际贸易委员会(USITC, 2011)、世界经济论坛(2012)和联合国贸发会议(UNCTAD, 2013)。

这些构成华盛顿共识基石的国际机构,比如世界银行、国际货币基金组

---

① 截至 2013 年 2 月 20 日,全球价值链网页(http://www.globalvaluechains.org)上列出了 570 位作者及其 680 本学术出版物。

织和世界贸易组织，以及美国国际发展署、英国国际发展部[①]等主要的双边捐助方，已经接受了这一关于发展思想的新的非传统模式，该模式更加重视产业分析，从而使国际贸易和投资等宏观领域能够与就业、性别动态和可持续生计等微观发展领域更加紧密地联系起来（M4P, 2008）。同时，联合国和其他国际机构（如世界银行和国际劳工组织）开始进行合作，明确使用全球价值链的分析框架，共同推进关于经济与社会升级的联合研究议程（Cattaneo et al., 2010; Barrientos et al., 2011a）。

大多数社会科学理论与范式仅仅对特定的国际组织和发展政策制定产生有限的影响；但全球价值链的分析框架却不同，它在过去十年间迅速广泛传播到多个领域，并被很多经济、社会和文化组织以及劳工和环境领域的以行动为导向的非政府组织所采用。表1列举了一些这样的国际捐助组织及其使用全球价值链的最新项目或研究。

当然，这一问题值得更多更详细的讨论，下文将主要涉及这些组织使用全球价值链分析框架的两个方面。第一，这些组织使用全球价值链分析框架时，存在什么相似性和差异性？比如，大多数国际捐助方都提出了关注扶贫增长、保护中小企业和当地利益相关方以及私人部门主导和市场导向的发展项目。但是，这些项目之间存在差异，比如在与减贫相关的经济增长方面的权重，以及在特定利益产业和地理区域的分布。第二，这些国际组织使用的其他的发展模式或框架是什么？它们在多大程度上对全球价值链方式形成补充或构成阻碍？这些国际组织转向全球价值链和全球生产网络方式的一个重要原因是，这一方式的研究重点是全球产业，是关于全球经济的产业部门和参与方导向的中观层面分析方法，提供了将全球与本地分析相结合的多层次选项。这不同于宏观模型，因为后者仅仅关注的是总体经济趋势和广义的政策方案；也不同于微观和本地产业集群的分析方式，因为这一方式没有能与国家、区域或全球层面的更大结构联系起来。

---

① 英国国际发展部在2012年将其双边经济援助项目的名称更改为英国国际发展署（UKaid）。

表 1　部分采用全球价值链分析框架的国际组织

| 组　织 | GVC 出版物示例 | 内　容　描　述 | 2012 | | | | | | |
|---|---|---|---|---|---|---|---|---|---|
| | | | GVC | LED | Clusters | PSD | TVET | Poverty | Micro |
| 世界银行(World Bank) | Cattaneo et al.(2010) | 该书通过全球价值链视角对 2008—2009 年的金融危机对若干部门的全球贸易、生产和需求进行分析。特别对发展中国家在后危机时代进入全球价值链进行阐述。 | × | | × | × | | × | × |
| 美洲开发银行(IDB) | Flores and Vaillant(2011) | 本文对拉丁美洲国家在不同产业的出口复杂性方面的产业升级表现进行比较。 | × | × | × | × | | × | × |
| 英国国际发展部(DFID) | Capturing the Gains(2012) | 该为期 3 年的研究项目汇集了一个国际专家网络,以获取全球价值链中工人和小生产者就业和福利的相关信息。 | × | | × | × | | × | |
| 美国国际开发署(USAID) | Value Chain Development Wiki(2012) | 该网站收集不同项目的信息,并利用美国国际开发署的微型企业发展团队进行的研究,整理价值链发展中的良好实践,还着眼于将中小企业与全球、国家和地方价值链联系起来。 | × | | × | × | × | | × |
| 德国国际合作机构(GTZ/GIZ) | Will(2011) | 该手册对 GTZ 资助的发展中国家试点项目的信息进行分析,试图从小农获取全球良好农业操作认证的各种流程中吸取经验教训,很多欧洲食品零售商要求这一认证。 | × | × | | × | × | × | |

续表

| 组　　织 | GVC 出版物示例 | 内　容　描　述 | 2012 | | | | | | |
|---|---|---|---|---|---|---|---|---|---|
| | | | GVC | LED | Clusters | PSD | TVET | Poverty | Micro |
| 世贸组织（WTO） | WTO（2011） | 该书通过全球价值链框架来对改变东亚的贸易模式进行考虑。它提出了一个新的贸易统计数据——附加值贸易——来对传统的贸易统计数据进行补充。 | × | | | | | | |
| 经合组织（OECD） | OECD（2011） | 这份提交给经合组织的工业全球化工作组和创新、工业和企业家精神委员会的报告，采用全球价值链框架向经合组织国家提供政策建议，重点是保持竞争力和确定新的增长来源。 | × | | × | × | | | |
| 国际劳工组织（ILO） | Herr and Muzira（2009） | 这一指南为发展实践者、政府和私营部门制定了在价值链中升级的战略，同时维护或提高工人的劳动标准。 | × | × | | | × | × | |

注：

全球价值链（GVC）：全球价值链框架侧重于对特定行业或部门中，对参与全球贸易和生产组织的企业和生产地点进行取代。

地方经济发展（LED）：地方经济发展框架侧重于地方或次国家公共部门的举措，使其成为经济发展的促成者或推动者。

集群（Clusters）：集群框架侧重于地方或次国家私营部门制定的计划。

私营部门发展（PSD）：私营部门的发展战略侧重于让市场发挥作用的概念。

技术职业教育培训（TVET）：技术职业教育培训战略的重点是通过职业培训计划来提高工人拥有市场所需的职业技能的质量及数量。

减贫（Poverty）：减贫项目主要致力于减少、减轻或消除贫困。

小额信贷（Micro）：小额信贷项目向在其他条件下无法以优惠的条件进入金融市场的企业家或家庭提供小额贷款。

如今,价值链分析作为私人产业部门发展的工具,实际上被所有主要的多双边捐助机构所广泛采用。奥滕伯格(Altenburg, 2007)指出了全球价值链分析方式从20世纪90年代末开始在国际捐助圈中越来越受欢迎的两个主要原因:一是越来越多的证据显示私人部门驱动的经济增长与减贫之间存在关联;二是全球价值链推动了贸易与生产的全球一体化,将全球竞争的压力传递到发展中经济体的国内市场,进一步挤压了本地企业按照本国市场进行设计、生产和营销的空间。正如奥滕伯格(2007:04)提到的,"问题不在于'如果',而在于'如何'以一种既增加劳动力就业又提高生产率和产出的方式融入价值链。这需要一种兼顾竞争力和平等问题的平衡的方法"。

实际上并没有一种简单划一的方式,将全球价值链分析与私人产业部门发展联系起来,因为价值链中的企业既有跨国公司也有小微企业,价值链所处的制度环境和地理范围也不尽相同。为了给捐助方的介入提供一些指导,汉弗莱和纳瓦斯-阿莱曼(Humphrey and Navas-Alemán, 2010)区分了4种不同的介入目标:补短板以突破潜在的发展瓶颈;改善知识和资源流动来提升价值链中所有企业的生产率;致力于企业间的具体环节来提高效率;在价值链中创造新的或替代性的环节来促进多样化的产出结果。

与这种价值链发展自下而上的方式不同,另一种方式着眼于主导企业而非本地供应商——如在价值链最强而非最弱的活动环节发挥作用。这种以主导企业为中心、自上而下的方式已经有效地服务于不同的目标,例如世界银行重提的"促贸援助"倡议,将私人部门视为推动全球贸易的引擎,敦促全球价值链中的主导企业在发展中国家贸易能力建设方面作出更大的贡献(World Bank, 2011);或者是非政府组织的反对立场,比如乐施会(2004)组织国际性运动,要求主导企业改善全球价值链中女性劳动者的待遇。

事实上,大多数多双边捐赠方将全球价值链分析框架与它们过去使用的其他诊测工具(表1)结合起来使用,以实现一系列广泛的发展目标,包括减贫、经济增长、创造就业和增加收入、企业发展以及环境稳定和清洁生产等(UNIDO, 2011)。一项关于联合国7个机构采用价值链发展方式的综合性回顾显示，这一概念的应用是相当“模糊”的：

> （价值链）相关的行动有时候看起来更像是给原先私人部门发展介入方式“贴上”新的标签。而在其他情形中，明显应该纳入价值链方式的行动却未相应地被标明……这些所观察到的在知识管理和透明度上的缺陷，以及缺乏界定清晰的独特卖点，令机构间推动（价值链）合作变得十分困难（Stamm and von Drachenfels，2011：30）。

简而言之，许多使用全球价值链之名的文献没有抓住要领，并不能真正始终如一地应用这一分析框架。

国际捐助方在过去十年间广泛使用全球价值链的框架，体现了同一范式下的显著整合，尽管联合国和双边机构的侧重点不尽相同。持怀疑态度的人可能会认为，华盛顿共识框架下发展模式中的新自由主义基本原理仍然主导很多国际组织（Neilsen，2013），即便是全球价值链分析植根于对新自由主义范式的激烈批判（参见 Gereffi and Korzeniewicz，1994；Kaplinsky，2005；Bair，2009；Hamilton and Gereffi，2009；Sturgeon，2009；Lee，2010）。本章贯穿始终的观点却截然不同：全球价值链的视角强调全球产业中的权力动态，重视嵌入其中的主导企业以及支撑全球经济秩序的制度所扮演的角色。这引入了更多关于发展的非正统观点，挑战了传统的主流观点。

在过去十年间，全球经济经历了生产、技术能力、增长潜力、消费和政治影响从北向南的转移。全球价值链框架受到欢迎的主要原因之一是，它与原有范式相比，让我们可以更精确地分析上述这些变化。关于这些变化的方向和影响的解读将会存在差异，但全球价值链分析所作出的贡献不应因为捐助组织有多个、甚至有时发展议程不一致而打折扣。而且，随着更多的国际组织使用全球价值链范式，它在方法论上的严谨性和政策相关性都会得到进一步提升。

## 结论

有什么能取代全球化模式?这是最近一篇报纸上的文章所提出的问题。这篇文章主张,“过去30年的全球化模式正在崩溃,但是并没有新的模式来取代它”(Smick, 2012)。然而,我们认为全球化正在经历一系列根本性的变化,未来体系的很多元素已经显而易见。发达工业经济体的国际竞争力已经逐步衰退,至少按照传统方式来衡量出口业绩会得出这个结论。新兴经济体在全球贸易中的地位不断上升,它们在中高端技术产品出口中所占的市场份额持续扩大,尤其是中国扮演了关键性的角色(Beltramello et al., 2012)。全球价值链的崛起提醒我们不要过于依赖关于竞争力的简单出口衡量,本章试图从全球价值链的视角提取出真知灼见,更好地理解后华盛顿共识时代全球经济的一些新特点。

华盛顿共识的发展模型,在20世纪80年代中期到21世纪第一个十年的中期占据支配地位,是关于全球经济的一种国家中心论模型。国家是全球生产和贸易中的基本分析单位,关于经济政策的主要辩论话题是“市场友好型”还是过度干预(World Bank, 1993),国际货币基金组织、世界银行和其他国际金融和贸易机构会按照这一主流模型,迫使那些不服从的发展中经济体接受经济稳定计划和市场准入协定。

全球价值链的分析框架从根本上挑战了关于全球经济的这一主流范式,对过去40年间全球化发展的驱动力量作出了不同的解释。以产业部门为基础的全球价值链分析方式,是以全球产业的结构性多样化为前提的,而这是研究全球经济中发展中国家的主要切入点。检验全球价值链的主要分析类型包括:

(1) **主导企业**在制订业绩要求和标准方面的作用,这决定全球价值链的入口以及内部的流动性;

(2) **生产与贸易网络**不断演化的性质,这一网络将大大小小的供应商与全球经济以及各国经济联系起来;

(3) 社会与经济**升级和降级**的轨迹,以及**进入和排除**在外的模式,有助于描述在国际体系中企业发展与国家发展之间的关系;

(4) 多种**治理结构**(国际的和国内的,公共的与私人的,基于链条的和公民社会的),将体系的不同组成部分联系到一起;

(5) 从**货物贸易转向价值链贸易、任务和商业功能贸易**,通过这一角度看待有关升级和竞争力的重要经济行为;

(6) 让该体系中发生变化的**介入点和压力点**。

经济全球化是跨国企业建立国际生产与贸易网络的副产品,当中嵌入了不同种类的规则,包括国际机构建立的游戏规则、各国政府的政策、非国家行为体管理价值链活动的私人治理方式(Mayer and Gereffi, 2010)。过去20年间,私人治理已经迅速扩大,但在目前形势下,一个潜在的结果是,在企业行为准则、产品认证、流程标准和其他自愿性质的私人治理领域,公共治理需要发挥更大的补充和强化作用。这样,包含公共行为体和私人行为体在内的多个利益相关方才能携手,处理需要共同行动才可解决的问题。

新的国际经济秩序的轮廓尚未最终形成,但一些特征已经对发展议程产生了影响。全球经济中最具增长活力的行为体是数量不断扩大的新兴力量,它们拥有相对较大的国内市场、熟练技术劳动者、有能力的生产商并积极推动本土创新,包括金砖国家和韩国、墨西哥、土耳其和印度尼西亚等经济体(O'Neill, 2011)。由于出口导向型发展战略被注重本国和区域市场的更为内向的方式所取代,产业政策在先进发展中经济体中的作用可能变得更加重要。当全球宏观经济层面的政策优先目标是寻求新的方式、引导贸易与投资创造更多就业时(OECD, 2012),主要挑战就是如何将经济升级与社会升级联系起来,而后者则涉及工作的物质条件与当代全球价值链所创造工作岗位的数量和质量(Barrientos et al., 2011a, 2011b)。

## 参考文献

1. Altenburg, T.(2007). "Donor Approaches to Supporting Pro-Poor Value Chains."

Report prepared for the Donor Committee for Enterprise Development, Working Group on Linkages and Value Chains. www. deza. admin. ch/ressources/resource_en_162916. pdf. (accessed 20 February 2013).

2. Altomonte, C., Di Mauro, F., Ottaviano, G., Rungi, A. and Vicard, V.(2012). "Global Value Chains During the Great Trade Collapse: A Bullwhip Effect?". European Central Bank, Working Paper Series No.1412. http://papers. ssrn.com/sol3/papers.cfm?abstract_id=1973497.(accessed 20 February 2013).

3. Bair, J.(ed.) (2009). *Frontiers of Commodity Chain Research*. Stanford, CA: Stanford University Press.

4. Bair, J. and Gereffi, G.(2001). "Local Clusters in Global Chains: The Causes and Consequences of Export Dynamism in Torreon's Blue Jeans Industry." *World Development*, 29(11):1885-1903.

5. Baldwin, R.(2009). "The Great Trade Collapse: What Caused It and What Does It Mean?". in R. Baldwin(ed.) *The Great Trade Collapse: Causes, Consequences and Prospects*. London: Centre for Economic Policy Research.

6. Baldwin, R.(2011). "Trade and Industrialisation after Globalisation's Second Unbundling: How Building and Joining a Supply Chain are Different and Why It Matters." Working Paper 17716, December. Cambridge, MA: National Bureau of Economic Research. http://www.nber.org/papers/w17716.(accessed 20 February 2013).

7. Barrientos, S., Gereffi, G. and Rossi, A.(2011a). "Economic and Social Upgrading in Global Production Networks: A New Paradigm for a Changing World." *International Labour Review*, 150(3-4):319-340.

8. Barrientos, S., Mayer, F., Pickles, J. and Posthuma, A.(2011b). "Decent Work in Global Production Networks: Framing the Policy Debate." *International Labour Review*, 150(3-4):299-317.

9. Beltramello, A., De Backer, K. and Moussiegt, L.(2012). "The Export Performance of Countries within Global Value Chains (GVCs)." *OECD Science, Technology and Industry Working Papers*, 2012/02, OECD Publishing. http:// dx.di. org/10.1787/5k9bh3gv6647-en.(accessed 20 February 2013).

10. Brandt, L. and Thun, E.(2011). "Going Mobile in China: Shifting Value Chains and Upgrading in the Mobile Telecom Sector." *International Journal of Technological Learning, Innovation and Development*, 4(1-3):148-180.

11. Capturing the Gains(2012). "Programme Overview." http://www. capturing hegains.org/about/index.htm.(accessed 20 February 2013).

12. Cattaneo, O., Gereffi, G. and Staritz, C.(eds.) (2010). *Global Value Chains in a Postcrisis orld: A Development Perspective*, Washington, DC: The World Bank.

13. Clark, N., Chataway, J., Hanlin, R., Kale, D., Kaplinsky, R., Muraguri, L., Papaioannou, T., Robbins, P. and Wamae, W.(2009). "Below the Radar: What Does Innovation in the Asian Driver Economies Have to Offer Other Low Income Economies?". INNOGEN Working Paper No. 69, Milton Keynes, UK. http://oro.open.ac.uk/15241/. (accessed 20 February 2013).

14. Dedrick, J., Kraemer, K.L. and Linden, G.(2010). "Who Profits from Innovation in Global Value Chains? A Study of the iPod and Notebook PCs." *Industrial and Corporate Change*, 19(1):81-116.

15. Dicken, P.(2011). *Global Shift: Mapping the Changing Contours of the World Economy*, 6th edn, New York: Guilford.

16. Dicken, P., Kelly, P.F., Olds, K. and Yeung, H.(2001). "Chains and Networks, Territories and Scales: Towards a Relational Framework for Analyzing the Global Economy." *Global Networks*, 1(2):89-112.

17. Dolan, C. and Humphrey, J.(2004). "Changing Governance Patterns in the Trade in Fresh Vegetables between Africa and the United Kingdom." Planning A, 36(3): 491-509.

18. Duhigg, C. and Bradsher, K.(2012). "How the U.S. Lost Out on iPhone Work." The New York Times, 21 January. http://www.nytimes.com/2012/01/22/business/apple-america-and-a-squeezed-middle-class.html?_r=1&src=me&ref=general. (accessed 20 February 2013).

19. Engardio, P., Bernstein, A. and Kripalani, M.(2003). "Is Your Job Next?". *Business-Week*, 3 February: 50-60.

20. Engardio, P. and Einhorn, B.(2005). "Outsourcing Innovation." *BusinessWeek*, 21 March: 47-53.

21. Feenstra, R. C.(1998). "Integration of Trade and Disintegration of Production in the Global Economy." *Journal of Economic Perspectives*, 12(4):31-50.

22. Fernandez-Stark, P. Bamber, P. and Gereffi, G.(2011). "The Offshore Services Value Chain: Upgrading Trajectories in Developing Countries." *International Journal of Technological Learning, Innovation and Development*, 4(1-3):206-234.

23. Flores, M. and Valliant, M.(2011). "Global Value Chains and Export Sophistication in Latin America." *Integration and Trade*, 32(15):35-48.

24. Frederick, S. and Gereffi, G.(2009). "Value Chain Governance." USAID Briefing

Paper. http://microlinks.kdid.org/library/value-chaingovernance-briefing-paper.(accessed 20 February 2013).

25. Frederick, S. and Gereffi, G.(2011). "Upgrading and Restructuring in the Global Apparel Value Chain: Why China and Asia are Outperforming Mexico and Central America." *International Journal of Technological Learning, Innovation and Development*, 4(1-3): 67-95.

26. Frobel, F., Heinrichs, J. and Kreye, O.(1981). *The New International Division of Labor*, New York: Cambridge University Press.

27. Fung, V.(2011). "Global Supply Chains - Past Developments, Emerging Trends." http://www. fungglobalinstitute. org/publications/speeches/global-supplychains-past-developments-emerging-trends-193.html.(accessed 20 February 2013).

28. Gereffi, G.(1994). "The Organization of Buyer-Driven Global Commodity Chains: How U.S. Retailers Shape Overseas Production Networks." in Gary Gereffi and Miguel Korzeniewicz(eds.) *Commodity Chains and Global Capitalism*, Westport, CT: Praeger.

29. Gereffi, G.(1996). "Commodity Chains and Regional Divisions of Labor in East Asia." *Journal of Asian Business*, 12(1):75-112.

30. Gereffi, G.(1999). "International Trade and Industrial Upgrading in the Apparel Commodity Chain." *Journal of International Economics*, 48(1):37-70.

31. Gereffi, G.(2005). "The Global Economy: Organization, Governance, and Development." in Neil J.Smelser and Richard Swedberg(eds.) *The Handbook of Economic Sociology*, 2nd edn, Princeton, NJ: Princeton University Press.

32. Gereffi, G.(2006). *The New Offshoring of Jobs and Global Development*, ILO Social Policy Lectures, Geneva, Switzerland: International Institute for Labour Studies and International Labor Organization.

33. Gereffi, G.(2009). "Development Models and Industrial Upgrading in China and Mexico." *European Sociological Review*, 25(1):37-51.

34. Gereffi, G.(2011). "Global Value Chains and International Competition." *The Antitrust Bulletin*, 56(1):37-56.

35. Gereffi, G. and Fernandez-Stark, Karina(2011). "Global Value Chain Analysis: A Primer." Center on Globalization, Governance and Competitiveness, Durham, NC: Duke University. http://www.cggc.duke.edu/pdfs/ 2011-05-31_GVC_analysis_a_primer.pdf.(accessed 20 February 2013).

36. Gereffi, G., Fernandez-Stark, K. and Psilos, P.(eds.)(2011). *Skills for Upgrading: Workforce Development and Global Value Chains in Developing Countries.*

Center on Globalization, Governance and Competitiveness, Durham, NC: Duke University. http://www.cggc.duke.edu/gvc/workforce-development/.(accessed 20 February 2013).

37. Gereffi, G., Humphrey, J., Kaplinsky, R. and Sturgeon, T. J. (2001). "Introduction: Globalisation, Value Chains and Development." *IDS Bulletin*, 32(3):1-8.

38. Gereffi, G., Humphrey, J. and Sturgeon, T.(2005). "The Governance of Global Value Chains." *Review of International Political Economy*, 12(1):78-104.

39. Gereffi, G. and Korzeniewicz, M.(eds.) (1994). *Commodity Chains and Global Capitalism*, Westport, CT: Praeger.

40. Gereffi, G. and Lee, J.(2012). "Why the World Suddenly Cares about Global Supply Chains." *Journal of Supply Chain Management*, 48(3):24-32.

41. Gereffi, G., Lee, J. and Christian, M.(2009). "U.S.-Based Food and Agricultural Value Chains and Their Relevance to Healthy Diets." *Journal of Hunger and Environmental Nutrition*, 4(3-4):357-374.

42. Gereffi, G. and Wyman, D.L.(eds.) (1990). *Manufacturing Miracles: Paths of Industrialization in Latin America and East Asia*, Princeton, NJ: Princeton University Press.

43. Gibbon, P.(2008). "Governance, Entry Barriers, Upgrading: A Re-Interpretation of Some GVC Concepts from the Experience of African Clothing Exports." *Competition and Change*, 12(1):29-48.

44. Gore, C.(2000). "The Rise and Fall of the Washington Consensus as a Paradigm for Developing Countries." *World Development*, 28(5):789-804.

45. Hamilton, G. G. and Gereffi, G.(2009). "Global Commodity Chains, Market Makers, and the Rise of Demand-Responsive Economies." in Jennifer Bair(ed.) *Frontiers of Commodity Chain Research*. Stanford, CA: Stanford University Press.

46. Henderson, J., Dicken, P., Hess, M., Coe, N. and Yeung, H.(2002). "Global Production Networks and the Analysis of Economic Development." *Review of International Political Economy*, 9(3):426-464.

47. Herr, M.L. and Muzira, Tapera J.(2009). *Value Chain Development for Decent Work: A Guide for Private Sector Initiatives, Governments and Development Organizations*. Geneva, Switzerland: ILO.

48. Humphrey, J. and Navas-Aleman, L.(2010). "Value Chains, Donor Interventions and Poverty Reduction: A Review of Donor Practice." IDS Research Report 63, Brighton, UK: Institute of Development Studies, University of Sussex.

49. Humphrey, J. and Schmitz, H.(2002). "How Does Insertion in Global Value

Chains Affect Upgrading in Industrial Clusters?". *Regional Studies*, 36(9):1017-1027.

50. Kaplinsky, R.(2000). "Globalisation and Unequalisation: What Can be Learned from Value Chain Analysis?". *Journal of Development Studies*, 37(2):117-146.

51. Kaplinsky, R.(2005). *Globalization, Poverty and Inequality: Between a Rock and a Hard Place*. Malden, MA: Polity Press.

52. Kaplinsky, R. and Farooki, M.(2011). "What are the Implications for Global Value Chains When the Market Shifts from the North to the South?". *International Journal of Technological Learning, Innovation and Development*, 4(1-3):13-38.

53. Kaplinsky, R., Terheggen, A. and Tijaja, J.(2011). "China as a Final Market: The Gabon Timber and Thai Cassava Value Chains." *World Development*, 39(7): 1177-1190.

54. Koopman, R., Zhi, W. and Shang-Jin, W.(2008). "How Much of Chinese Exports is Really Made in China? Assessing Domestic Value-Added when Processing Trade is Pervasive." Working Paper No. 14109, Cambridge, MA: National Bureau of Economic Research. http://www.nber.org/papers/w14109.(accessed 20 February 2013).

55. Lee, J.(2010). "Global Commodity Chains and Global Value Chains." in Robert A. Denemark(ed.) *The International Studies Encyclopedia*, Oxford, UK: WileyBlackwell.

56. Lee, J., Gereffi, G. and Barrientos, S.(2011). "Global Value Chains, Upgrading and Poverty Reduction." Capturing the Gains Briefing Note No. 3, November. http://www.capturingthegains.org/pdf/ctg_briefing_note_3. pdf.(accessed 20 February 2013).

57. Lee, J., Gereffi, G. and Beauvais, J.(2012). "Global Value Chains and Agrifood Standards: Challenges and Possibilities for Smallholders in Developing Countries." *Proceedings of the National Academy of Sciences of the United States of America*, 109(31):12326-12331.

58. Linden, G., Kraemer, K.L. and Dedrick, J.(2009). "Who Captures Value in a Global Innovation Network? The Case of Apple's iPod." *Communications of the ACM*, 52(3):140-144.

59. Lynn, B. C.(2005). *End of the Line: The Rise and Coming Fall of the Global Corporation*, New York: Doubleday.

60. Martin, Eric(2012). "Move over, BRICs. Here Come the MISTs." Bloomberg BusinessWeek, August 9. http://www. businessweek. com/articles/2012-08-09/move-over-brics-dot-here-come-the-mists.(accessed 20 February 2013).

61. M4P(Making Markets Work Better for the Poor) (2008)*Making Value Chains Work Better for the Poor: A Toolbook for Practitioners of Value Chain Analysis*. London:

UK Department of International Development.

62. Mayer, F. and Gereffi, G. (2010). "Regulation and Economic Globalization: Prospects and Limits of Private Governance." *Business and Politics*, 12(3): Article 11. http://www.bepress.com/bap/vol12/iss3/art11/.(accessed 20 February 2013).

63. Morris, M., Staritz, C. and Barnes, J.(2011). "Value Chain Dynamics, Local Embeddedness, and Upgrading in the Clothing Sectors of Lesotho and Swaziland." *International Journal of Technological Learning, Innovation and Development*, 4(1-3): 96-119.

64. Nathan, D. and Sarkar, S.(2011). "Blood on Your Mobile Phone? Capturing the Gains for Artisanal Miners, Poor Workers and Women." Capturing the Gains Briefing Note No. 2, February. http://www.capturingthegains.org/pdf/ctg_briefing_note_2.pdf. (accessed 20 February 2013).

65. Neilson, J.(forthcoming)"Value chains, neoliberalism and development practice: The Indonesian experience." *Review of International Political Economy*, 20.

66. Neto, M. S. and Pires, S. R. I. (2010). "Modular Consortium and Industrial Condominium: Analyzing Two Contemporary Forms of Inter-Firm Governance in the Brazilian Automotive Industry." *Gerpisa Colloquium*, Berlin, Germany. http://gerpisa.org/en/print/677.(accessed February 2013).

67. OECD(2011). "Global Value Chains: Preliminary Evidence and Policy Issues." DSTI/IND(2011)3, Paris: OECD. http://www.oecd.org/dataoecd/18/43/47945400.pdf. (accessed 20 February 2013).

68. OECD(2012). *Policy Priorities for International Trade and Jobs*, Douglas Lippoldt(ed.). www.oecd.org/trade/icite. (accessed 20 February 2013).

69. O'Neill, J.(2011). *The Growth Map: Economic Opportunity in the BRICs and Beyond*. New York: Penguin.

70. Oxfam(2004). *Trading Away Our Rights: Women Working in Global Supply Chains*. Oxford, UK: Oxfam International.

71. Palpacuer, F., Gibbon, P. and Thomsen, L. (2005). "New Challenges for Developing Country Suppliers in Global Clothing Chains: A Comparative European Perspective." *World Development*, 33(3):409-430.

72. Pisano, G.P. and Shih, W.C.(2009). "Restoring American Competitiveness." *Harvard Business Review*, 87(7/8):114-125.

73. Pisano, G.P. and Shih, W.C.(2012). "Does America Really Need Manufacturing? Yes, When Production is Closely Tied to Innovation." *Harvard Business Review*, 90(3):94-102.

74. Shih, W.C.(2009). "The US Can't Manufacture the Kindle and That's a Problem." *Harvard Business Review* Blog. http://blogs.hbr.org/hbr/restoring-americancompetitiveness/2009/10/the-us-cant-manufacture-the-ki.html. (accessed 20 February 2013).

75. Smick, D. M. (2012). "What Will Replace the Globalization Model?". *The Washington Post*, 16 October. http://articles.washingtonpost.com/2012-10-16/ opinions/35500171_1_global-trade-chinese-banks-euro-zone. (accessed 20 February 2013).

76. Stamm, A. and von Drachenfels, C. (2011). "Value Chain Development: Approaches and Activities by Seven UN Agencies and Opportunities for Interagency Cooperation." Geneva: ILO. http://www.ilo.org/ empent/Publications/WCMS_170848/lang-en/index.htm. (accessed 20 February 2013).

77. Staritz, C. and Frederick, S.(2012). "Summaries of the Country Case Studies on Apparel Industry Development, Structure, and Policies." in Gladys LopezAcevedo and Raymond Robertson (eds.) *Sewing Success? Employment, Wages, and Poverty Following the End of the Multi-Fibre Arrangement*. Washington, DC: World Bank, pp.211-497.

78. Staritz, C., Gereffi, G. and Cattaneo, O.(eds.) (2011). Special Issue on "Shifting End Markets and Upgrading Prospects in Global Value Chains." *International Journal of Technological Learning, Innovation and Development*, 4(1-3).

79. Sturgeon, T. J. (2009). "From Commodity Chains to Value Chains: Interdisciplinary Theory Building in an Age of Globalization." in Jennifer Bair (ed.) *Frontiers of Commodity Chain Research*. Stanford, CA: Stanford University Press.

80. Sturgeon, T. J. and Gereffi, Gary (2009). "Measuring Success in the Global Economy: International Trade, Industrial Upgrading, and Business Function Outsourcing in Global Value Chains." *Transnational Corporations*, 18(2):1-36.

81. Sturgeon, T.J. and Kawakami, M.(2011). "Global Value Chains in the Electronics Industry: Characteristics, Crisis, and Upgrading Opportunities in Firms from Developing Countries." *International Journal of Technological Learning, Innovation and Development*, 4(1-3):120-147.

82. Sturgeon, T. J. and Van Biesebroeck, J. (2011). "Global Value Chains in the Automotive Industry: An Enhanced Role for Developing Countries?". *International Journal of Technological Learning, Innovation and Development*, 4(1-3):181-205.

83. Sturgeon, T. J., Van Biesebroeck, J. and Gereffi, G. (2008). "Value Chains, Networks and Clusters: Reframing the Global Automotive Industry." *Journal of Economic Geography*, 8: 297-321.

84. UNCTAD(2013). "Global Value Chains and Development: Investment and Value Added Trade in the Global Economy—A Preliminary Analysis." Geneva: UNCTAD, http://unctad.org/en/PublicationsLibrary/diae2013d1_en.pdf(accessed 28 February 2013).

85. UNIDO(2011). *Diagnostics for Industrial Value Chain Development: An Integrated Tool*. Vienna, Austria: UNIDO. http://www.unido.org/fileadmin/user_media/MDGs/IVC_Diagnostic_Tool.pdf. (accessed 20 February 2013).

86. Urquidi, V. L. (1991). "The Prospects for Economic Transformation in Latin America: Opportunities and Resistances." *LASA Forum*, 22(3):1-9.

87. USAID (2012). "Value Chain Development." MicroLINKS wiki. http://microlinks.kdid.org/good-practice-center/value-chain-wiki. (accessed 20 February 2012).

88. USITC(2011). *The Economic Effects of Significant US Import Restraints: Seventh Update* 2011. Special Topic: Global Supply Chains. Publication 4253, Washington, DC: USITC.

89. Vernon, R. (1971). *Sovereignty at Bay: The Multinational Spread of US Enterprises*. New York: Basic Books.

90. Wadhwa, V., De Vitton, U.K. and Gereffi, G.(2008). "How the Disciple Became the Guru: Workforce Development in India's R&D Labs." Report prepared for the Ewing Marion Kauffman Foundation. http://papers.ssrn.com/sol3/papers.cfm?abstract_id=1170049.(accessed 20 February 2013).

91. Weatherspoon, D. D. and Reardon, T. (2003). "The Rise of Supermarkets in Africa: Implications for Agrifood Systems and the Rural Poor." *Development Policy Review*, 21(3):333-355.

92. Webber, C. M. and Labaste, P. (2009). *Building Competitiveness in Africa's Agriculture: A Guide to Value Chain Concepts and Applications*. Washington, DC: World Bank.

93. Will, M. (2011). "Integrating Smallholders into Global Supply Chains." GTZ Division Economic Development and Employment and Division Agriculture, Fisheries and Food, April. http://www.giz.de/Themen/ en/dokumente/gtz2010-en-globalgap-group-certification.pdf. (accessed 20 February 2013).

94. World Bank(1993). *The East Asian Miracle*. Oxford: Oxford University Press. World Bank (2011). *The Role of International Business in Aid for Trade: Building Capacity for Trade in Developing Countries*. Washington, DC: World Bank.

95. World Economic Forum(2012). "The Shifting Geography of Global Value Chains: Implications for Developing Countries and Trade Policy." Global Agenda Council on the

Global Trade System, WEF. http://www3.weforum.org/docs/WEF_GAC_GlobalTradeSystem_Report_2012.pdf.(accessed 20 February 2013).

96. WTO(2011). *International Trade Statistics 2011*. Geneva, Switzerland: WTO.

97. WTO and IDE-JETRO(2011). "Trade Patterns and Global Value Chains in East Asia: From Trade in Goods to Trade in Tasks." World Trade Organization and Institute of Developing Economies, Geneva and Tokyo. http://www.ide.go.jp/English/Press/pdf/20110606_news.pdf. (accessed 20 February 2013).

Chapter 1 originally published by Center on Globalization，Governance & Competitiveness，Duke Universityunder the title：Global Value Chain Analysis：A Premier(second edition)


Chapter 2 originally published on *The Handbook of Economic Sociology*，*2nd edition* by Neil J.Smelser and Richard Swedberg(eds.)


Chapter 3 originally published on *Review of International Political Economy*，12:1 February 2005:78-104 under the title：The governance of global value chains

ISSN 0969-2290 print/ISSN 1466-4526 online
DOI：10.1080/09692290500049805


Chapter 4 originally published on *Journal of Business Ethics*:1-14，first online：23 September 2014 under the title：Economic and Social Upgrading in Global Value Chains and Industrial Clusters：Why Governance Matters

ISSN 0167-4544 print/ISSN 1573-0697 online，Journal no.10551
DOI：10.1007/s10551-014-2373-7

Chapter 5 originally published on *Frontiers of Commodity Chain Research* by Jennifer Bair under the title：Global Commodity Chains，Market Makers，and the Rise of Demand-Responsive Economies


Chapter 6 originally published as UNIDO/UNU-MERIT background papers for the UNIDO，Industrial Development Report 2016：IDR 2016 WP 10


Chapter 7 originally published on *Journal of Banking and Financial Economics*，2(4) 2015:51-63 under the title：Risks and Opportunities of Participation in Global Value Chains

**图书在版编目(CIP)数据**

全球价值链和国际发展:理论框架、研究发现和政策分析/(美)加里・杰里菲(Gary Gereffi)等著;曹文,李可译.—上海:上海人民出版社,2017.10
(21世纪贸易投资新议题系列读物/王新奎,姚为群,徐庆敏主编)
书名原文:Global Value Chains and International Development: Framework, Findings and Policies
ISBN 978-7-208-14836-9

Ⅰ.①全… Ⅱ.①加… ②曹… ③李… Ⅲ.①世界经济-经济发展-研究 Ⅳ.①F113.4

中国版本图书馆CIP数据核字(2017)第257201号

**责任编辑** 沈骁驰
**封面设计** 陈 楠

21世纪贸易投资新议题系列读物
王新奎 姚为群 徐庆敏 主编
**全球价值链和国际发展:理论框架、研究发现和政策分析**
[美]加里・杰里菲 等著
曹 文 李 可 译 姚为群 校

**出 版** 上海人民出版社
(200001 上海福建中路193号)
**发 行** 上海人民出版社发行中心
**印 刷** 常熟市新骅印刷有限公司
**开 本** 720×1000 1/16
**印 张** 19
**插 页** 2
**字 数** 255,000
**版 次** 2018年1月第1版
**印 次** 2021年1月第3次印刷
ISBN 978-7-208-14836-9/F・2497
**定 价** 78.00元